U0814130

资管
大时代

吴晓灵 邓寰乐 等著

中信出版集团 | 北京

图书在版编目（CIP）数据

资管大时代 / 吴晓灵等著 . -- 北京：中信出版社，
2020.11（2024.5重印）
ISBN 978-7-5217-2280-2

Ⅰ . ①资… Ⅱ . ①吴… Ⅲ . ①资产管理—研究—中国
Ⅳ . ① F832

中国版本图书馆 CIP 数据核字（2020）第 182748 号

资管大时代

著　　者：吴晓灵　邓寰乐　等
出版发行：中信出版集团股份有限公司
（北京市朝阳区东三环北路27号嘉铭中心　邮编　100020）
承 印 者：北京盛通印刷股份有限公司

开　　本：787mm × 1092mm　1/16　　印　　张：24.5　　字　　数：320 千字
版　　次：2020 年 11 月第 1 版　　印　　次：2024 年 5 月第 5 次印刷
书　　号：ISBN 978-7-5217-2280-2
定　　价：68.00 元

版权所有 · 侵权必究
如有印刷、装订问题，本公司负责调换。
服务热线：400-600-8099
投稿邮箱：author@citicpub.com

目　录

保险篇

信托篇

公募基金篇

导 读

周小川
第十二届全国政协副主席
中国人民银行原行长
中国金融学会会长

随着经济的发展和居民财富的增加，我国以间接融资为主的金融结构也在随之变化，资本市场重要性越发突出。资本市场监管对资本市场充分有效发挥经济枢纽功能具有重要影响。在直接融资比重不断提升的情况下，构建与现代化资本市场发展相适应的监管体系，防范系统性金融风险，促进多层次资本市场健康发展，需要深化对资本市场发展规律的认识，不断加强和改进资本市场监管工作。由吴晓灵同志牵头，中国财富管理 50 人论坛和清华大学五道口金融学院联合开展了《中国资产管理业务监管研究》课题，并编写形成《资管大时代》一书。本书从资产管理业务的角度深入研究了监管和市场之间的关系，为深化资产管理业务的监管改革乃至资本市场监管改革提供了分析思路，对下一步资本市场改革发展提出了建议。结合此研究，我谈谈三个方面的看法。

一、监管目标的清晰化

目标决定方向。资本市场的监管目标是在其产生过程中决定的。境外资本市场诞生和发展之初是自发为主，少有监管。但是金融动荡的出现表明，市场微观主体存在逐利本性，仅仅依靠市场自身力量，容易出现各种欺诈事件和资产价格泡沫，最终以破坏性方式出清市场，给经济和社会造成损失。防范和减少资本市场的负外部性是建立资本市场监管的初心之一。国际证监会组织（IOSCO）为资本市场监管设定了三个基本目标：保护投资者，保证市场的公平、有效和透明，减少系统性风险。

与境外资本市场自发产生的起点不同，境内的资本市场诞生于计划经济向市场经济转轨的宏观背景下，初期主要由政府主导。由于早期的市场建设任务十分繁重，需要一个牵头负责的部门，加之监管和市场在发展中逐步分离，角色转换存在路径依赖，监管部门同时承担了行业主管以及市场发展的职责。也正因为如此，境内资本市场监管工作的任务重于境外市场，监管与市场之间的关系更加复杂和敏感，监管改革对市场发展具有举足轻重的影响。

在市场发展初期，监管部门在组织市场建设、促进行业发展方面发挥了重要作用。随着机构和市场的发展，市场自身的发展动力逐步形成，监管部门在市场发展问题上很难比市场主体更高明。而且，监管代位会挤出市场机制，抑制市场机制的完善，这加大了向市场经济转轨的阻力。

监管目标应避免出现利益冲突。新兴市场容易出现监管目标在行业主管和外部监管间的冲突，以及在监管优先和发展优先之间的抉择，难免陷入顾此失彼的困境。如果把发展设定为优先目标，则容易以放松监管的方式换取短期繁荣，长期看会以更大的负外部性为代价。资产管理业务在最近几年发展迅速，同时也形成了“灰犀牛”式的风险，累积了这方面的教训。

随着市场力量的壮大和市场机制的完善，监管部门目标内在冲突的矛盾越来越突出。我们应当下决心转变监管部门定位，深化监管改革，释放市场活力，参考国际实践经验，聚焦主目标，优化监管部门与宏观管理等其他政府部门的分工，把行业主管和发展主导权交给市场，做到“监管姓监”。

二、尽力减少监管套利

只有确定好监管目标，才能得知如何做好与衡量监管工作，并设计有关角色的定位和相互关系。国际证监会组织根据监管目标，制定了监管者、自律组织、监管执法、监管合作、发行人、审计机构和评级机构等信息提供者、集合投资计划、市场中介、二级市场以及其他市场、清算以及结算等十个方面的 38 条监管原则与相关具体准则，形成了资本市场监管的基础框架。监管目标是监管体系的逻辑起点，监管体系是监管目标的逻辑延伸。各国监管体系的外在表现形式可能不尽相同，但是遵循统一的逻辑和原则，逻辑不一致就会产生监管套利和市场扭曲。

对资产管理业务实施不同的监管原则和标准易产生监管套利。而在我国这涉及银行、保险、信托、证券、基金、私募等多张牌照和多个监管部门，首先需要在不同运行和监管规则之中总结经验，判断是非，选优汰劣，在认识客观规律的基础上，摒弃部门利益，寻求优化式收敛，以优化引领规则制定和分工合作，并加快这一进程，以形成合力有效的监管架构，这也将降低监管成本，减少监管套利。

对有区别的业务实施简单划一的规则会制约市场的创新和发展，有时甚至会误导公众。资本市场是多层次的市场，直接融资的种类丰富多样，市场主体数量庞大，在直接融资中发挥的作用也各不相同。市场越是多元化，监管越需要加强专业化建设，提高针对性和有效性，给市场创新和发展留下空间。由于历史和体制的渊源，我们的监管部门较为熟悉和擅长对间接融资类简单金融产品及交易的监管，而对复杂、创新产品及其交易的规律还在学习和认识之中，有时会习惯性地在金融市场监管中排斥复杂产品和跨界运作，为此，监管的创新与优化需要我们不断学习和适应新的业务，并以目标为导向不断评估现行的监管规则、工具和技术。

因此，我们应当在消化国际证监会组织的原则与准则，以及把握和遵循市场规律的基础上，沿着市场的肌理，庖丁解牛，加强专业化建设，注意发挥功能监管和行为监管的作用。

三、与时俱进地推进监管改革

资本市场是充满发展动能和创新活力的市场。市场主体始终存在规避监管提高盈利的动力。监管如果落后于创新太多，金融危机的种子就会萌生。从资本市场的发展历程看，重大危机之后，监管体制都会进行“亡羊补牢”式的调整。我国的资本市场具有后发优势，在监管制度建立之初就注重学习和接轨国际标准，也就是汲取先发者的经验和教训，监管调整的主动性和预见性比较强。随着我国资本市场规模和复杂度的提升以及金融科技的领先应用，国内独有或缺乏先例的问题及风险正在不断涌现。这就要求监管部门始终保持居安思危的意识，增强识别风险和解决问题的能力，跟上金融市场的创新步伐，不断加强和改进监管工作，有效保护投资者并防范金融风险。

当然，监管也不能无限扩张，走向自我为中心。监管既要防范资本市场的负外部性，也要避免或尽量减少对市场主体的替代。监管的存在取决于市场，没有市场，监管没有单独存在的意义。不当的监管体系易导致官僚作风和文牍主义，增加市场成本，出现寻租行为，导致监管俘获和监管失灵。在转轨经济的背景下，我们的资本市场监管工作的一些措施难免会呈现计划管理的传统。监管制度的成本收益比如何，是否束缚了市场的健康发展，是否存在制度性寻租问题，一些已经在法律法规上取消的审批制度，是否在落实环节打了折扣，都需要警惕和审视。资本市场监管的优化方面还有很多工作可做，任重道远，不能停步。

深化资本市场监管改革，是为了更好地服务于实体经济。这个课题事关经济社会大局，涉及多个学科领域，广泛听取各方面意见并深入开展研究工作非常重要，需要集思广益和群策群力。中国财富管理 50 人论坛和清华大学五道口金融学院的研究在这方面付出了努力，希望学术界和各类研究机构积极发挥作用，在这方面开展更多的扎实研究，为促进资本市场健康发展贡献力量。

序　一

楼继伟

全国政协外事委员会主任

中华人民共和国财政部原部长

全球财富管理论坛理事长

这本书的目的在于认真研究《关于规范金融机构资产管理业务的指导意见》（简称资管新规）出台前我国资产管理行业潜藏的金融风险成因，出台后在监管理念、监管分工、监管规则、产品压降、财富管理等方面所遇到的新问题，以及在更高水平开放的大背景下，如何尽量消除我国和世界成熟市场合理规则之间的差距等。该研究梳理出我国资产管理市场的主要问题，并提出了完善我国资产管理市场监管体系的相关建议。研究中对资产管理市场存在的主要问题的分析是实事求是的，提出的改进建议是中肯的，相信对行业从业者和市场监管者都有借鉴意义。

一、我国资管规模爆发式增长情况及其成因

我国的资产管理规模有一个爆发性的增长过程。按年底总规模及其与当年 GDP（国内生产总值）之比衡量，2012 年为 19.99 万亿元和 38.5%，2017 年为 111.35 万亿元和 134.6%，达到了峰值。同期宏观杠杆率高企，从不足 180% 跃升到 255%。而且这期间乱象丛生，银行、信

托、证券、保险、基金等机构开发出多种类型产品，相互交织，互加杠杆，各机构之间加速混业，都发展资产管理业务，金融风险快速积累。2015 年全国经济工作会议将“去杠杆”作为今后的重要任务。特别是 2017 年 7 月召开的第五次全国金融工作会议，习近平总书记到会讲话时明确指出，金融要回归本源，为实体经济服务；要推动经济降杠杆，防范和化解金融风险；规范金融综合经营和产融结合；等等。在这种背景之下，2018 年 4 月，资管新规发布，拉开了资产管理行业转型发展的序幕。

为什么从 2012 年开始短短五年时间，资产管理行业出现爆发式的混乱发展局面？ 2012 年 1 月第四次全国金融工作会议召开，会议提出稳妥开展金融综合经营试点。但实际情况远非稳妥，而是大跃进式的发展。金融机构竞相混业，纷纷涉足资产管理业务，不然就丧失了竞争力。监管机构放松监管，有的还下发跨业经营的文件，甚至力推刚兑性质的理财产品，大有监管变主管、互抢地盘的态势。两相促进，监管套利、通道业务和刚性兑付野蛮生长，埋藏了巨大的系统性风险。特别是这一过程发生在全球金融危机之后，方向应是加强金融监管，防范和治理系统性风险，保护纳税人和金融消费者。《多德 – 弗兰克法案》就是这一指向，其中的“沃尔克规则”更是限制银行自营理财业务。我国却一度反其道而行之，令人百思不得其解。

二、本书中值得关注的分析和建议

第一，关于“四化”的表述。即直接融资间接化、投资业务融资化、私募产品公募化、市场主体行政化，这的确问题严重，蕴藏风险，需要及时、主动、稳妥地化解。该书中还有与“监管部门主管化”相关的表述，在资管新规出台之前的确如此，现在已大幅弱化，要继续回归监管定位。

第二，适当延长资管新规的过渡期。这是必要的，“病来如山倒，病去如抽丝”“快刀斩乱麻”，可能在去风险的过程中触发系统性风险。在新冠疫情的冲击之下，适当延期也是有必要的，但要按“棘轮效应”，给出逐年或逐半年标的，逐步达标，不然在极度宽松的财政货币政策作用下，再次脱实向虚，政策退出时会发生泡沫破裂的风险。

第三，六个分行业报告都有参考价值，银行理财业务的整顿和规范最值得关注。理财业务本质上属于“买方”业务，而银行是最大的“卖方”行业，两者的“交叉传染”，最容易产生系统性风险。应当回归的理财资产要坚决“回表”，真正的理财业务要同银行机构隔离、风险隔离。

三、需要进一步讨论的两个问题

第一，我国资产管理规模还需要继续压减。

目前资产管理规模大约与 GDP 相当，今后总的趋势是这个比例会下降。做出这种判断来自两个方面。

一方面是与合格资产管理机构的发展和适配的资产管理产品数量有关。目前大量的资产管理机构是卖产品的，实际是卖方机构，推销的是保本刚兑的固收产品。在取消刚兑和明股实债，转向净值化的买方资产时，相当多的机构需要从卖产品的转为管理资产的买方机构，需要另一类人才，不合适的机构会退出。目前净值化并对投资者有吸引力的产品并不多，需要一个培育发展的过程，不能操之过急，特别是不能动摇规范的方向。

另一方面是从投资供给端看，银行资金新老划断，新资产不得再进入资产管理行业，阻断风险传染，完全正确，不能动摇。我国居民储蓄率高，但近年来居民债务率上升也很快，今后居民收入的增长不会太快。要看居民有多大的意愿把资产从银行存款和房地产中转到合格资产管理产品中，以中国人民的风险收益习惯，这也需要一个过程，不能操之过急。

有的研究者提出，大力发展直接融资，成为以直接融资为主的国家，资产管理总规模与 GDP 之比就可能像英美那样，达到 200%~300%。需要指出，英美是全球金融中心国家，管理着来自全球的资金并投向全球。大力发展直接投融资十分必要，但成为全球金融中心，在十年之内不可期，头脑要清醒。

第二，扩大资产管理资金来源的途径。

这本书就社会养老保险提出，“应当尽早启动研究，向定投型计划转型，做实个人账户，由个人在企业或社会养老保险提供的投资范围内自主决策、自负盈亏”。这个建议值得商榷。

社会养老保险从筹资模式上可分为现收现付制和积累制，在给付模式上可分为按个人积累或确定缴款型，以及确定收益型。实际上不存在完全的现收现付制，因为这就需要在每年精算的基础上不断调整缴费率或替代率，以实现年度收支平衡。如今存在的被称为现收现付制的，实际上都是部分积累，在一定时期年度收支结余放在公共积累账户中统一运营，同时在定期精算的基础上，周期性地调整保险参数，以保持长期精算平衡。部分积累制加确定缴款型，称作名义个人账户制；完全积累制加确定缴款型，称作做实个人账户。后者在 20 世纪 90 年代，曾被世界银行大力推荐，十年之后不再推荐，因实践证明其并不成功。社会养老保险是强制性的，就隐含着政府的给付承诺。虽然从整体上看，私人管理机构可以控制好风险，获取相应的收益，但一些管理机构会运作失败，这就迫使政府不得不干预不确定性的过程和后果。例如，根据年龄段限制个人可选择资产的风险类型（典型的是 50 岁以后，只能购买国债），让绩优基金去兼并失败的基金，甚至是政府保底收益。这些举措都造成道德风险，是不公平的。这种模式在智利和少数拉美国家实行，实行过程中以上提到的弊病都出现过。目前比较成功的是21世纪初开始由传统的确定收益型模式转为名义个人账户制，以北欧模式为代表。

研究报告提出将社会养老保险组合投资的资格适度分散到有能力的省、计划单列市，从而增加市场竞争性。这个意见虽然有道理，但可操作性不大。社会养老保险关乎劳动力的跨区域流动，其他国家都是由中央政府统一管理的。我国为地方管理，以市县管理为基础，再过渡到省级统筹。各个地方的计提、给付的办法是不同的，社会养老保险跨地区接续难，妨碍劳动力流动。我国的分级管理体系在可比国家中是唯一的，阶段性余额实际都由市县管理，规定只能投资于存款和国债，还可部分集中到省级，委托全国社会保障基金理事会管理，也是出于无奈。十年前已经宣布实现了省级统筹管理，实际上绝大部分省份都是省级调剂，征集、给付和余额运营都在市县，按照规划2020年底才可以实现真正的省级统筹。如此也就有了向省、计划单列市分散组合投资管理资格的基础，但这仍是一个过渡形态。从2018年开始，通过中央调剂金方式，向全国统筹过渡，各省级管理的余额会逐步减少，由于老龄化到来，全国总余额也不会增加多少。2020年全国财政预算，一般预算资金补贴社会保险基金，已超过2.1万亿元，其中对职工基本养老保险的补贴超过5 000亿元，主要是来自中央财政，但当年基金收支仍有缺口。

一个可行的筹资方向是，改革住房公积金制度。全国住房公积金总额超过14.5万亿元。正如这本书中所提及的，住房公积金政策的作用已经逐步弱化。可以考虑将住房公积金余额不动，仍按现在的办法操作，新增的个人和单位缴费，转为社会养老保险金或者企业年金，仍为个人的权益，但对扩大直接投资有更加积极的作用。

这是一个涉及面广的重大改革，要充分听取民意。同时，资产管理行业规范高效运作，提供有吸引力的长期投资产品也至关重要，从这本书中可以看出，学界和行业界在这一点上已达成共识，希望继续努力。

序　二

尚福林

全国政协经济委员会主任

原中国银行业监督管理委员会主席

中国财富管理 50 人论坛理事长

本书全面系统地回顾了我国资产管理行业的发展历程与监管制度设计的沿革，同时还详细介绍了美国、英国、日本等发达经济体的资产管理市场的特点和实践。通过理论分析、典型案例和比较研究，客观反映了当前资产管理行业发展所面临的问题和短板。特别是结合我国国情和金融体系特点，对直接融资间接化、投资业务融资化等问题和现象做了深入的成因分析。在此基础上，本书对完善我国资产管理市场监管体系和推动行业转型发展提出了很多中肯的意见与建议。

本书用通俗的语言表达了一份有深度的行业研究成果，集合了高校学者、金融行业专家的智慧。特别是在书中能够读出鲜明的行业特点，充分体现了“大资管”的多样性。本书为监管部门和决策机构提供了一个基于市场的独特视角，因此具有很强的借鉴意义。致知力行，继往开来。本书在帮助我们客观地看待发展差距的同时，也让我们看到了资产管理行业所蕴含的巨大潜力，进一步增强了构建完善的、符合我国实际的资产管理行业监管制度体系的信心。在此，就资产管理行业的监管工作分享几点体会。

资产管理行业在我国起步较晚却发展迅猛，在金融体系中发挥了越来越重要的作用。然而，在资产管理行业前期快速扩张的过程中，暴露出嵌套投资、期限错配、监管套利等违规问题，甚至是市场乱象，不仅积累了金融风险，增加了金融体系的不稳定因素，更影响了外界对该行业的印象。近年来，随着监管部门将资产管理行业作为防范化解金融风险攻坚战和整治金融市场乱象的重点领域，特别是2018年《关于规范金融机构资产管理业务的指导意见》（简称资管新规）出台后，相关监管部门加强了监管制度和规则体系建设，加大了对影子银行和交叉金融领域乱象的整治力度，行业治理取得了具有里程碑意义的重要成效。

首先，在系统性监管制度和规则体系建设方面，以资管新规为标志，资产管理行业统一监管框架初步建立。各监管部门持续完善标准规制和相关配套细则，以往规避宏观调控、寻求监管套利的空间基本被消除。银行理财、理财子公司、保险资产管理产品、资金信托等制度办法相继出台或即将出台，为进一步规范业务运作、推动资产管理行业发展奠定了制度基础。

其次，在行业治理和乱象整治方面，影子银行风险高位释放，交叉金融风险持续收敛。以监管套利、隐匿风险为特征的同业通道业务规模大幅下降，借道各类资管计划，意图让不良资产非洁净出表的违规问题得到重点整治，让资金自我循环、资产高速虚假扩张的顽疾得到纠正。2017年以来，累计压缩交叉金融类高风险资产约16万亿元，信托行业的金融同业通道业务较历史峰值下降近5万亿元，证券、基金中以通道业务为主的资管计划规模同比大幅减少，行业健康度不断提升。

最后，在行业转型发展方面，总体保持了健康势头。银行理财转型持续推进，理财子公司批设工作有序进行，非标投资规模不断下降。资金信托明确回归私募资产管理产品本源，基金、证券、期货、私募等机构不断增强主动管理能力，发挥投资顾问优势。截至目前，资产管理行业整体规模已经下降到百万亿元内。理财产品结构也已发生重要变化，净值型产品余额占比已由资管新规出台前的15%大幅提高到了50%左右，

19 家理财子公司获批设立。保险、证券、基金领域的资产管理业务规模稳健增长。

整体上看，资产管理市场是我国金融业向纵深发展的一片蓝海。在短短几年内，发展到今天百万亿元的市场规模。经过前期的治理规范，行业转型发展已到了关键时期，任务挑战依然艰巨。监管制度顶层设计应当在保持战略定力的基础上，主动适应内外部环境变化，加以优化完善。

一、适应市场发展需求，促进资产管理业务健康发展

资产管理行业前期之所以得到快速发展，除了金融机构自身利益驱动和抢占业务市场份额外，主要还是因为实体经济在深化改革、快速发展中产生的融资需求，拉动且迎合了社会大众对不断累积财富的保值增值需要。

（一）金融市场发展和金融供给侧结构性改革，为资产管理业务发展提供了广阔的空间

一方面，改革开放 40 多年来，我国以间接融资为主的金融体系基本匹配了前期经济快速增长的需要，支持经济社会取得了巨大的成就。从资产端看，银行在我国金融市场中具有特殊地位。银行信贷作为投资传导机制中的中坚力量，通过把分散的社会储蓄高效地转化为支持社会化大生产的资本积累，在改革开放初期的传统产业升级改造、带动经济快速增长中发挥了重要作用。同时，国家通过中央银行进行宏观调控和信贷结构调整，实现了快速动员资金、支持经济社会发展和应对复杂经济变动的目标。在应对非典疫情和全球金融危机，以及应对新冠肺炎疫情过程中，银行信贷也发挥了重要的作用。从负债端看，银行信贷能够隔离存款人和贷款人的风险，适合大多数居民的风险偏好，满足了人民

群众在财富积累初期对于小额分散资金的安全和财富保值需求。

另一方面，随着经济转向高质量发展和市场化程度不断加深，间接融资比重过大的缺陷日益凸显。特别是党的十八大以来，各领域深入贯彻新发展理念，创新发展成为经济发展的重要动力。经济领域深化供给侧结构性改革，在持续释放巨大融资需求的同时，也对资本存量和结构提出了新要求。由于直接融资市场不发达、资本供给不足，以及金融资源与科技成果转化的渠道不通畅，大量融资需求和金融支持责任被迫压在了银行肩上。银行信贷与投资的风险补偿方式不同，信贷资金无论是从法律上还是在实践上，都不能用于投资，传统金融体系支持创新发展的能力明显不足，造成风险过度集中在银行体系内。资产管理行业发展现状同创新发展对金融服务的需求之间还存在较大差距。

（二）我国居民财富的增长和社会发展为资产管理业务发展提供了更广阔的市场

人民的生活质量和收入水平不断提高，蕴藏着巨大的财富管理需求。首先，因居民财富积累产生的资产配置需求，为资产管理行业提供了强大的内驱动能。2019 年底，我国人均 GDP（国内生产总值）突破 1 万美元大关，居民人均可支配收入为 30 733 元，高净值客户数量快速增加。有市场机构分析，我国私人财富市场规模仅次于美国，其中既包括广大普通消费者小额分散、保值增值的管理需求，也包含高附加值、高收益、定制化的资产管理需要。其次，因人口结构变化引起的资产配置和投资风险偏好改变，激活了多元化的资产管理需求。历年来，在居民储蓄消费意愿调查中，占前三位的是子女教育、医疗和养老。2019 年底，我国 65 岁及以上老年人口达到 1.76 亿人，占人口总数的 12.6%，我国正在加速进入老龄化社会。养老、教育、医疗健康等领域的刚性需求呈爆发式增长趋势。2019 年，我国居民储蓄率为 44.6%，较 2018 年有所下降。随着人口结构变化和储蓄率下降，可供投资的资产比例还将进一步上升。越来越多的城乡居民将更有意愿参与投资和有能力承担更大的风险，也有余力配置部分资金参与投资，以争取更高的投资回报。值得注意的是，养老性质资金也是美国乃至全球资产管理业务的主要增量资金。

（三）金融机构自身逐利特性客观上刺激了资产管理行业发展

从美国资产管理市场的发展历程看，在货币供给和混业经营的监管宽松环境下，金融机构的逐利特性是资产管理市场快速发展的重要助推因素。毋庸讳言，这是一把“双刃剑”。在我国，一方面，金融行业在服务实体经济融资、促进经济发展的同时，金融机构自身也具有规模扩张和追逐利润的原始冲动。以银行业为例，随着监管对于资本、信贷质量等要求越来越严格，信贷利差收窄，传统信贷业务发展遭遇瓶颈，金融机构间的竞争日趋激烈。在分业监管而资产管理业务还没有统一监管规则的环境里，资产管理业务被银行选为规避资本占用和信贷规模控制、实现规模扩张、获取超额利润的重要监管套利手段。另一方面，正规金融体系供给难以充分满足前面提到的高涨的投融资需求，也客观刺激了资产管理市场中“类信贷”“类存款”等影子银行现象的出现。从实际效果看，在一些特定领域，作为传统信贷业务的补充，资产管理产品填补了一部分传统银行信贷融资无法满足，却又达不到股票、债券等直接融资市场门槛的融资需求，在发挥连接投资和融资功能的同时，也从资金需求方获得了可观回报。

二、资产管理行业转型发展要遵循基本规律，回归本源，守正创新

通过前期整治金融市场乱象，各方都深刻认识到金融脱离实体经济

盲目扩张的巨大危害。本书也分析了我国资产管理行业存在的问题和积累的风险。原因是多方面的，最主要的一点是，行业或产品的发展背离了应遵循的基本规律和运行逻辑。如本书指出的银行理财信贷化、私募基金公募化等问题，混淆了不同行业产品的风险边界，误导了投资者，增加了金融风险的传染性和金融体系的脆弱性，成为资产管理行业中的“毒瘤”。究其原因，这与我国金融体系的发展历史、金融体系结构的特点有关。比如银行理财产品多脱胎于银行存贷款业务，私募行业的从业者多来自公募基金，社会公众对不同金融产品的风险缺乏认知，等等。但最根本的原因还是，商业机构本身对扩大自身盈利的过度追求。商业机构追求利润无可厚非，然而违法违规经营，违背风险控制管理的基本规律、基本原则开展业务，短期内可能会有盈利，最终却躲不过风险。这样的例子比比皆是。

金融业务的创新发展，必须遵循基本规律，关键要看是不是有利于实体经济发展，是不是有利于防控风险，是不是有利于保护投资者的合法权益。资产管理行业只有坚持守正创新，才能行稳致远。当前，全球经济增长速度持续放缓，国内经济持续承压，各类市场主体都在承受较大的经营压力，这将导致短期内偿债能力下降。原因有以下两方面。一方面，行业内部转型压力加大。存量老产品受新冠肺炎疫情影响，处置退出势必更加困难。新产品也受固收类资产收益率下行、权益类优质项目减少等影响，遭遇“资产荒”。另一方面，外部竞争压力与输入风险并存。扩大金融业对外开放是大势所趋。第一家外方控股理财公司已于2019年底在上海批准设立，未来还会有更多海外资产管理机构进入国内参与市场竞争。与此同时，随着扩大对外开放后与外部的联系越来越紧密，国际市场大宗商品价格波动、跨境资本流动等引起的输入性风险的防控压力也会加大。

面对更加复杂多变的国内外经济金融形势，更需要把握好保增长与防风险的有效平衡。一方面，继续保持监管定力，坚决打击影子银行以及非法金融活动等重点领域的违法违规行为，巩固前期治理成果，防止风险反弹。另一方面，要以服务实体经济投融资需求为定位和根本目标，加快推进资产管理行业转型，增强对实体经济的适应性和灵活性，更好地服务我国经济社会发展大局。

三、运用不同方式，逐步实现同类业务的统一监管

随着资管新规的逐步落实，资产管理业务监管正在逐步趋同。在分业经营、分业监管的大框架下，对同类业务实行统一监管，强化监管协同配合，有利于减少监管套利的空间。这方面前期是有探索经验的。2005 年批准工、农、中、建四大银行开展基金管理业务时，通过相关监管部门协商，对商业银行为大股东的基金管理公司实行了证监会和银监会的双重监管。证监会监管机构和业务，银监会通过对商业银行实施穿透式监管，也可以对基金子公司的经营风险实施跟踪监测。这些经验做法对资产管理行业的监管制度顶层设计，具有重要的参考价值。

一是统一监管标准，各负其责，加强监管。资管新规已经基本统一了不同监管部门对资产管理业务的监管标准。随着《标准化债权类资产认定规则》以及其他资管新规配套细则制定出台，还将进一步明确统一的标准规则。针对同类型业务产品的流动性、杠杆率等风险监测，也应当建立适用统一的风险计量方法，最大限度消除跨行业、跨市场的监管套利空间。同时，在现有分业监管框架内，还要继续推进各行业规制建设，补齐制度短板，完善交叉性金融产品监管，进一步加强监管协作、信息沟通和政策协调，提高监管协同性、前瞻性和有效性，形成监管合力。

二是对同类机构实行机构和功能分别监管。资产管理行业实际上已

打通了金融的不同业态链条，金融机构在资产管理市场中已广泛开展了跨业合作，金融风险极易发生跨行业、跨市场、跨地域传染。无论是单体机构的经营安全，还是资产管理产品涉及的风险，都可能影响到金融体系的安全与稳定。2008 年全球金融危机后，国际上对资产管理业务结构的脆弱性是有目共睹的。为此，必须坚持严控风险的底线思维，在各个维度上实现监管的全覆盖。既要根据机构类型实施审慎监管，也要根据业务种类穿透底层资产，在功能、产品上强化监管。

三是逐步实现对同类机构的统一监管。国外资产管理行业普遍采取分业经营，资产管理机构是单独持牌机构。而我国资产管理市场具有一定的混业经营特征。设立专门机构，不仅有利于风险隔离和聚焦经营主业，更有利于按同质同类机构实施统一监管。在这方面已有先例。比如，为处理不良资产和僵尸企业而设立的资产管理公司就是一类专门机构。与银行相比，这类专门机构更有利于剥离不良资产，提高处置效率，防止金融风险积聚和上升。在资产管理市场主体中，理财子公司是落实资管新规和《商业银行理财业务监督管理办法》（简称理财新规）的一项创新举措。成立一年多以来，理财子公司立足专业资产管理机构定位，实现了良好起步。未来，回归信贷主业的银行和其他主营业务中没有资产管理业务的金融机构，也可以通过设立理财子公司等专门子公司的方式参与资产管理业务，隔离风险，提高专业水平。而理财子公司的经营主业和理财产品的投向，多是在资本市场范围内的，在法人层面已与银行或其他金融机构实现了业务分离。对这类机构的监管，可以参考银行为大股东的基金管理公司的监管模式。

四、重视行为监管，培育合格投资者队伍

资产管理业务是机构接受投资者委托，对受托的投资者财产进行

投资和管理的一项金融服务，与银行表内负债经营有本质区别。本书研究发现，美国、英国等发达国家都普遍确立了以“为投资者最佳利益行事”为原则的行为监管体系。在我国资产管理产品投资者结构中，零售投资者占比较高，因此加强投资者教育和合法权益保护的意义更为重大，任务要求也更高。

一是培育和壮大机构投资者队伍。与传统储蓄产品相比，资产管理产品设计普遍更加专业和复杂，投资风险相对更大，对投资者的要求更高。个人投资者本身处于信息不对称的弱势地位，资金期限较短且因个人需要可能发生频繁变动。从机构角度上看，客户数量多，资金差异大，经营管理成本也高，规模不经济。综合国外实践和中国国情，应当大力发展保险、养老金等合格且专业的机构投资者，既可以提供长期稳定的资金，又可以发挥专业投研能力，获得更高水平的投资回报。

二是加强投资者教育和分层管理。宣传树立“代客理财，盈亏自负”观念，培育风险投资理念。进行预期引导，特别是打破在银行理财、信托等领域长期形成的“隐性刚兑”和“固定收益”预期。进一步细分投资者多元化的风险偏好和承受能力，按照风险匹配原则，强化投资者适当性和销售合规管理。

三是压实金融机构保护消费者权益的义务和主体责任。金融机构要落实保护消费者权益的主体责任，作为专业机构，切实践行“卖者尽责”。强化信息披露监管，特别是面向不特定的社会公众发行的公募资产管理产品，由于风险外溢性强，要更加审慎和有更强约束。严格执行投资者风险承受能力评估、产品风险评级，对违法违规、侵害金融消费者合法权益的行为加大处罚力度。

前　言

2018 年 4 月，《关于规范金融机构资产管理业务的指导意见》出台，拉开了资产管理行业转型发展的序幕。此后，银行理财、证券期货资管、保险资管等配套细则相继落地，基本形成了我国百万亿级资产管理市场的监管制度和规则体系。在资管新规和配套细则的指导下，同类资产管理业务监管标准逐渐得到统一，刚性兑付被有序打破，金融风险得到有效防控，金融服务实体经济的能力进一步增强。

资产管理业务是指资产管理机构接受投资者委托，对受托的投资者财产进行投资和管理的金融服务。金融即资金的融通，是连接投资和融资的工具，其核心是金融资产的形成、定价与风险处置。从事金融业务的机构是金融机构，在我国，商业银行、证券公司、保险公司、信托公司、基金管理公司、私募基金管理人等，都是典型的金融机构。根据投资方和融资方是否发生直接关系，金融业务可分为间接金融和直接金融。商业银行的存贷款业务是指，商业银行吸收公众存款和发放贷款，属于典型的间接金融业务；商业银行的理财业务是指，商业银行接受投资者委托，按照与投资者事先约定的投资策略、风险承担和收益分配方式，对受托的投资者财产进行投资和管理的金融服务。商业银行的理财业务是典型的资产管理业务，属于直接金融业务。根据服务对象的不同，直接金融业务可分为为投资者服务的资产管理业务，以及为融资者服务的投资银行业务等。间接金融业务的监管以资本充足率和流动性管理为核心，重点在于监管金融机构的资本能否抵御可能面临的个体风险和系统性风险，目的在于保护存款人利益；直接金融业务的监管以信息披露、防欺诈为核心，重点在于监管金融机构是否履行诚实信用、勤勉尽责的受托人义务，目的在于保护投资者利益。

资产管理业务最早发源于西方，以美国、英国、日本、中国香港为代表的部分发达国家和地区经过不断探索，形成了相对完善的监管体系和行业生态。1997 年国务院证券委员会发布了《证券投资基金管理暂行办法》，拉开了我国资产管理行业发展的序幕。2002 年中国人民银行颁布了《信托投资公司资金信托管理暂行办法》，自此开启了多种金融机构共同参与的资产管理市场发展进程。2012 年《证券投资基金法》的修订，使私募证券投资基金获得了合法参与资产管理市场的地位，从而最终形成了目前商业银行、证券公司、保险公司、信托公司、基金管理公司、私募基金管理人等机构共同参与的资产管理市场格局。这些机构共同推动了中国“大资管”市场的壮大和发展，资产管理业务规模由 2012 年底的 19.99 万亿元迅速发展到 2017 年的 111.58 万亿元（未扣除重复计算），超过当年 GDP 的总额。2017 年也是资产管理规模最大的年份，随后有序减小，2019 年底时，其规模为 94.64 万亿元。

中国资产管理市场之所以能够迅猛发展，一是实体经济强劲融资需求的拉动，二是金融机构自身谋求发展、修复资产负债表和获取利润的推动。资产管理市场在服务实体经济融资、促进经济发展的同时，由于直接融资渠道不畅和监管分割等问题，出现了直接融资间接化、投资业务融资化、私募产品公募化、市场主体行政化等现象，这些现象造成了金融机构运作的不规范和扭曲，从而埋下了金融风险的隐患。这些隐患大部分聚集在银行等金融机构体系内，如果听之任之，就会发酵成系统性风险，并随时可能从内部爆发或由外部事件引发，其后果是我们无法承受的。因此，我们一定要及时、主动、稳妥地规范业务，主动排雷，防控风险，这既是中央防范化解重大风险的决策要求，也是资管新规出台的背景和目的。

十八大以来，党中央准确把握和平、发展、合作、共赢的时代潮流和国际大势，从实现中华民族伟大复兴的中国梦的历史维度出发，以开放促改革、以开放促发展、以开放促创新，加快推进建设开放型经济强国，由此我国对外开放逐渐迈上了新台阶。2019 年 7 月，国务院金融稳定发展委员会发布了金融业对外开放的 11 条措施，内容包括允许境外资产管理机构与中资银行或保险公司的子公司合资设立由外方控股的理财公司，允许境外金融机构投资设立或参股养老金管理公司，将原定于 2021 年取消证券公司、基金管理公司和期货公司外资股比限制的时点提前到 2020 年等。这些措施释放了一个有自信、有进取心的传统金融大国向现代化金融强国迈进的强烈信号。主动开放的良好意愿需要有配套的政策基础和市场环境来承载，由于我国资产管理市场尚处于转型与规范发展的探索阶段，境外机构在进入中国市场时面临着来自政策和市场环境两方面的挑战。在政策层面，境外机构对政策连续性和稳定性等方面存有一定顾虑，并且在监管标准、配套细则、资本金要求、风险资本与风险准备金概念、资产管理和财富管理业务边界等方面存在一些疑惑；在环境方面，境外机构面临着境内外市场生态差异较大、同业竞争以及理财公司定位不明确等市场方面的问题。因此，在更高水平对外开放的大背景下，厘清中外资产管理业务的内涵与理念，借鉴境外资产管理业务成熟的监管规则，并结合我国的实际情况加以吸收和优化，是当前中国资产管理市场监管人员和从业人员应当思考和探索的话题。

在此背景下，由我牵头，中国财富管理 50 人论坛和清华大学五道口金融学院联合组织开展的研究课题正式启动。课题组专家来自国内知名高校、研究机构和金融机构等，通过对国内银行、证券、保险、信托、公募基金、私募基金六个行业开展资产管理业务的历史脉络进行梳理，对照美国、英国、日本、中国香港等国家和地区的资产管理市场发展与监管政策变化轨迹，梳理出我国资产管理市场的主要问题，并提出了完善我国资产管理市场监管体系的相关建议。

我们认为，在资产管理业务中，资金从投资者出发，通过资产管理机构，投向底层的各类标的，从而形成了资本要素。资产管理业务在满足社会大众对财富管理保值增值需求的同时，也满足了实体经济不同层次的融资需求，进而推动了经济的持续健康发展。在全球化时代，由于国家间经济和金融交往日益密切，所以人民币资本项目下扩大开放是大势所趋，资本最终会选择制度高地，风险则会留在制度洼地，大国竞争的决胜点就是制度。全球资产管理业务的发展趋势对中国的资产管理业务回归本源和创新发展提供了借鉴和指引。深化资产管理业务监管制度改革，建设现代化的资产管理业务体系，应当成为深化金融供给侧结构性改革的切入点和发力点。我们应当优化影子银行治理方案，坚持新老划断，实现平稳过渡；同时要深化监管“放管服”改革，切实防范风险，释放市场活力；通过完善市场环境，加强基础性制度建设，补齐各项短板，全力推动中国的资产管理业务迈向现代化，使资产管理业务成为我国深化金融供给侧结构性改革，尤其是资本市场发展的重要推动力量。

本书成稿时，我国已从新冠肺炎疫情的阴影下走出来，但全球仍处于疫情快速蔓延和二次暴发的高峰期。美国、欧洲等国家和地区的资本市场出现了多年罕见的暴跌和波动，美国等国家的股市数次出现熔断。美联储在将利率快速降低到零附近的同时释放大量流动性，而美元指数却一度创出新高。这一方面说明包括美国在内的全球投资者对“世界货币”仍有较强的信心，另一方面也说明我国深化资本市场改革、建设金融强国仍然任重道远。我们要认真审视、认真总结、认真对照、认真改进，在改革开放中建设金融强国。

资管新规出台已逾两年，过渡期也顺应延长，新的《证券法》已经修订并生效。新修订的《证券法》将资产管理产品纳入证券范围，授权国务院按《证券法》的原则制定其发行和交易管理办法，此举为在证券的基础上规范资产管理市场和统一监管创造了有利条件。当前我国资本市场改革和资产管理业务规范转型到了攻坚克难的关键时刻，我们应当顺应经济高速发展向高质量发展转变的大趋势，以对外开放为契机，抓住新《证券法》实施的历史机遇，坚持资管新规的核心精神，充分利用过渡期的剩余时间，补齐制度短板，夯实制度基础，转变监管理念，划清市场与监管的边界，正确处理机构监管与功能监管的关系，规范牌照管制，解除金融压抑，疏通直接融资尤其是股权融资渠道，提高金融服务实体经济的效率和规范程度，全力推动中国的资产管理业务迈向现代化，为深化金融供给侧结构性改革、推动我国成为现代化全球金融强国做出贡献！

吴晓灵

总　论

一、中国资产管理行业当前形势

2012 年前后，在市场需求和政策推动的共同作用下，特别是随着一系列监管制度的调整，中国的资产管理业务迎来了爆发式的增长，形成了所谓“大资管”的业务体系。2017 年底，资产管理业务总规模达到 111.58 万亿元的峰值（见表 1.1），是当年我国金融资产的 1/4，深刻改变了中国金融体系的格局。

表 1.1　2012—2019 年中国资产管理业务规模变化情况　　单位：万亿元

年份	银行理财	信托计划	证券资管	公募基金	基金专户	基金子公司	保险资管	私募基金	合计
2012	7.00	7.47	1.89	2.87	0.76	—	—	—	19.99
2013	10.24	10.91	5.20	3.00	1.35	0.94	0.37	—	32.01
2014	15.02	13.98	7.95	4.54	2.13	3.74	0.75	1.49	49.60
2015	23.50	16.30	11.89	8.40	4.16	8.57	1.34	4.16	78.32
2016	29.05	20.22	17.31	9.16	6.38	10.50	1.65	8.25	102.52
2017	29.54	26.25	16.88	11.60	6.43	7.31	2.07	11.50	111.58
2018	22.04	22.70	13.36	13.03	6.04	5.25	2.53	12.71	97.66
2019	22.18	21.60	10.83	14.77	4.34	4.19	2.99	13.74	94.64

资料来源：中国银行业协会，中国信托业协会，中国证券投资基金业协会，中国保险资产管理业协会。其中，保险资管规模是网站上公布的历年注册规模的加总累计数据，基金专户不包括养老金规模，银行理财为 2019 年 6 月底的数据。

“大资管”业务的产生和发展，不仅顺应了实体经济快速发展过程中强烈的融资需求和居民日益增长的理财需求，还在促进社会经济发展方面发挥了重要作用。但是，相关的监管制度和监管体系并没有及时跟上业务发展，资产管理业务缺乏明确的法律定义、独立的制度规范和清晰的监管边界。同时，投资者面对众多投资产品缺乏风险意识，盲目追求投资收益。由于监管的缺失和市场对资金的强烈需求，商业银行、信托公司、保险公司、证券公司、期货公司、基金管理公司和私募基金管理人等各类机构在“逐利性”的推动下，将资产管理业务的概念和内涵泛化，以资产管理业务的名义对各类金融业务进行包装，事实上形成了混业经营。在以机构监管而非功能监管划分的“分业经营，分业监管”体系下，负责分业监管的部门，往往重视机构监管边界之内的风险防范，而忽视风险向机构监管边界之外的溢出。其他政府部门和地方政府的目标及导向也与金融监管部门不完全一致，有时默许甚至支持金融机构的监管套利活动，以促进本部门或本地区实现更好的发展。分业监管的合集无法全面覆盖混业经营的风险合集，金融监管出现盲区。金融风险隐藏在分业监管的边界之外，不断积聚，悄然成为身边的“灰犀牛”。

2018 年 4 月 27 日，资管新规正式发布，在统一资产管理业务监管标准、防范化解金融风险、促进资产管理业务回归本源方面迈出了关键一步。随着金融监管部门加强协调、资管新规和各项配套规则的贯彻落实，金融乱象得到整治，金融风险明显收敛。“大资管”业务规模在 2017 年触顶回落，至 2018 年底已经不足 100 万亿元，2019 年持续压降。资产管理业务结构得到优化，具有刚性兑付、监管套利性质的老产品规模明显下降，净值型银行理财产品规模不断提升，公募基金中的权益类基金在 2019 年下半年迎来拐点，2020 年第一季度出现了多年未见的大额净申购现象。总体上看，资管新规实施两年来，监管当局和市场主体在遏制套利和防范风险上的共识已经达成，投资者的风险意识和风险识别能力也不断提升，市场秩序实现了根本性的好转，资产管理业务回归本源的大方向已经不可逆转。

船到中流浪更急，人到半山路更陡。随着资管新规的深入实施，深层次的矛盾日渐凸显，资产管理业务回归本源也遇到了新的障碍。从当前看，化解“大资管”业务存量风险，防范增量风险，保障实体经济融资，实现平稳过渡，是资管新规的迫切任务。但是，市场投资者对类似刚性兑付的预期收益类产品仍然有很强的需求，市场主体对老产品也存在路径依赖，符合资管新规标准的新产品难以扩展市场规模，不符合资管新规标准的老产品难以持续压降，社会融资需求因为融资结构改变和新老产品衔接转换不畅而受到较大影响，行业出现了延长过渡期的呼声。

在不符合资管新规标准的老产品中，带有刚性兑付性质的银行理财既占大头，又是源头。截至 2019 年 6 月末，净值型非保本银行理财产品的余额为 7.89 万亿元，虽然资管新规的过渡期已经过半，但是净值型产品仅占全部非保本银行理财产品存续余额的 35.56%，① 剩余老产品的转型规范难度很可能更大。从长远看，建设一个能够切实防范风险、保护投资者利益、符合资产管理业务发展规律的监管制度体系，是资管新规的最终任务。然而，按照现行“谁审批、谁负责”的机构监管体制和相应的制度体系，各监管部门仍然在针对同类型业务制定不同配套细则，这既产生了规则冗余，也存在标准差异。在之前的监管缝隙弥合后，如何防止滋生新的监管套利，如何将工作模式从应急性、个案式的风险防范化解机制，切换到长期性、系统性的法制建设轨道上，进而重塑资产管理业务的法律制度体系，是资产管理业

① 银行业理财登记托管中心，《中国银行业理财市场报告（2019 年上半年）》。

务回归本源必须要面对和解决的问题。在资管新规实施两周年之后，中国的资产管理业务迫切需要更加长远和系统的制度建设规划。

实践中的新问题需要理论研究工作及时跟上，以便为下一步的风险化解和监管改革方案提供研究支撑。在此背景下，中国财富管理50人论坛、清华大学五道口金融学院联合启动了本书的研究课题。联合课题组以资产管理业务和监管的关系为研究主题，通过对中国“大资管”业务发展脉络的梳理和中外对比分析，揭示监管制度是如何改变和规范资产管理业务发展轨迹的，从而提出深化改革监管制度，促进资产管理业务规范发展的建议。

第一，如何看待中国“大资管”业务的风险及其成因？资产管理业务本应是直接金融的重要组成部分。随着实体经济的快速发展，居民财富管理的需求日益增加，市场各方对多元化的投融资金融工具存在强烈的需求，但是金融机构、金融产品和金融服务的数量、质量与业态都受到金融监管体制的抑制。“大资管”业务的产生和发展实际上是金融体系和实体经济发展逐步匹配的过程，这在一定程度上弥补了原有金融体系的不足，既拓宽了储蓄转化为投资的渠道，又在弥补资金的供需缺口方面发挥了积极作用。资产管理业务缺乏清晰的法律概念和统一的监管规范，受到抑制的各类金融业务都相继聚集在制度洼地，以资产管理的名义展业，导致“大资管”业务名不副实。直接金融与间接金融混淆，投资业务与融资业务混淆，公募产品与私募产品混淆，市场与监管的边界不清，严重的异化使本应促进直接融资发展、分散银行体系金融风险的资产管理业务，抑制和扭曲了直接融资体系的发展，金融风险反而向银行体系聚集。①

① 根据易纲行长的研究，2007—2017年，尽管这一时期股票、债券等直接融资占比上升，但从风险承担视角看，社会融资规模中由银行承担风险的比重从53%上升到63%，住户部门承担风险的比重从4.7%下降到3.2%。

防范化解“大资管”业务的风险，需要对症下药，疏堵结合，既要统一资产管理业务的规则，也要解除金融领域的过度抑制，还原扭曲在“大资管”名下各类业务的本来面目，让银行存贷业务、证券发行业务、资产管理业务各自回归本源，健康发展。

第二，如何认识资产管理业务及其监管？在中国的“大资管”业务已经严重异化的情况下，正确认识资产管理业务及其监管必须以中外对比的角度为切入点。资产管理业务的源起和发展与监管制度的演变是密切相关的。美国的1933年的《银行法》(《格拉斯–斯蒂格尔法案》)将商业银行和投资银行分离开来。1934年，美国根据《证券交易法》成立了证监会，规定证券交易经纪商应当到美国证监会登记，证券交易经纪商从此在法律上确立了自己的地位。1940年，美国《投资顾问法》规定，以获取盈利为目的，为他人提供证券投资咨询建议和投资管理服务的投资顾问应当到美国证监会登记，由此确立了资产管理行业的独立地位。2008年全球金融危机以后，在监管制度调整、人口老龄化、低利率、股市长期走高等一系列因素的综合作用下，国际资产管理业务规模呈明显的上升趋势，2015年已占全球金融体系总资产的40%。[①]

资产管理业务的诞生及发展和直接融资体系的立法一脉相承，是直接融资的重要组成部分，其自身的发展既取决于也作用于直接融资体系的发达程度。证券的法律定义是直接融资体系的地基，证券的定义越广泛，《证券法》等直接融资体系法律法规的调整和规范范围就越大，投资银行业务和资产管理业务的展业空间就越宽广，资本市场对经济的润滑作用就越能充分体现。规范和发展资产管理业务并建立健全监管制度体系，不应当局限于资产管理业务本身，必须同时着眼

① 金融稳定理事会，《应对资产管理业务结构脆弱性的政策建议》。

于资产管理业务的上下游，对直接融资体系全链条的监管制度进行整体规划。

第三，如何深化中国的监管制度改革？一是优化风险治理方案，实现业务规范转型和平稳过渡。影子银行体系[①]是资管新规的治理重点。银行理财既是影子银行体系的大头，又位于源头，因此银行理财的成功转型对全局至关重要。应坚持新老划断，银行理财子公司应当干净起步，对标国际先进的资产管理机构，推动银行理财与公募基金监管规则的统一；多渠道化解不符合资管新规标准的老产品，增加正向激励和刚性约束，确保不符合资管新规标准的老产品在过渡期适度延长后完成压降和转化。二是深化监管改革，构建与资产管理业务发展规律相适应的监管体系。在厘清监管和市场的关系，处理好功能监管和机构监管的关系，以及审慎监管与行为监管的关系的基础上，监管改革应当以《信托法》《证券法》《证券投资基金法》为上位法，以增量带动存量，最小化制度调整成本，最大限度融入现有的法规体系，进一步突出功能监管和行为监管，按照公募、私募和专户的功能类别，贯通以机构类型为界的制度体系，构建统一的资产管理业务监管制度体系，对各类机构从事资产管理业务实施相同的监管标准。在规则层面统一后，继续修订完善《信托法》《证券法》《证券投资基金法》等上位法，巩固直接融资的制度基石，拓宽法律应用范围。监管部门自身也要加强建设，提高专业性，提高监管效率。三是补齐各项制度短板，推动资产管理业务上下游全链条改革。作为直接融资链条

① 影子银行体系最早由美国太平洋投资管理公司的执行董事保罗·麦考利在 2007 年美联储的年会上提出。2013 年 11 月，时任美联储主席伯南克总结道："通常而言，影子银行由多种机构和市场组成，集合起来完成了传统银行的功能，但是游离在传统存款机构的监管体系之外，或仅与之弱相关。典型的影子银行体系会包括资产证券化工具，资产支持商业票据的结构化投资公司，货币基金，回购市场，投资银行和抵押贷公司。"普遍认为，影子银行的迅速发展是引发 2007—2008 年全球金融危机和经济衰退的重要原因。

的重要一环，防范化解资产管理业务的风险离不开上下游行业的共同治理，资产管理业务的制度变革也必然推动上下游行业的变化。以资产管理业务的监管改革为契机，深化金融供给侧结构性改革，推动证券私募发行和交易制度、长期资金入市和养老金制度、财富管理业务制度、产品治理架构和资产管理配套业务制度等上下游全链条的协同改革，进而解除其他领域的金融抑制，释放市场活力，从根本上解决资产管理业务异化的制度扭曲因素，提高直接融资比重，夯实制度基础。

行至半山不停步，船到中流当奋楫。资产管理业务回归本源既是目的，也是举措。其更加深远的意义在于提高直接融资比重，分散过度集中在银行业的金融风险，更好地建设资本市场配置资源的枢纽功能，更好地满足居民日益提高的财富管理需求，更好地服务实体经济发展。

我国的经济总量已经跃居世界第二位，综合国力和社会生产力水平已经大幅提升，一些前沿领域正在从跟随、追赶走向领先。在高质量发展的背景下，经济结构和产业发展的重大转变对金融体系提出了更新、更高的要求，需要将更多的资金从集中资源投向成熟领域的间接融资体系，转向更加有利于分散风险、支持创新、提高宏观政策传导效率的直接融资体系，从而分散试错方向和成本，提高投资未知领域的成本效益比，增加金融体系对小微企业和创新驱动发展战略的适应性和支持力度。这既是深化监管改革、建设现代化金融体系的使命所系，也是检验改革是否成功的标准。希望本书能为此提供有益的研究参考。

二、资产管理业务的异化与成因

（一）直接融资间接化，积聚系统性金融风险

金融是连接投资和融资的工具，其核心是金融资产的形成、定价与风险处置，直接融资与间接融资[①]对此有不同的方法与模式。

在间接融资体系中，银行是资金供给方与资金需求方的中介，金融风险是通过银行的客户关系管理与持续信用风险监测（贷后管理）、模式/模型选择与组合管理得以控制的，储户（投资者）仅承担银行的信用风险，而不承担银行贷款所对应的基础资产的风险。

在以金融市场为主导的直接融资体系中，从事直接融资业务的金融机构包括为资金需求方服务的投资银行，以及为资金供给方服务的资产管理机构。它们都属于中介服务性质，凭借提供的专业服务向投资者收取费用，本身不承担投融资风险。投资者风险控制主要有两种方式：一是凭借风险识别能力自主选择投资标的，承担投资风险；二是依靠专业化的资产管理与财富管理机构，以分散风险和转移风险为主要控制手段。在资产管理业务中，尽管投资者直接承担了基础资产的风险，但由于资产管理机构的动态管理与组合投资，以及资产管理产品的净值认购模式，单一基础资产的风险被层层分散，并在收益端组合为与投资者风险偏好相符的风险溢价，从而最终能够被投资者所接受。

分散风险是以金融市场为主导的直接融资体系的核心。只有投资风险最终被投资者承担并真正获得风险收益，才能使原来集中在银行或影子银行体系内的信用风险得以转移出来，从而真正促进直接融资

---

① 本书对直接融资和间接融资的划分依据是投资风险由谁承担。直接融资由投资者直接承担投资风险；间接融资由商业银行等金融机构承担贷款等投资风险，投资者不直接承担贷款风险。

的发展与中国金融结构的优化。然而，刚性兑付的存在，使风险并没有从管理资产和管理产品的金融机构中转移出去，或者只转移了部分风险。同时，由于影子银行体系并没有像银行那样有资本充足率等监管要求，金融杠杆被放大，积聚了系统性风险。资管新规的核心是按照“风险可隔离、风险可计量、投资者可承受”的原则使资产的风险收益转移，从而推动中国资产管理行业摆脱刚性兑付背景下的影子银行属性，回归资产管理本源。

资产管理业务的直接融资间接化，就是以资产管理业务的名义开展间接融资业务，从而使信贷业务借助资产管理产品开展，脱离资本充足率等监管要求。大量具有银行隐性担保性质的资产管理产品，投向银行选定的项目，风险控制方式主要为传统信贷模式下的抵押和担保，风险的主要承担者仍然是银行，实质是银行的信用创造。直接融资间接化的资产管理业务徒有其名，没有分散风险，反而让风险更加向银行业集中；没有形成真正的权益性资本，反而让资金更加向债务融资集中；没有增加金融对创新领域和技术研发的支持，反而让资金固化在能够形成抵押品价值的成熟行业和固定资产上，增加了金融机构和宏观经济的隐性杠杆，容易导致产能过剩和资产价格泡沫，从而形成了中国特色的影子银行体系。

影子银行是中国资产管理业务最为主要的结构性问题，其发展历程大致可以分为三个阶段。

第一个阶段是 2008—2011 年的形成时期。

2007 年，银监会发布《中国银行业实施新资本协议指导意见》，标志着我国的银行监管制度开始全面与《巴塞尔协议》框架体系接轨，提升了商业银行资本占用的风险敏感度和监测精准度。但是在与《巴塞尔协议》框架体系接轨的同时，中国的商业银行还面临着信贷投向管理、贷款额度管理、存贷款利率管制等经济转轨时期的特殊限制。

2008年，为了应对全球金融危机的冲击，国家出台了一揽子刺激计划，实体经济产生了强烈的融资需求。按照与国际接轨的资本充足率监管要求，商业银行的内生资本增长速度难以跟上资产负债表的扩张速度，而满足实体经济融资需求的信贷任务又相对刚性，这导致商业银行选择以监管套利的方式规避资本占用和信贷规模统计，从侧面提高了金融体系的杠杆。

商业银行的监管套利主要向两个方向发展。一是表内业务转表外。商业银行将负债资金以银行理财形式出表，再通过信托计划和委托贷款投放信贷。二是将资本金占用较高的资产项目腾挪为资本金占用较低的资产项目。商业银行将资本金占用高的信贷资产腾挪到资本金占用较低的同业科目，再通过对接信托计划、票据、买入返售回购等投放信贷。两个方向的监管套利活动，推动同业业务和资产管理业务快速发展，形成了中国特色影子银行体系的基本雏形。

这一时期的银行资金出表，主要通过信托计划实现。根据中国信托业协会的分析，[①] 信托资产规模从2008年底的1.22万亿元，快速增长至2010年底的3.04万亿元。2010年底的银信合作理财业务规模达1.66万亿元，占同期信托资产总规模的54.61%。银信合作业务的迅速增长及其潜在风险，引起了监管部门的警觉和重视。从2009年开始，银监会针对银信合作的风险开展专项治理，连续下发10个规范银信合作的文件，被行业称为“十道金文”。2010年，银监会制定和发布了《信托公司净资本管理办法》，参照存贷业务的监管模式，在信托计划规模与信托公司资本金之间建立挂钩机制，以资本金约束信托计划的总规模。这说明银监会已经认识到相当比例的信托计划实质

① 中国信托业协会，《2012年1季度中国信托业发展评析》。

是信贷业务。然而，信托公司的净资本风险系数较商业银行有明显折扣，虽然压缩了监管套利的空间，但仍然有利可图，并且获得了合法性认可，这埋下了更大的隐患。尽管如此，上述举措对信托资产规模的爆发式增长形成了有力约束，短期内有效控制了风险的扩张，其基本思路也陆续为其他行业以及后来的资管新规所采纳。

第二个阶段是 2012—2016 年的快速发展时期。

2012 年，证监会以资产管理业务为着力点，全面推进证券期货基金经营机构创新发展，修订和出台了证券公司、基金管理公司、期货公司及其子公司开展资产管理业务的一系列监管制度。主要举措包括：批准设立了 79 家从事特定客户资产管理业务的基金管理公司子公司，取消了私募资产管理计划投资标的集中度限制，允许委托人指定投资标的通道业务①，对证券公司集合资产管理计划由证监会事前审批改为中国证券业协会事后备案。②

一方面是银监会对银信理财合作业务的“收紧”，另一方面是证监会对证券期货基金经营机构资产管理业务的“松绑”，大量的银行出表资金转向证监会监管的私募资产管理计划。③

从数据上看，证券公司的定向资产管理计划在几个月的时间内就突

① 通道业务缺乏明确的定义，一般是指投资标的由委托人决定，资产管理产品提供“通道”，帮助委托人完成投资。2013 年和 2014 年，由于连续出现多起证券公司和基金管理公司子公司通道业务风险，证监会下发《关于加强证券公司资产管理业务监管的通知》和《关于进一步加强基金管理公司及其子公司从事特定客户资产管理业务风险管理的通知》，重点对通道业务予以规范。

② 《证券投资基金法》（2013 年修订）实施后，证监会将证券、期货、基金行业的产品备案职责于 2014 年起陆续统一由中国证券投资基金业协会负责。

③ 2012 年证券公司可以从事定向资产管理计划和集合资产管理计划（2013 年 6 月 1 日起，新修订的《证券投资基金法》正式实施，不受 200 人限制的集合资产管理计划，俗称大集合产品不再新发）。基金管理公司可以从事一对一和一对多资产管理计划。2018 年，《证券期货经营机构私募资产管理业务管理办法》将证券、期货和基金管理公司及其子公司的私募资产管理业务统一为私募资产管理计划。

破了 1 万亿元的规模，最高时达到 15 万亿元，成为银行资金出表的主要通道。注册资本金只需要 2 000 万元的基金管理公司子公司，发展势头最为迅猛。到 2016 年，从零起步的基金管理公司子公司，资产管理规模超过 10 万亿元，被称为“通道之王”，其主要工作就是“给合同盖章”，完全脱离了资产管理业务的本质。而且，由于证券公司、基金管理公司及其子公司不具备信托公司的放贷资质，不得不在投资合同形式上花样迭出，演化出明股实债、受益权、资产证券化、供应链金融等多种模式，但很多业务实质上都是信贷行为。2012—2018 年证券公司、基金管理公司及其子公司私募资产管理业务规模情况如表 1.2 所示。

表 1.2　2012—2018 年证券公司、基金管理公司及其子公司私募资产管理业务规模情况

单位：万亿元

年份	基金管理公司一对一	基金管理公司一对多	基金管理子公司一对一	基金管理子公司一对多	证券公司定向	证券公司集合
2011	—	—	—	—	0.13	0.15
2012	—	—	—	—	1.68	0.21
2013	—	—	0.42	0.53	4.83	0.36
2014	0.87	0.35	2.33	1.41	7.25	0.66
2015	2.25	0.74	6.13	2.44	10.16	1.74
2016	4.18	0.93	8.21	2.29	14.69	2.19
2017	4.31	0.65	6.00	1.31	14.39	2.11
2018	3.88	0.49	4.45	0.80	10.99	1.91

资料来源：中国证券投资基金业协会。

除了私募资产管理计划外，公募基金中的货币基金由于具有税收优惠政策和使用摊余成本法的会计政策优势，所以成为影子银行体系的重要中转站。从 2012 年开始，货币基金从 5 717 亿元增长至 2018 年的 76 178 亿元（见表 1.3），增长了约 12 倍，是同期增长速度最快的大类金融资产。

表 1.3 2012—2019 年开放式公募基金资产净值　单位：亿元

年份	股票基金	混合基金	货币基金	债券基金	QDII（合格境内机构投资者）基金
2012	11 477	5 647	5 717	3 777	632
2013	10 958	5 627	7 476	3 225	584
2014	13 142	6 025	20 862	3 473	487
2015	7 657	22 287	44 443	6 974	663
2016	7 059	20 090	42 841	14 239	1 024
2017	7 602	19 378	67 357	14 647	914
2018	8 245	13 604	76 178	22 629	706
2019	12 993	18 893	71 171	27 661	931

资料来源：《中国证券投资基金业年报 2019》。

货币基金的快速增长，首先得益于金融科技深度应用，基金管理公司在一定程度上摆脱了银行的零售渠道，通过网络平台直达终端投资者，将网络电商的数亿消费者直接转化为货币基金的投资者。而且货币基金还联合银行，通过垫资推出了“T+0”[①] 的即时申购赎回模式，对银行活期存款产生了明显的替代效应。除了电商渠道的个人投资者外，货币基金的主要资金来源仍然是银行，并且约 60% 的投向是中小银行存单，约 20% 是买入返售证券。因此，货币基金连接了不同地域、不同规模、不同类型的金融机构和金融产品，以及数亿社会公众。由于即时赎回和资产配置的超高流动性要求，货币基金的风险敏感度高，抗风险能力低，是影子银行体系最为脆弱的风险易爆点，已经发生过多起风险事件。

① 2018 年 6 月，中国人民银行和证监会联合发布《关于进一步规范货币市场基金互联网销售、赎回相关服务的指导意见》，对货币基金“T+0”快速申购赎回实施额度限制、严禁垫付等措施。在答记者问中，有关负责人认为“T+0”是一种监管套利现象。

2015年，国家宣布实施“营改增”，明确规定除公募基金，其他资产管理产品均要缴纳增值税。大量的银行资金出于税收成本考虑，把公募债券基金作为配置债券类资产的重要工具，公募债券基金规模出现明显上升。此外，还出现了定制公募基金，公募债券基金也成为银行资金出表的通道。

证券期货经营机构为银行资金提供多元化的出表通道以后，银行理财规模和同业规模同步快速增长。针对风险苗头，银监会发布了《关于规范商业银行理财业务投资运作有关问题的通知》（银监发〔2013〕8号，简称8号文）和《关于规范金融机构同业业务的通知》（银监发〔2014〕127号，简称127号文）。8号文对非标准化债权资产进行了定义，要求银行理财投资非标资产余额不得超过理财产品35%与商业银行总资产4%的孰低值。127号文规定同业投资非标资产不再计入买入返售（资本计提25%），只能计入同业投资，并且必须穿透至底层资产，准确计量风险并计提相应资本拨备。8号文和127号文对银行理财和同业业务投资非标资产的影子银行活动进行了限制，延缓了风险积聚的势头。

但是，在以机构类型划分而非以金融功能划分的分业监管体系和“谁审批、谁负责”的监管责任划分机制下，证券基金经营机构的私募资产管理业务在银行监管部门的监管边界之外，银行业的信贷风险并不是证券监管部门的分内之事。出于各自的考量，不同的监管部门未能形成相向而行的监管协调，这不仅使“十道金文”、8号文和127号文的执行效果受到了制约，还催化了影子银行体系进一步的复杂化和自我膨胀。

各类机构为满足8号文和127号文的形式要件，在“逐利性”的推动下，通过拉长交易链条、增加交易主体、创新产品形式等多种方式，开展了令人眼花缭乱的监管套利活动，最终演化形成了跨产品、跨行业、跨市场、跨地域、跨监管的庞大影子银行体系。

影子银行体系的负债端主要是以银行信用作为隐性担保，通过货币基金（无投资门槛）、银行理财计划（投资门槛 5 万元起）或者银行定制的私募资产管理产品（投资门槛单笔 100 万元起）吸收资金。货币基金相当于活期存款，银行理财计划和资产管理产品相当于定期存款和大额存款。银行业对银行理财计划的表外存款性质心知肚明，正如银行不会为其他银行拉存款一样，银行理财计划也不会在别的银行销售。

影子银行体系的资产端主要包括非标资产，以及经过“包装”的标准化资产，最终投向包括场外配资、上市公司大股东股权质押、房地产、地方政府隐性负债、宏观调控限制贷款的产业、民营企业、私募股权基金、互联网公司的现金贷和消费贷等银行难以从表内融资，并且融资利率较高的社会融资需求。

连接影子银行体系两端的，则是由不同金融机构的资产管理计划、同业理财、信托计划、债券基金、货币基金、私募基金、买入返售证券、短期融资票据、中期融资票据、公司债、企业债、中小银行存单、收益权、受益权、资产证券化专项计划等排列组合而成的网状交易安排。这些相互关联的交易安排牵一发而动全身，有的还采用“阴阳合同”和“抽屉协议”等方式，甚至连发起银行有时也无法掌握全貌。

非标资产的比例如同含金量，直接决定了表外业务的利润率。因此，各种交易安排的目的就是想方设法在形式要件上将非标资产“包装”成标准化资产，或在不同商业银行之间腾挪非标资产额度，从而提高非标资产的比例。提高非标资产比例相当于提高了金融体系杠杆率，短期收益率的提高以长期风险外溢为代价。即使是“标准化”的债券或银行间市场债务融资工具，其持有主体仍然是具有刚性兑付性质的银行理财产品，风险并没有真正或完全由投资者承担，仍然集中在银行体系内。2018 年末，银行持有的债券占全部债券的 51.5%，其中相当一部分实际上是银行通过货币创造为企业融资，也具有间接融资的特点。[①]

第三个阶段是 2016—2018 年的规范时期。

由于股票资产流动性高，资产价格周期相对较短，影子银行的风险率先在股市大规模爆发。2015 年股市的异常波动让监管部门充分认识到影子银行场外配资的危害性。

在微观层面，由于以资产管理业务的名义开展业务，金融机构和监管部门针对资产管理业务的风险控制措施与监管制度，无法有效管控实质为信贷业务的风险和放贷资金的投向，单个项目的风险平均水平和不良资产率普遍高于银行表内业务。而且，表外信贷业务的风险控制措施以满足监管的形式要件为出发点，在“实质重于形式”的司法裁判中将受到挑战或陷入多头官司，放贷人的权利难以得到充分保障。

在宏观层面，以资产管理业务为名义开展信贷业务，虽然形式上增加了直接融资比重，分散了市场风险，但实质上仍然是间接融资业务，风险仍由银行等机构承担，杠杆率和流动性错配比例都在隐性上升。更为危险的是，在依靠债务推动和维持的资产价格泡沫破灭前，账面利润会导致金融机构和市场陷入幻象，从而对监管套利模式盲目依赖，走向金融空转的恶性循环。一旦积聚的金融风险超过实体经济可承受的阈值，就会产生爆炸式的破坏力，冲击金融系统稳定性。

从 2016 年开始，各监管部门开始加强协调配合，弥合监管空隙，着手加大对影子银行的规范力度。银监会明确限制银行理财投资融资

① 易纲，《再论中国金融资产结构及政策含义》。

融券的收益权，规范委托贷款，把实质重于形式作为监管原则，开展“三违反”“三套利”“四不当”“十个方面”[①]等“三三四十”系列专项治理行动，加大处罚力度，有力整顿了同业、表外、非标等金融乱象。证监会向信托公司的监管制度“取经”，引入了净资本约束资产管理规模的监管模式，提高了基金管理公司子公司的注册资本金要求，并停止了对新增基金管理公司子公司的审批，私募资产管理规模从 2017 年开始触顶回落，同时保监会也进一步规范了保险资金的运用。

资管新规的发布进一步加强了监管协同，形成了监管合力，遏制了影子银行规模的扩大趋势。资管新规把规范影子银行作为重中之重，综合和强化了前期各监管部门治理影子银行体系的措施，将净资本的要求拓展到全部资产管理机构，进一步严格了标准化资产的范围，取得了明显成效。

然而，历史经验和逻辑分析都表明，通过强化现有的审慎性监管措施只能在数量上进一步控制和压缩影子银行规模，难以有效解决直接融资间接化的结构性问题。资产管理机构针对操作风险计提风险准备是必要的，针对自营业务占用资本金计提风险准备也是必要的，但是将所管理的资产规模与资产管理机构的净资本挂钩就会产生问题。一方面，只要资产管理机构的净资本系数与商业银行的资本充足率不一致，就会存在套利空间，监管套利活动还会以更新的形式卷土重来；另一方面，实行净资本监管办法相当于默许资产管理机构可以用资本金对投资风险负责，而这与直接融资业务的性质不符，将会固化直接融资间接化的影子银行业态，进一步混淆直接融资和间接融资的关系，

① “三违反”即违犯金融法律、违反监管规则、违反内部规章，“三套利”即监管套利、空转套利、关联套利，“四不当”即不当创新、不当交易、不当激励、不当收费，“十个方面”即股权和对外投资方面、机构及高管方面、规章制度方面、业务方面、产品方面、人员行为方面、行业廉洁风险方面、监管履职方面、内外勾结违法方面、涉及非法金融活动方面。

模糊资产管理业务的法律性质，不利于资产管理业务回归本源。

（二）投资业务融资化，加剧了利益冲突

在直接融资的链条中，资产管理机构（基金管理公司等）为投资者提供专业化的投资管理服务，向投资者收取管理费用，属于典型的买方机构，是投资业务；投资银行（证券公司）为融资方（企业）提供专业化的证券创制和承销服务，向融资方收取费用，属于典型的卖方机构，是融资业务。

资产管理机构和投资银行各为其主，通过专业的服务弥合直接融资中的信息不对称，促进资本市场的价格形成。这是代表买方的资产管理机构和代表卖方的投资银行的意义所在。为了保证资产管理机构和投资银行各为其主、专业尽责，防范利益冲突和利益输送，资产管理机构和投资银行应当是两块牌照，分别适用不同的监管规则，相互之间需要适当隔离。

投资业务融资化是指，资产管理机构表面上为投资者提供服务，实际上却是在为融资方提供服务，并从融资方处获取收入。在直接融资业务中，投资者和融资方是交易对手，如果资产管理机构同时为双方服务，将面临巨大的道德风险，存在不可调和的利益冲突。以资产管理业务之名获取投资者的信任，但实际上为融资方服务，等于打开了利益输送的方便之门，加剧了资本市场的信息不对称，不仅侵害投资者的利益，严重时涉嫌欺诈，还会导致交易价格失真，影响资本市场配置资源的效率。

正是由于认识到投资业务融资化的危害，美国在1940年制定了《投资顾问法》和《投资公司法》，将资产管理行业在法律上确认为单独的金融行业，建立健全了以投资者利益至上为原则的行为规范。1935—1940年，美国证监会按照国会的要求对资产管理行业进行了

全面调查，发现资产管理机构附属于大型投资银行，投资业务和融资业务相互混淆，对资产管理机构的风险管控流于形式，资产管理机构和融资方极易相互勾结，利用资产管理产品买入价格虚高的融资方证券，从而沦为利益输送工具，损害投资者的权益。负责调查报告的美国证监会委员罗伯特·希利在阐述资产管理行业独立的必要性时，精辟地总结道："(投资顾问)本身应该是一个单独的行业，承担单独的职责，而不是作为其他金融业务的附庸。我们应该发展的是职业的投资管理行业。它们不应该从发行和销售不同种类的证券中获利，而是要从明智、精心地管理受托资金中获利。"①

相比之下，中国监管部门对投资业务融资化的危害性还缺乏充分的认识和足够的重视。资管新规以及相关配套规则，缺少严格区分资产管理业务与投资银行业务的相关要求。

1. 投资业务融资化发源于信托业

根据中国信托业协会的分类，信托业务按功能分为融资类信托、投资类信托和事务管理类信托。融资类信托的定义是："融资类信托业务是指以资金需求方的融资需求为驱动因素和业务起点，信托目的以寻求信托资产的固定回报为主，信托资产主要运用于信托设立前已事先指定的特定项目。信托公司在此类业务中主要承担向委托人、受益人推荐特定项目，向特定项目索取融资本金和利息的职责。包括信托贷款，带有回购、回购选择权或担保安排的股权融资型信托，信贷资产受让信托等。"②

从中国信托业协会对融资类信托的介绍中可以看出，融资类信托为融资方提供服务（"以资金需求方的融资需求为驱动因素""事先

① 罗伯特·希利向美国国会审议《投资顾问法》和《投资公司法》的证词，第13页，美国证监会网站。

② 中国信托业协会网站。

指定的特定项目”)，帮助融资方寻找投资方（“向委托人、受益人推荐特定项目”)，从融资成本中收取佣金，帮助融资方发行债券（“寻求信托资产的固定回报”“向特定项目索取融资本金和利息的职责”)，是典型的投资银行业务。

融资类信托的出现既是信托业自身谋求利润和发展的需要，也顺应了市场中存在的强烈的直接融资需求，具有积极意义。根据《证券法》的规定，公开发行证券应当经过证监会审批，应当由证券公司承销，否则就被认定为非法发行证券，应予以严厉打击。由于股票发行节奏和价格长期受到管制，市场化的股票发行制度改革还处于早期探索阶段，新设证券公司门槛过高而且长期处于停止审批的状态，非公开发行证券缺乏可操作性的实施规则，遵循《证券法》发行审核程序的直接融资长期以来难以满足市场的正常需要。在合法渠道受到抑制的情况下，由银监会审核的融资类信托业务就成了企业直接融资的安全通道，对满足社会融资的正常需求发挥了重要作用。同样的原理，保险资产管理公司也做了类似的债权投资计划和股权投资计划。

2. 融资类资产管理业务的发展

2012 年后，随着“大资管”业务的发展，融资类信托模式又迅速被证券业、保险业和基金业引入，进一步全面发展为融资类资产管理业务。从表 1.4 中可以看到，融资类信托业务在 2013 年达到 5.21 万亿元的规模后开始回落，这间接说明证券期货基金行业起到了分流作用。

表 1.4　2011—2018 年按功能划分的信托业务规模　　单位：万亿元

年份	融资类	占比	投资类	占比	事务管理类	占比	规模合计
2011	2.48	51%	1.72	36%	0.61	13%	4.81
2012	3.65	49%	2.68	36%	1.14	15%	7.47
2013	5.21	48%	3.55	33%	2.15	20%	10.91
2014	4.70	34%	4.71	34%	4.56	33%	13.97

续表

年份	融资类	占比	投资类	占比	事务管理类	占比	规模合计
2015	3.96	24%	6.03	37%	6.31	39%	16.30
2016	4.16	21%	5.99	30%	10.07	50%	20.22
2017	4.43	17%	6.17	24%	15.65	60%	26.25
2018	4.35	19%	5.11	22%	13.25	58%	22.71

资料来源：中国信托业协会。

融资类资产管理业务和基金销售行业结合后，又催生了中国特色的财富管理行业。2012 年的“诚至金开 1 号”兑付事件[①]使监管部门收紧了商业银行和证券公司等持牌金融机构代销资产管理产品的准入政策，融资类资产管理业务需要开辟新的销售渠道。同时，证监会规定销售私募资产管理计划需要具有公募基金销售资格，并批设了 119 家独立公募基金销售机构。其中部分机构将私募产品作为主要发展方向，迅速成为销售资产管理计划的主力军，并随同融资类资产管理业务发展壮大，形成了中国独立第三方财富管理行业的雏形。由于监管部门是按照公募基金销售行为对其实施监管的，对私募产品的销售缺少对应的监管原则、行为规范和从业人员职业资质，所以针对私募产品的财富管理行业基本处于监管空白地带。

2014 年，中国证券投资基金业协会开始办理私募基金管理人登记后，大量的独立公募基金销售机构又办理了私募基金管理人登记，或者由关联公司办理私募基金管理人登记。部分机构一方面通过私募基金管理人开发产品，另一方面通过基金销售机构渠道向投资者推销产

① 2014 年 1 月，中诚信托发布公告，其设立的总规模为 30 亿元的“诚至金开 1 号”信托计划面临无法兑付的风险，并宣称该项目主要是由代销行工商银行推荐的，中诚信托仅为通道。工商银行方面表示，其作为代销行和托管行，不是信托计划合同当事人，没有兑付责任。

品，形成了“私募基金管理人＋公募基金销售机构”的前店后厂模式。这个模式是融资类资产管理业务的加强版，本来已经存在利益冲突，再加上监管缺失，失去约束的业务模式必然走向利益输送，侵害投资者权益，成为融资类资产管理业务中最主要的风险点。从目前爆发的风险情况看，部分机构为了赚取销售佣金，轻者放松风险控制，重者对融资方过度包装、虚假宣传，更有甚者炮制虚假融资方用以构建资金池，基本重演了美国 1940 年之前投资管理行业监守自盗的乱象。

3. 融资类资产管理业务的特征

融资类资产管理业务虽然在满足社会正常融资方面发挥了积极作用，但是由于其产生的背景是证券发行市场的金融抑制，产生的目的是规避监管，所以与正常的投资业务或融资业务相比，都会形成更大的负外部性。表 1.5 汇总了三类业务的主要异同，可以看出，与正常的投资银行业务相比，融资类资产管理业务以资产管理业务之名行投资银行业务之实，资产管理机构与财富管理机构从融资方收取费用，以资产管理机构的信用为背书将融资方的证券包装为资产管理产品份额，以本应为投资者服务的财富管理机构的名义向投资者推销融资方的证券，加剧了利益冲突，弱化了买方机构应有的定价博弈功能，导致中国一、二级市场估值偏高，降低了市场配置资源的效率。

表 1.5　资产管理业务、投资银行业务、融资类资产管理业务的主要异同

	资产管理业务	投资银行业务	融资类资产管理业务
服务对象	投资者	融资方	融资方
业务起点	确定投资策略	确认融资需求	确认融资需求
机构职责	为投资者管理资金	为融资方募集资金	名义职责为投资管理，实际职责为募集资金
金融牌照	资产管理牌照	投资银行牌照	资产管理牌照
收入来源	投资者	融资方	投资者＋融资方

续表

	资产管理业务	投资银行业务	融资类资产管理业务
投资者持有的证券	资产管理产品份额	融资企业股票或债券	资产管理产品份额
信息披露安排	资产管理机构作为信息披露义务人定期向投资者披露投资组合和资产净值	融资企业作为信息披露义务人定期向投资者披露融资企业经营和财务情况	资产管理机构作为信息披露义务人定期向投资者披露融资企业经营和财务情况

与正常的融资业务相比，投资者与融资方之间的债权债务的法律关系，被分割为投资者与资产管理机构的信托关系，以及资产管理产品与融资方之间的债权债务关系，从而减轻了资产管理机构和融资方的法律责任，削减了投资者的权利。信息披露链条拉长后，投资者无法直接得到融资方披露的信息，主要是基于资产管理机构的信用和产品收益预期做出投资决策。一旦出现风险，投资者也无法直接向融资方主张权利，只能转而向资产管理机构寻求补偿，客观上助长了刚性兑付现象，扭曲了直接金融的原有之义。

除“私募基金管理人＋基金销售机构”外，单一项目的私募股权投资基金、定增类资产管理产品、结构化债券、“上市公司＋PE（私募股权投资）”等产品或业务模式，也具备投资业务融资化的特征。从规模上看，根据信托行业的数据推测，①融资类资产管理业务是仅次于影子银行业务的结构性问题。

需要强调的是，融资类资产管理业务虽然形成了不容忽视的风险，但是在支持企业融资需求方面正在发挥重要作用，是证券发行市场受到抑制情况下的重要替代品。因此，规范投资业务融资化，既需要加强监管，更需要规范管制，开放投资银行牌照发放，加强制度供

① 2018年底，信托行业融资类信托的业务规模达到4.35万亿元，占比19%。

给，消除不合理的金融抑制政策，让融资类资产管理业务走向正轨。

（三）私募产品公募化，非法集资时有发生

私募资产管理产品的要义就是非公开、不涉众，监管的着力点在于确保“私”的性质，避免私募产品涉及不具备高风险承受力的社会公众。在守住合格投资者底线的前提下，资产管理机构与合格投资者之间的意思自治应该得到尊重，私募产品的杠杆率、集中度、投资范围等应该由能够做出风险判断的合格投资者自行决定。只要不涉及破坏市场秩序的行为，监管部门不应当介入。

正是长期在监管豁免下发展，私募产品的风险不设上限，由此形成了千变万化的业态，能够很好地适应和支持未知领域的融资需求，从而拓宽了整个金融业的风险谱系，增强了金融体系的韧性和服务实体经济的能力。从全球范围看，私募产品是近几十年来支持创新创业等高风险项目融资需求的主力军，在支持前沿领域探索和推动社会技术突破方面发挥着不可替代的作用。

公募资产管理产品由于涉及众多投资者，负外部性大，受到严格监管，其投资策略可承受的最高风险是由社会不同阶层公众中可承受的最低风险所决定的，并相应体现在监管制度中，包括在产品形态上对投资标的的流动性、投资组合的集中度、杠杆比率等方面实施严格控制。公募产品的风险偏好受限，私募产品的客户规模受限，通过市场化的作用，两者自然会在金融业的风险谱系上错位发展并形成互补。

私募产品公募化，一是私募产品在募集范围上冲破了合格投资者的底线，涉及社会公众；二是在产品形态上实施标准化管理，压低私募产品的风险偏好，使其风险收益特征与公募产品趋同。

1. 私募产品出现涉众性的首要原因是合格投资者门槛调整滞后

2005 年，经国务院批准，国家发展改革委等十部委发布《创业投资企业管理暂行办法》，将个人投资者单笔最低投资金额定为 100 万元。信托计划和集合资产管理计划也基本采用这一标准。随着社会经济的发展和居民财富的增长，个人投资者单笔投资金额 100 万元起的标准已经远远滞后于居民财富的增长变化，囊括了大量的社会中端财富群体。2011 年起，信托行业就把“中端合格个人投资者”作为重点客户群体。中国信托业协会的数据显示，以中端合格个人投资者驱动的“集合资金信托”规模和比例一直平稳增长：2010 年为 6 267 亿元，同期占比仅为 20.61%；2011 年增加到 1.36 万亿元，占比提升到 28.25%；2012 年又增加到 1.88 万亿元，占比为 25.20%。①

随着天津等地先后集中爆发了以私募股权基金为名义的非法集资事件，国家发展改革委认识到 100 万元的个人投资者单笔最低投资金额标准过低，于是在 2012 年将私募股权和创投基金个人投资者的最低投资金额门槛上调至单笔 1 000 万元。但是随着私募股权基金的监管职责调整至证监会，私募股权基金和创投基金的门槛又重新按照证监会确定的个人合格投资者标准下调至单笔 100 万元。虽然证监会对个人合格投资者的认定标准还包括年收入 50 万元、个人金融资产 300 万元等标准，但在实践中未得到有效执行，使大量中低端个人投资者群体迈进了私募产品的投资门槛，从而降低了私募产品的风险爆发阈值，也使金融风险传导至社会领域。

2. 私募产品出现涉众性的次要原因是通过私募资产管理业务开展零售财富管理业务

账户管理业务缺乏制度供给，与之功能相近的私人银行、证券公

① 中国信托业协会，《2012 年度中国信托业发展评析》。

司、证券投资咨询机构、基金销售机构实行审批制，批设数量和业务类型都难以满足市场需求，这导致大量财富管理机构到中国证券投资基金业协会登记为私募基金管理人。财富管理业务的功能是服务零售客户，并非管理集合性资产管理产品，需要通过营销手段扩大和招揽客户，这必然会增加私募产品的涉众性。

在涉众性增加的情况下，监管部门为了防范风险，采用熟悉和擅长的“以批代管”方式，参考公募的监管方法，通过控制私募资产管理机构的数量和管制私募产品的形态来压低风险。私募产品应当具有的个性化和未知性，被监管部门的格式化和标准化取代，偏离了私募产品的初衷。

3. 按照中国的监管体系，私募产品分为两大类

一类是监管部门批准设立的信托公司、证券公司、基金管理公司及其子公司等持牌金融机构管理的私募资产管理产品。由于监管部门通过审批控制了持牌机构的总体数量，监管资源相对有保障，而且持牌机构具有较强的合规意识和风险控制体系，所以标准化的管控措施具有可执行性，在防范风险方面取得了一定的成效，但是付出了产品形态同质化、行业发展活力不足的代价。同时，对高风险业务的监管抑制，降低了私募资产管理机构提高风险管理能力的经济动机，促使行业转向低成本竞争，导致私募业务通道化。

另一类是在中国证券投资基金业协会登记的私募基金管理人管理的私募基金。2012 年全面修订的《基金法》将非公开募集的证券投资基金纳入调整范围。2013 年，中央机构编制委员会办公室明确证监会负责私募股权基金（含创投基金）的适度监管。2014 年 2 月 7 日，中国证券投资基金业协会根据证监会的统一部署开始对私募基金进行登记备案工作。

初期，监管部门和中国证券投资基金业协会对登记备案实施鼓励性政策，不设门槛，来者不拒。同时，为了强制和吸引私募基金管理人履行登记备案手续，监管部门将私募基金备案与开立证券账户、进入银行间市场、新股发行、并购重组、新三板等行政许可项目和市场准入环节挂钩。我国私募基金管理人数量在2015年底就迅速达到了2.5万家，在数量上成为全球第一。不少机构并不是真正从事私募基金管理业务，而是认为登记备案是法律上的“安全港”，因此以私募基金的名义开展财富管理、投资银行、消费金融、供应链金融等在现行监管体系下受到抑制的金融业务。私募基金成为各种金融业务需求在本领域被抑制后的集中溢出聚集地。其中大量私募基金采用融资类资产管理业务的模式，成为企业的债务融资工具，在投资端采用明股实债等方式投资企业项目，在资金端以保本保收益的方式向投资者募集，并通过持牌基金销售机构销售以达到增信目的，基金存续周期往往只有一至两年。这种股权投资债权化的私募基金实际上在从事借贷业务。由于登记备案在法律性质上不是行政许可，一旦未能在基金到期后兑现保本保收益的承诺，即使投资项目具有真实性，往往也会按照有关司法解释，因“未经批准”而被认定为非法集资。这是私募基金非法集资风险高发的重要原因。

为了严防非法集资的风险，从2016年2月5日起，监管部门和中国证券投资基金业协会在《基金法》的授权之外，收紧登记备案规定，① 对私募基金的业态实施管控。一是规定私募基金在未取得备案函之前，不得对外投资，而且备案与上市发行和并购重组等行政许可项目挂钩，从而将备案性质和作用从事后统计监测变为事前变相审批。二是用统计口径作为管理标准，把私募基金的产品分为私募证券基

---

① 2016年2月5日，中国证券投资基金业协会发布《关于进一步规范私募基金管理人登记若干事项规范的公告》，之后又陆续发布“登记须知”和“备案须知”等多项规则，全面收紧登记备案政策。

金、私募股权基金（含创业投资）、其他私募基金和私募资产配置基金四类，并根据产品类型将私募基金管理人也分为四类，实行法人隔离，“伪标准”和“伪私募”互为因果。三是设立登记备案的格式化和标准化条件，并引入公募基金的托管和信息披露等制度。登记备案新规执行后，中国证券投资基金业协会注销了 1.3 万余家没有实际开展业务的私募基金管理人，但是登记数量在 2019 年又重新回到 2.5 万家左右，非法集资的风险也卷土重来。

2018 年以来，私募基金行业连续发生多起恶性的涉众风险事件，其中的“阜兴系”私募基金风险事件尤为典型。根据 2020 年 1 月证监会公布的案情，[①] 上海阜兴实业集团有限公司共登记了 4 家私募基金管理人，累计备案 160 只产品，累计募集本金 368.45 亿元，挪用 365.65 亿元。“阜兴系”私募基金的备案大部分都发生 2016 年 2 月 5 日之后，登记备案新规不仅对其完全失效，备案函还被“阜兴系”作为向投资者招摇撞骗的幌子。

登记备案新规效果不及预期，甚至适得其反，这揭示了深层次的体制机制原因。一是违反了私募监管的逻辑。私募监管的要义是守住合格投资者底线，尊重合格投资者与私募基金管理人之间的意思自治。对私募基金管理人和私募基金产品实施变相审批，相当于由协会代位市场，直接判断 2.5 万家机构和 8 万只私募基金的合法性和风险情况。二是自律资源跟不上，中国证券投资基金业协会不可能同时具有匹配的专业能力和充足的自律资源去执行相应的核实和审批工作。三是变相审批增加了寻租空间。登记备案虽然具有审批性质，但是中国证券投资基金业协会不是行政监管部门，不适用行政监管部门受到的法律约束，登记备案审核工作自由裁量权过大，从而为寻租行为提

① 《中国证监会市场禁入决定书（朱一栋、赵卓权、余亮等 7 名责任人员）》。

供了动力和空间。同时，诚信机构疲于应付登记备案的随意性和形式主义，提高了经营成本，影响了投资效率；不法机构则通过提交虚假资料和自律管理的灰色地带取得备案函，并以此作为非法集资的营销点和保护伞。因此，越是加强登记备案的管制措施，就越会增加寻租空间和对不法机构的吸引力，而非法集资风险的提高又会使加强管制的必要性提升，最终形成恶性循环，导致市场出现“逆淘汰”效应。

在加强私募基金监管、防范相关风险、促进私募基金发展等相关方面，监管重点应当进行方向性的调整，其关键在于守住合格投资者底线，消除对私募基金行业不合理的公募化管制措施。此外，在清理和打击“伪私募”的过程中，对受到金融抑制，以私募为名开展的财富管理业务和投资银行业务等金融业务，应当采取规范与转化并重的措施，加强制度供给，为其营造真正的法律安全港。

（四）市场主体行政化，弱化了市场的竞争性

经济主体分散决策、自担风险是市场经济的本质特征。资产管理机构作为市场主体，应当是以追求利润为目标的商业主体，其组织架构、投资策略、投资范围、投资决策等都属于商业经营事项，应当在合法的前提下由其自身的治理机制进行决策。通过发挥市场的竞争择优机制，让资金、利润、人才等市场资源向优秀的资产管理机构集中，从而实现优胜劣汰，提升市场效率，使金融体系更加稳健。

由于改革尚在半途，经济体制尚处于“半市场、半统制”的过渡时期，资本市场尚处于“新兴加转轨”的发展阶段，监管部门的机构改革和职能转变未完全到位，还留有计划经济时代主管部门的印记，仍然处于“半监管、半主管”的混合态，因此资产管理机构等市场主体在一定程度上被剥夺了经营自主权，出现行政化的特征，其后果就是将市场主体的分散决策部分改为监管当局的集中决策，违背了发展

市场经济的初衷，降低了市场竞争机制的作用。

1. 监管分割是资产管理业务行政化的重要原因

在境外，资产管理业务是由市场自然发展而来的，监管机构随后相应设立。由于我国长期实行计划经济，大量的金融业务缺乏市场的自发酝酿和形成阶段，主要来自境外的引进和移植。在引进的过程中，往往是监管部门先设立资格、制定办法，市场主体再随之依规开展。因此，监管部门对引进业务的准确理解和所制定的规则对业务的发展具有决定性影响。

在我国，与银行业、保险业、证券业相比，资产管理业务的引入相对较晚。而且，由于法律并未禁止各类金融机构从事资产管理业务，以机构类型作为管辖权界限的各监管部门，都可以按照各自的理解和目的，自行决定所管辖机构从事资产管理业务的内涵和经营范围。分头设立的业务资格和制定的监管规则，一方面可能受到认知水平的局限而并不符合资产管理业务的发展规律，另一方面也会因受到部门利益的牵制而发生扭曲。处于“半监管、半主管”状态的监管部门，从“主管”的角度出发，需要管辖范围内的行业利益尽可能地增加；从“监管”的角度出发，希望责任范围内的金融风险尽可能地减少。各监管部门都在形式上利用本领域的专属法律名词对所管辖的资产管理业务进行冠名，在内容上则利用职权，赋能所管辖机构向真正的资产管理业务领域之外拓展，忽视甚至追求风险外溢。行政管辖权的边界成为各类资产管理业务内涵的决定性因素。如果将监管分割这个特殊变量去除，并将名词翻译回英文，风险投资与创业投资，理财计划与公募基金，私募资产管理计划与私募基金的差异将不复存在。

2. 监管套利与监管分割是一体两面

由于商业逻辑和市场功能被行政管辖分割，资产管理业务的市场化发展空间受限，商业盈利性不足，监管套利成为自然选项。想要根治监管套利，就必须打破资产管理业务监管分割的局面，统一资产管理业务的定义和监管标准。否则就只能继续发明配套的行政化措施压缩套利空间，控制金融风险。净资本就是资产管理业务从事信贷业务的配套监管措施，控制非标资产就是银行理财偏离公募基金业务范围的配套监管措施。这些配套监管措施实质上是监管套利活动的衍生品，难以发挥标本兼治的作用，甚至还会将资产管理业务锁定在监管套利的发展路径上。更加深远的影响是，这些配套监管措施忽略了在市场经济条件下，不同市场主体的专业知识和专业能力存在差异，监管部门统一对“标”与“非标”进行判定，事实上部分剥夺了市场主体的自主经营权，不利于市场主体的差异化发展和形成分散决策的市场机制。

3. 监管割据必然导致行政干预和行政保护

由于业务范围依附于监管部门的行政管辖权，监管部门把监管对象当作准下级看待，用行政指令剥夺了监管对象的部分自主经营权，用价格管制措施抑制了市场竞争，用批评教育取代了执法处罚，用窗口指导取代了法律法规的明示指导。在监管部门作为准上级的“主管”之下，资产管理机构的商业行为需要像下级单位一样去请示汇报，从而导致自身的治理机制弱化，而组织机构需要与行政部门科层化的设置进行对接，这又导致组织模式高度同质化。在某些领域，市场主体分散的商业决策逐渐成为监管部门的集中决策，市场主体间的竞争转变为市场主体和监管部门之间的博弈。作为博弈的一方，监管部门丧失了维护市场秩序的职能，从裁判员变成了教练员，甚至运动员。监管部门在行政性干预和行政保护方面越是积极作为，就越会伤害市场经济的法治基础。分级基金、伞形信托、私募基金，甚至整个“大资管”业务的风险在一定程度上都是监管部门过度介入市场的结果。由于对这个深层次原因的认识不足，所以在风险发生之后监管部门又往往进一步增强管控措施，从而陷入一放就乱、一乱就收的循环。监管部门的行政干预和保护行为（窗口指导、创新试点、产品审批速度管制等）越多，资产管理机构就越要迎合监管部门的要求，以争取行政支配的资源（政策性红利），以市场化为导向的机构则面临逆淘汰，从而使整个行业向行政化的方向发展，进一步弱化了市场的竞争作用。

除了监管部门以外，由于资产管理业务投融资链条中涉及的领域较多，其他行政领域的一些体制性问题也会外溢和渗透到资产管理行业，影响资产管理业务的商业属性。例如在财政、投资、国资等体制改革的大背景下，产业投资基金、政府投资基金、国企改革基金等成为资产管理行业的重要投资者。根据清科研究中心的统计，截至 2019 上半年，国内共设立 1 686 只政府引导基金，基金目标总规模为 10.12 万亿元，已到位资金规模为 4.13 万亿元，运作模式主要以母基金为主，占比达到 47.9%。政府类资金往往带有政策性目的，通常要求将投资范围局限在特定产业的上下游，地方政府引导基金往往会要求本地返投相应的比例，从而给资产管理机构的商业性投资行为增加了行政色彩。

直接融资间接化、投资业务融资化、私募产品公募化、市场主体行政化等结构性问题，在资产管理产品中往往不是单发性问题，多数时候是多发性甚至并发性问题。尽管这些问题的成因各有不同，但共性就是缺乏对资产管理业务基本概念和发展规律的准确认识。加强监管，回归本源，必须先从资产管理业务的基本概念入手，只有找回初心，正本清源，才能准确把握资产管理业务的发展规律。

三、重构我国大资管的监管逻辑

由于语言和文化等诸多因素，中国资产管理业务制度体系的起点深受中国香港、中国台湾和日本等东亚地区早先模式的影响，而东亚模式又深受美欧模式更早版本的影响。中国资产管理业务诞生以来，美欧模式和东亚模式的资产管理业务都已经或正在发生巨大变化。特别是2008年全球金融危机以来，随着监管制度的密集调整和市场需求的变化，发达市场金融机构普遍开始压缩资本金高消耗的资产负债表内业务，转而重点发展财富和资产管理业务。根据金融稳定理事会的估算，全球资产管理规模在2017年为76.7万亿美元，占金融体系总资产的比重达到40%。虽然国际市场正在经历深刻变革，但是国内金融业的对内和对外开放的程度远不及制造业，人民币尚未实现资本项目下可兑换，国内金融业无法像制造业那样参与全球产业链的分工和融合。初始条件的滞后和发展路径的封闭，使国内外金融市场存在巨大落差，而国内市场对资产管理业务的认识也存在滞后性和局限性，发展方向有所偏离。通过回顾与分析国际资产管理业务的发展和监管的情况，有助于我们找到差距，校正航向，从而更好地建设顺应国际趋势、符合中国国情的资产管理业务制度体系。

经过近百年的发展，资产管理业务与其上下游的金融产业共同形成了一个庞大且复杂的金融产业链集群，其自身的发展与上下游行业的变化和产业链的发展互为动力。要想正确认识资产管理业务，准确把握其发展规律，就必须对其所处的产业链有全景式和动态化的了解。图1.1按照资金流向，描绘了国际市场资产管理业务产业链的功能架构，可以分为资金来源（1和2）、中介渠道和财富管理业务（3）、资产管理业务（4和5）、保管和支持业务（6和7）、投资标的（8~13）等五大板块。需要强调的是，各个板块是以功能进行划分的。因此在突出功能监管的国家或地区，同一家金融机构可能会同时在不同的板块中，同一板块的金融业务也有可能由不同类型的金融机构承担。

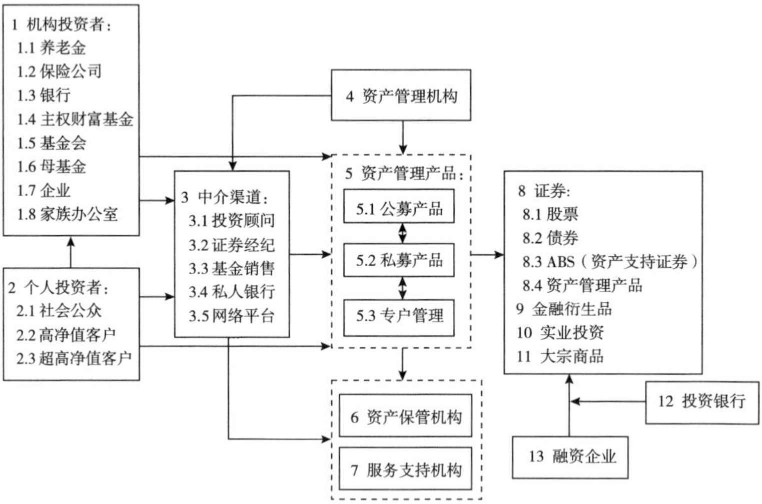

图 1.1　资产管理业务产业链的功能架构

（一）资金来源

资产管理业务的资金来源，分为机构投资者和个人投资者。根据普华永道会计师事务所的预测，养老金、保险公司、主权财富基金和个人投资者将成为 2020 年资产管理业务的主要资金来源（见表 1.6）。特别是随着全球主要经济体人口结构的老龄化，养老性质的资金成为资产管理业务的主要增量资金，无论是来自机构投资者，还是个人投资者。因此，各国的养老金投资管理制度对资产管理业务的发展会产生重要影响，而资产管理业务以及资本市场的投资效率和回报水平反过来又会决定养老保障水平。如何让两者形成正反馈，美国的经验值得借鉴。

1974 年，美国的《雇员退休收入保障法案》建立了私营企业养老金的监管体系，将企业养老金的投资管理也纳入美国劳工部的监督职责，美国国家税务局则负责法案涉及的税收政策。自此，美国劳工部和美国国家税务局出台的企业养老金制度以及税收政策，就一直对资产管理业务的发展具有重大影响。

表 1.6　普华永道对 2020 年资产管理投资者的资金分布测算

主要资金来源	资产规模（万亿美元）
机构投资者	
养老金	56.5
保险公司	35.1
主权财富基金	8.9
个人投资者	
高净值个人客户	76.9
社会大众	100.4

《雇员退休收入保障法案》虽然没有对企业养老金的投资范围设定数量化的指标，但是明确提出了养老金受托人应当遵循“谨慎人规则”，以谨慎、专业、分散的投资方式进行投资，不得用于投机和高风险投资。具有上述特点的共同基金（即公募开放式基金）成为企业养老金的主要配置方向，规模迅速增加。《雇员退休收入保障法案》实施之初，对初创企业的投资被认定为具有投机性的高风险投资。1979 年，美国劳工部重新解释了“谨慎人规则”，将分散投资多个初创企业的创投基金排除在“谨慎人规则”认定的高风险投资之外，从此打开了企业养老金投资创投基金的大门。目前，企业养老金等长期资金已经成为美国创投基金的主要资金来源。

《雇员退休收入保障法案》创建了个人退休账户，美国国会在 1978 年也修改了联邦税法，增加了 401（K）条款（一种养老保险制度），退休账户投资股票和基金享受税收递延的优惠政策。“三支柱”的养老保障体系逐渐完善。第一支柱是指国家的社会保险，具有一定的税收性质。第二支柱是指企业为员工建立养老金计划，由企业和个人共同承担。养老金计划又分为确定收益型（Defined Benefit，简称 DB）和确定缴款型（Defined Contribution，简称 DC）。DC 计划的定期缴款一般由企业和员工共同承担，资金直接计入员工的个人投资账户，由员工自主投资，享有 401（K）等税延优惠。由于员工自主决策投资，因此个人账户盈亏自负。近年来，由于长期利率走低、会计准则中市值法的应用，以及人口结构的老龄化，DB 计划对企业的负担加重，也给破产企业的退休员工带来了巨大损失。为此，除了政府公共部门以外，大部分美国企业都已经将养老金计划由 DB 改为 DC。第三支柱是指个人自主的养老储蓄性投资，包括个人退休账户等，个人退休账户同样享有税延优惠，年度税延额度与 401（K）账户合并计算。2017 年全美州立退休管理人协会（NASRA）统计的大类资产收益和流动性如图 1.2 所示。

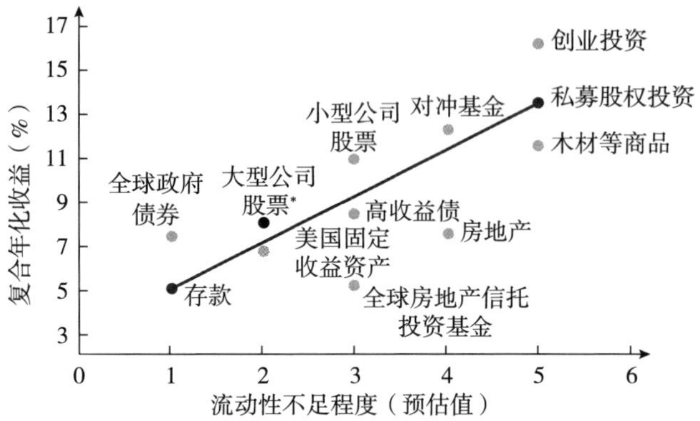

图 1.2　2017 年全美州立退休管理人协会统计的大类资产收益和流动性（2017 年）

注：* 表示罗素 1000 指数成分股，此类资产为更好说明而额外创设。

养老金的投资和运作涉及复杂的精算，要根据养老金计划中的人员年龄结构、参保人数变化、工资增长幅度、退休时间等诸多因素精算出目标收益水平，再结合资产收益率、每类资产流动性决定大类资产配置，精选具体管理机构和投资标的，并定期进行动态调整。全美州立退休管理人协会是美国各州公务人员养老计划管理者的联合组织，协会成员管理的养老金计划资产为近 5 万亿美元，其定期发布的各类资产投资回报测算数据和预期收益假设，对整个养老金行业的资产配置都具有重要影响。过去 20 年全美州立退休管理人协会成员的投资收益率中位数是 7.25%。从图 1.2 中各类资产的收益和流动性情况看，蓝筹股权益类资产（图中黑点，罗素 1000 指数）应当是投资组合中的重配品种。同时，小型公司股票、对冲基金、私募股权投资、创业投资虽然也会根据风险收益比适当配置，但离中位数越远，配置比例就越低。

多支柱的养老保障体系与资本市场产生了良性互动。首先，美国的养老金制度和税收激励政策成功地将个人投资者零散和短期的资金转化为机构化和长期化的投资资金。据统计，美国共同基金涉及的 9 500 万个人投资者的 56% 的投资来自个人退休账户和 DC 计划。其次，资金来源决定资产配置。在以养老资金为主的投资资金影响下，美国的共同基金大量投向长期资产，持有美国 31% 的股票、20% 的公司债和 25% 的市政债，成为美国资本市场的稳定器和压舱石；创业投资基金、并购基金、对冲基金等私募基金以高度专业的投资管理水平和组合投资的方式投向更高风险领域，优化了市场的流动性和定价机制，形成了支持技术突破和创新发展的有效资本。最后，资产配置决定回报水平。大量投资投向长期资产和高风险资产，从而系统性地提高了投资收益水平，与资本市场的发展相得益彰。

美国养老金体系的成功经验纷纷为其他国家所效仿。一是用 DC 计划逐步取代 DB 计划，一方面可以缓解养老金的支付压力，另一方面可以释放更多资金投向权益类资产。例如，英国的主要大型企业已经不再对新雇员提供 DB 计划，日本企业于 2001 年 10 月开始建立 DC 计划，印度从 2004 年起将新公务员的养老金从 DB 计划切换到 DC 计划。二是建立个人养老储蓄机制，并将投资权分散到个人。英国于 1999 年建立了个人储蓄账户，每年最多可投资额度为 2 万英镑，账户内的投资收益免除利息税和资本利得税。2016 年底，个人储蓄账户的资产为 2 670 亿英镑。近年来，英国允许 55 岁以上的员工可以一次性将 DB 计划中的养老金转入自己投资管理的养老金账户中，以便通过自主投资享有更多收益。三是提高养老金投资权益类资产的比例。根据 OECD（经济合作与发展组织）对各国养老金投资监管的调查，资本市场比较发达的国家，养老金都能以较大比例投资权益类资产。美国、英国、澳大利亚、新西兰、荷兰、比利时等六个 OECD 国家，甚至没有设置数量化的投资比例限制，主要是依靠谨慎、分散等原则监督养老金的投资管理。理论和实践都证明，如果为了追求安全性，把养老金投资的权益类资产的比例限制过低，反而会陷入悖论，压低总收益水平。

与国外资产管理业务以机构资金和长期资金为主要来源不同，中国的主要资金来源仍然是散户资金和短期资金。监管制度和税收制度在鼓励长期资金和机构资金方面缺乏统筹。个人投资者较机构投资者享有税收优惠，银行理财和货币基金等短期资金存在监管套利和会计套利的空间。政府投资类资金则缺乏规范，容易对市场行为产生行政干预。

我国被寄予厚望的养老金还处于制度设计和深化改革的过程中，目前的设计思路和政策取向与国际趋势相比还存在明显差异，与资本市场的良性互动作用仍然受到限制。一是已建立的社会养老保险、企业年金和商业保险都属于 DB 计划，使投资权益类资产的比例难以大幅提高；二是社会养老保险投资实行集中统一管理，需求端的垄断性和单一偏好遏制了供给端的多元化和专业化的市场竞争；三是在缺乏 DC 计划的情况下，个人账户无法做实，无法通过由个人自主行使投资权分散风险，提高管理效率；四是具有第三支柱性质的个人税收递延型商业养老保险试点仍然属于 DB 计划，而且税延额度过小，激励作用不足。

从近期看，在资金来源结构没有发生改变的情况下，资产管理业务的资产配置机构和投资行为难以从根本上发生改变。中国的居民财富一直在稳定正增长，储蓄率在全球主要经济体中处于高位，人口结构也正在迈向老龄化，既有长期资金的供给，也有长期投资的需求，因此应该抓紧利用资管新规的过渡期，大力改善市场的产品供给结构，防范过度供给银行理财等短期型产品所导致的风险。从长远看，还是要借鉴国际实践经验，打通制度瓶颈，通过深化养老金和税收制度的改革，把散户资金集聚成规模化的机构资金，通过专业化的资产管理和市场化的运作，投向资本市场，满足社会融资需求，提高收益水平，形成良性互动。

（二）中介渠道和财富管理业务

投资者可以直接认购资产管理产品，也可以通过中介渠道认购资产管理产品。机构投资者具备专业的投资和风险承受能力，中介渠道对机构投资者的投资效率的提升起辅助作用。个人投资者则主要依靠中介渠道，如果要避免其投资效率成为制约整个市场投资效率的短板，就必须提高中介渠道的专业水平和服务能力。

2008 年全球金融危机之后，随着监管制度的调整，利率水平的持续走低，人工智能、互联网交易等金融科技的普及应用，以及指数基金和 ETF（交易型开放式指数基金）等低费率资产管理产品的繁荣发展，向个人投资者销售资产管理产品的中介渠道，正在与财富规划、股票经纪、保险经纪、信托、税收规划、遗产、慈善、消费金融乃至存款等所有零售金融业务一起，融合形成新型财富管理业务。商业银行、投资银行、资产管理机构、消费金融公司、互联网金融公司纷纷立足自身优势，在零售金融领域拓展产品线，发展各具特色的财富管理业务。财富管理市场竞争日趋激烈，业态也正在快速演变，最终有可能改写金融业的基本面貌，而新型的财富管理行业则有可能取代传统银行的储蓄业务，成为中高净值客户乃至整个零售金融市场的门户行业。

在商业概念上，财富管理与资产管理既有联系，都以投资者利益至上为核心原则；也有区别，财富管理业务的功能开发围绕客户端，资产管理业务的功能开发则聚焦产品端。也可以说，财富管理是账户管理，资产管理是产品管理。这一区别在两者规模的统计方法中有明显体现。财富管理业务的规模是指由财富管理机构开立、维护、服务的客户账户内的资产，资产管理业务的规模是指资产管理机构所管理的资产管理产品的规模。表 1.7 列出了 2017 年全球十大财富管理机构的管理规模。

表 1.7　2017 年全球十大财富管理机构的管理规模　　单位：万亿美元

排名	机构名称	管理规模
1	瑞银	2.40
2	摩根士丹利	2.23
3	美国银行	2.20
4	富国银行	1.90
5	加拿大皇家银行	0.91
6	瑞士信贷	0.79
7	花旗	0.53
8	摩根大通	0.53
9	高盛	0.46
10	法国巴黎银行	0.44

1. 美国

近年来，美国的零售投资市场发生结构性变化，各种业务模式风起云涌，白热化的市场竞争正在催生财富管理业务的大变局。

第一种是提供全面服务（证券经纪 + 投资建议）的大型经纪交易商模式。经过不断的并购整合，美国目前有摩根士丹利、美银美林、富国银行、瑞银四大全国性经纪交易商，下辖几千个甚至上万个理财顾问，服务高净值客户以及有理财需求的家族办公室、基金会等机构客户。大型经纪交易商的理财顾问是公司员工，接受公司统一管理，在推介产品、营销策略、投资建议等方面没有自主权。2008 年全球金融危机以后，大型经纪交易商都在努力提高收入的稳定性，将客户账户从基于交易规模的佣金收入账户转换为基于管理规模的管理费收入账户，业务模式从销售驱动转向以服务投资者为中心。

第二种是折扣经纪交易商模式。折扣经纪交易商因互联网的普及而兴起，包括亿创理财、嘉信理财等。它们的折扣经纪服务费率极低，而且开户不设门槛，只为投资者提供执行交易指令的服务，不提供投资建议。仅就提供的执行交易的功能而言，第二种模式不能作为财富管理业务。但是折扣经纪交易商通过免费经纪服务获得了客户资源，可以另行收费以提供投资建议等增值服务。

第三种是独立经纪交易商模式。在此模式中，不同的理财团队类似于事业部，公司主要提供平台支持，并从理财团队的收入中分成。相比大型经纪交易商模式，独立经纪交易商模式下的理财团队在执业上拥有更大的自由度，得到的分成更多。LPL（金融公司）、瑞杰金融集团等是主要的独立经纪交易商。

第四种是独立投资顾问模式。20 世纪 90 年代，以互联网折扣交易起家的经纪交易商嘉信理财发现，一些高净值客户具有将账户交给第三方投资顾问管理的需求，于是开发了新的业务平台，将客户的经纪账户改为投资顾问的保管账户，为外部投资顾问提供保管和结算等后台服务，外部投资顾问则专注于为客户提供投资建议和投资管理服务。“独立投资顾问提供定制化前台服务 + 大型经纪交易商提供标准化后台保障”的模式凸显了专业化分工的效率优势，异军突起，已经成为美国零售投资市场的发展趋势。大型经纪交易商和独立经纪交易商的理财顾问团队纷纷脱离公司，组建独立的公司在美国证监会注册为投资顾问。截至 2018 年，嘉信理财为 7 500 家独立投资顾问提供平台服务，保管的资产规模达到 1.55 万亿美元。嘉信理财、德美利、富达、潘兴（Pershing）是美国四大从事独立投资顾问账户保管业务的经纪交易商。

第五种是混合模式。独立经纪交易商模式和独立投资顾问模式各具优势。在独立经纪交易商模式中，理财团队可以推荐范围更广的产品，赚取佣金收入，理财团队按照经纪交易商的从业标准执业，对投资者的责任就是销售适当性。在独立投资顾问模式中，理财团队设立的独立投资顾问机构是法人机构，拥有自己的品牌，客户的账户也开设在独立投资顾问机构中，经纪交易商平台不接触客户资源，但是独立投资顾问需要登记为投资顾问，承担“受信人责任”。因此，不少公司同时采用两种模式，有的对接同一平台公司，有的对接不同平台公司，又衍生出多种混合模式。

除了以上成规模的业务模式外，美国还有大量的小微经纪交易商或投资顾问。它们立足于自己的小众客户群体，提供传统的证券经纪以及投资建议服务。

美国财富管理业务的演变没有就此止步，行业频繁并购整合，多元化的竞争正在引发更大的变局。高盛于 2019 年 5 月以 7.5 亿美元的现金并购了专门从事上市公司高管财富管理业务的独立投资顾问联合资本（United Capital），并于 2019 年 8 月宣布与苹果公司联合推出苹果电子信用卡，将消费金融与财富管理条线进行整合。摩根士丹利于 2020 年 2 月宣布以 130 亿美元并购折扣经纪交易商亿创理财，并将其划入财富管理条线。嘉信理财于 2019 年 11 月 25 日宣布以 260 亿美元并购德美利。最大的独立经纪交易商平台公司 LPL 于 2020 年 2 月宣布将推出独立投资顾问平台。先锋领航宣布将于 2021 年对独立投资顾问开放投资顾问平台，金融业的“沃尔玛”呼之欲出。

然而，万变不离其宗。财富管理业务各种模式的核心逻辑都是以零售客户为中心，为其提供各种功能的金融服务和金融产品。这就涉及现行监管体系下诸多金融领域的牌照业务。如果按照机构实行分业监管，那么同一类型机构的财富管理业务的全面性和竞争力就会受到限制。如果按照审慎性监管提出资本金要求，就会抑制市场机构的供给数量。以功能监管和行为监管为主的监管体系，是美国财富管理业务创新业态和高度发达的重要前提，使同一机构可以根据市场发展，登记开展不同业务，遵守对应的监管规则，从而为个人投资者提供全面的服务。

美国 1933 年的《证券法》对证券的定义非常广泛，零售客户可投资的股票、债券、资产管理产品、未上市的股票等大部分直接融资凭证都属于证券。美国 1934 年的《证券交易法》规定，为他人撮合证券买卖的机构应当到美国证监会登记为经纪交易商。此时的投资顾问行业还未独立，经纪交易商在向客户销售证券时，也提供证券投资建议。1940 年《投资顾问法》出台，要求为客户提供证券投资建议的机构要登记为投资顾问。同时，《投资顾问法》对于经纪交易商为了证券销售业务附带提供的投资顾问实施豁免登记。因此，经纪交易商和投资顾问都可以单独开展投资顾问服务，但前者的投资顾问服务必须从属于证券销售，受到一定程度的限制。从事经纪交易商业务的从业代表必须通过系列 6 考试（Series 6 Exam）和系列 7 考试（Series 7 Exam），从事投资顾问的从业代表必须通过系列 65 考试（Series 65 Exam）。两类机构和所有从业代表信息都在美国证监会网站进行公示。

随着独立投资顾问模式和混合模式出现并逐渐成为趋势，美国证监会的机构登记数量和结构也随之变化（见图1.3），经纪交易商数量下降，投资顾问数量上升，同时有大量的机构进行双重登记，或者设立关联机构并登记为另一类业务牌照。

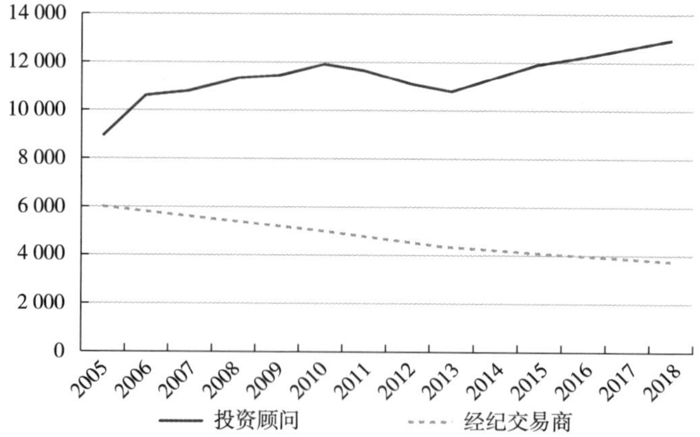

图1.3　2005—2018年美国证监会登记的投资顾问和经纪交易商的数量

在美国证监会登记的经纪交易商的数量从2005年的6 000家以上下降到2018年底的3 764家。而投资顾问的数量则从2005年的9 000家左右上升到2018年底的13 299家。其中，具有双重身份的机构达到563家（见表1.8），而且主要是行业头部的大型机构。它们的佣金、管理费和基金分销收入占比达到经纪交易商行业的71%。此外，还有大量的经纪交易商与投资顾问是关联机构。

表1.8　2018年美国经纪交易商以及双重登记机构业务开展情况

经纪交易商登记类型	数量（个）	佣金（十亿美元）	管理费（十亿美元）	基金分销收入（十亿美元）
双重登记	563	4.62	17.56	2.65
单独登记	3 201	4.07	3.22	2.55
合计	3 764	8.69	20.78	5.20

随着财富管理市场的发展，经纪交易商和投资顾问的服务类型也在升级，从提供投资建议到接受全权委托，后者的比例还在不断提升，这就模糊了财富管理与资产管理之间的界限。大部分金融机构出于商业管理的需要，将为个人投资者提供的全权委托业务放在财富管理条线管理。

事变则法移。针对经纪交易商和投资顾问两种业务之间日趋模糊的分工和零售投资市场的变局，美国证监会于 2019 年 6 月出台了四项规则，致力于拉平两者的行为标准和法律责任，加强信息披露，帮助零售投资者做出明智投资决策，以提高零售投资市场效率。一是进一步明确投资顾问承担的“受信人责任”。二是将经纪交易商对零售投资者的责任从适当性提高到符合投资者最佳利益。从佣金向管理费的收费模式转换为经纪交易商的商业自主权。在管理费模式大量出现后，如果继续采用销售适当性的标准，就会增加利益输送的空间，因此美国证监会要求经纪交易商为投资者最佳利益行事，不能将自身利益置于零售投资者利益之上。三是加强信息披露。针对业态的多元化，美国证监会要求两类机构要清晰地向零售投资者披露自己的机构类型、收费情况以及利益冲突情形。四是进一步明确经纪交易商豁免登记为投资顾问的情形，避免经纪交易商利用豁免漏洞提供投资顾问服务。

2. 英国

英国是全球财富管理和资产管理的第二大市场，2017 年底的财富管理业务规模为 8 270 亿英镑。

英国金融行为监管局将与财富管理业务有关的市场统称为零售投资市场，其中受到监管的牌照业务包括按揭贷款经纪业务、财务顾问和保险经纪业务等。财务顾问主要就是为买卖证券提供建议，与美国的投资顾问职能相当。英国共有 5 246 家财务顾问机构，约半数机构是一人公司（见表 1.9）。从美国和英国的情况可以看出，财务顾问、投资顾问等行业与会计师和律师行业一样，是以人为本提供专业服务的行业。

表 1.9　2018 年英国财务顾问行业情况

财务顾问人数分布	机构数量	财务顾问数量	收入（亿英镑）
1	2 466	2 466	4.05
2~5	2 210	6 195	11.47
6~50	528	5 881	10.94
50 以上	42	12 135	23.15
合计	5 246	26 677	49.60

资料来源：英国金融行为监管局，《2018 年零售中介市场》（The Retail Intermediary Market 2018）。

英国政府规定，投资者在某些情形下必须寻求独立财务顾问的建议，目的是提高投资者的决策水平，增加投资效率。英国市场的基金分销业务由从互联网基金超市发展而来的四大网络销售平台为主，其销售留存规模达到 5 480 亿英镑。网络销售平台既为零售投资者提供服务，也为独立财务顾问机构提供服务。英国金融行为监管局对零售投资市场的监管政策也在与时俱进，先后开展了零售分销评价和财务顾问市场评价，并提出了多项监管要求，包括禁止尾随佣金，提高从业人员的专业性，强化销售机构的行为准则，加强销售费用的信息披露等，监管思路与美国的方向基本一致。

3. 中国香港

根据香港证券及期货事务监察委员会（简称香港证监会）对财富和资产管理活动进行的调查，香港地区资产管理业务规模为 16.16 万亿港元，财富管理规模约为 7.6 万亿港元（见表 1.10）。财富管理规模中资产管理产品（私募基金和公募基金）占比达到约 20%。从香港的情况看，财富管理账户已经成为涵盖各种金融资产的综合性账户。

表 1.10　中国香港财富管理业务规模构成

财务管理业务类别	2018 年规模（亿港元）	占比
上市股票	29 020	38.1%
现金及存款	13 360	17.5%
私募基金	10 020	13.2%
债券	9 030	11.8%
公募基金	5 400	7.1%
账户管理	1 620	2.1%
其他	7 790	10.2%
合计	76 240	100%

与美国和英国不同，中国香港是城市经济体，其基金分销途径主要是银行，没有发展出独立投资顾问行业和网络销售平台。此外，香港将证券交易和销售、提供投资咨询意见与资产管理设为不同的业务牌照。香港已经充分认识到发展财富管理业务对吸引全球资本、巩固香港金融中心地位、发展香港当地经济的重要作用，于 2013 年成立了私人财富管理公会，致力于提高从业人员的专业水准和行业执业规范。香港金融管理局和香港证监会亦加强了对金融产品与基金销售的监管，提高基金销售收费的透明度，要求分销机构向投资者披露利益冲突情形。

4. 中国内地

中国内地的基金零售市场在业态上不断追赶国际零售投资市场的步伐，虽然在互联网销售方面具有独到之处，但是零售投资效率与行业自身的发展背道而驰，主要体现在投资者体验一般，权益类基金规模连年萎缩，财富管理市场相对分割，监管目标不清晰和制度体系滞后等相关方面。

一是缺乏开展账户管理业务的制度供给，零售投资市场业务资格处于碎片化状态。一方面,《基金法》下的基金管理业务针对的是集合性资产管理产品，依据《基金法》开展试点的基金投资顾问的投资范围局限在公募基金,《证券法》下的证券投资咨询业务范围不能接受客户委托代为投资管理。而且由于相关资格都有较高的资本金要求，为账户提供投资管理服务的机构无法获得合法资质，一些机构通过到中国证券投资基金业协会登记为私募基金管理人开展财富管理业务。另一方面，公募基金、私募基金、私募资产管理计划、信托计划、股票、债券等各类证券投资品的销售分属于不同部门，由其相应的制度管理，有时还需要设立不同机构，从而导致零售投资市场碎片化，降低了市场的竞争性和演化动力，抑制了以零售投资者为中心的财富管理业务的整合和发展。

二是缺乏有效防范和缓解利益冲突的监管措施。国际发达市场通过强化销售机构的责任，提高基金收费情况的透明度，防范或者缓解了基金销售固有的利益冲突。中国的监管部门在这个问题上还缺乏方向性和原则性的监管导向，现有制度流于形式，以“双录”“问卷”“回访”等程序性要求为主，利益冲突情形缺乏有效制衡和规范。尾随佣金虽然与投资者规模挂钩，但是属于基金管理公司和销售机构背对投资者的安排，投资者无法获得与收费相对应的投资建议服务。在利益冲突缺少监管的情况下，销售新基金（没有历史业绩，增加收入）而不是持续营销老基金（需要具备分析评价能力，增加成本），加剧非理性的短期投机行为（增加佣金收入）而不是提供专业建议选择长期投资（增加成本），成为基金销售机构的商业化选择，虽然这会使短期内出现爆款新基金，但是从长期看权益类基金份额整体在萎缩，制度性地加剧了追涨杀跌的非理性行为，增加了投资者“割韭菜式”的投资体验。公募基金投资顾问试点的启动，说明监管部门已经认识到防范基金销售业务利益冲突的重要性，但如果缺少“受信人责任”“为投资者最佳利益行事”等行为监管体系和与之配套的法律责任，单凭收费模式的改变无法缓解利益冲突。而且公募基金投资顾问与基金销售业务之间的关系有待理顺，试点效果还需观察。

三是缺乏对从业人员的资质和行为管理。行为监管最终要落实到从业人员。理财顾问在美国和英国需要参加资质水平考试。美国和英国全部个人理财顾问名单可以在美国证监会的网站上进行核验，未经登记就以投资顾问名义开展业务是违法行为。中国对理财顾问从业人员的管理还分割在不同部门和协会，缺乏统一的资质考试、水平认证和人员身份核验系统。理财顾问的专业性和重要性超过银行和证券公司的柜面人员，而且面临更大的道德风险，但管理程度与发达市场的行业自律管理体系相比还存在不小差距。

零售投资者回报差，投资行为短期化，投资效率低，已经成为制约我国资产管理业务乃至资本市场发展的明显短板，在今后深化资本市场改革的工作中应当引起足够重视，着力补齐制度短板，以提升零售市场投资效率为目标加强制度供给，跟上国际市场财富管理业务的发展步伐，促进形成以投资者为中心的财富管理行业，提高投资效率，提升投资者回报水平。

中国的机构投资者基本上直接认购资产管理产品，个人投资者则普遍通过中介渠道认购资产管理产品。零售中介渠道途径包括拥有基金销售资格的商业银行、证券公司等金融机构，以及独立基金销售公司、持有基金销售牌照的互联网平台公司。无论是公募产品还是私募产品，零售渠道的主要收入都来自销售佣金和尾随佣金。尾随佣金由基金管理公司从基金管理费中按照约定比例和保有规模计提，并向销售机构支付。2019 年 10 月，中国证监会借鉴美国的投资顾问模式，推出了公募基金投资顾问试点。

（三）资产管理业务

1940年美国《投资顾问法》和《投资公司法》的出台，标志着资产管理业务正式在法律上被确认为独立的金融业务。上述两部法律是在1933年《证券法》和1934年《证券交易法》的基础上制定的。四部法律共同构成了美国资本市场的框架体系。《证券法》及相关判例，将股票、债券、基金份额、未上市公司股权、投资合同等直接融资凭证全部界定为证券。《投资顾问法》将以获取报酬为目的，为他人提供证券投资建议和实施证券投资管理的行为都界定为由该法调整的投资顾问行为。英国、欧盟和中国香港则从法律上将提供证券投资建议和实施证券投资管理这两种行为区分开。从法律角度看，资产管理业务就是以获取利润为目的，为他人提供证券投资管理的活动。因此，资产管理业务的范围与证券的界定范围密切相关，《证券法》的调整范围覆盖越广，资产管理的业务范围就越大，直接融资体系就越发达。提高直接融资比重是发展资产管理业务的初心，也是资产管理业务回归本源后的使命。正如罗斯福在签署两部法律的声明中所述："希望两部法律能使资产管理行业实现其基本目的，真正成为中小投资者分散风险的工具，真正能够为那些难以从投资银行融资的小企业和新业态提供有价值的资本金。"

1. 资产管理机构

如果从狭义的角度看，资产管理行业就是指资产管理机构的群体。1929年股市崩盘及其后的大萧条使美国重塑了金融监管体系，罗斯福新政的一系列金融监管立法促成了资产管理行业的出现。1933年《格拉斯－斯蒂格尔法案》对商业银行和投资银行实行了法人分离。1934年的《证券交易法》要求经纪交易商到美国证监会登记，并对证券的销售提出监管要求。投资顾问在这段时期并非法定业务，也没有任何监管，投资公司或投资信托（即公募基金）的运作依据就是民商事法律关系。在利益冲突缺乏监管的情况下，一些投资银行和从业人员把其管理的投资公司作为利益输送工具，严重侵害了投资者的利益，行业规模不断萎缩。为了防范利益冲突，1940 年的《投资顾问法》要求从事投资顾问业务的机构必须到美国证监会登记，要求投资顾问承担“受信人责任”，并以此为核心逐步形成了投资顾问的执业行为规范。

从上述历史可以看出，1940 年资产管理机构与投资银行是功能分离，并不是 1933 年投资银行与商业银行的法人分离和完全隔离，资产管理行业从诞生之日起就和功能监管以及行为监管绑定在一起。尽管美国证监会允许同一个机构分别从事资产管理业务和投资银行业务，但应当分别登记，分别遵守不同的监管规则。需要强调的是，虽然美国的登记不是审批且不设门槛，但是登记后必须遵守法律和美国证监会的监管规则。未经登记或者违反规范开展相关业务的，将面临法律制裁乃至刑事责任。80 年来，美国功能监管和行为监管的监管体系有效平衡了保护投资者利益与保持市场竞争的关系，投资顾问行业成为美国市场竞争最为充分的金融业，业态多元化发展，资产管理规模在金融体系中的占比不断提升。

截至 2018 年底，共有 13 299 家投资顾问在美国证监会进行登记，提供管理和建议的资产总规模为 84 万亿美元，涉及投资者账户数 4 100 万个。其中投资顾问对 77 万亿美元有投资决定权，可以认为是资产管理业务。17 268 家投资顾问在各州进行登记，管理的资产规模为 3 340 亿美元。从投资顾问开展业务的类型看，有 856 家投资顾问在管理公募基金，有 3 138 家投资顾问在管理私募基金，大部分投资顾问主要开展投资者账户的投资管理业务（专户管理）。从资产管理规模分布看，投资顾问的市场高度集中，管理规模在 500 亿美元以上的投资顾问有 270 家，市场总规模达到 52 万亿美元，账户数有 2 066

万个，市场份额超过 50%。[①] 从资产管理机构的类型看，可以分为以下几类。

第一类是兼营资产管理业务的大型金融控股公司。

1999 年的《金融现代化法案》部分废除了《格拉斯－斯蒂格尔法案》分业经营的规定，之后美国的银行业掀起了并购整合的风潮，出现了全能型的金融机构。2008 年全球金融危机之后，金融业再次进行大整合，两大投资银行——高盛和摩根士丹利被转为银行控股公司，接受美联储的统一监管。这些由美联储监管的大型金融控股公司，普遍开展资产管理业务，设立专门的资产管理业务板块。在金融控股公司的统一管理下，资产管理业务板块能够与投资银行、财富管理、消费金融等其他业务板块实现客户资源共享，同时基于统一后台的运营以节省成本，从而实现协同效应。摩根大通（1.7 万亿美元）、高盛（1.3 万亿美元）、摩根士丹利（0.5 万亿美元）等金融控股公司不仅资产管理规模大，而且业务类型较全面，囊括公募基金、私募基金、专户、外包首席投资官、房地产、私募股权基金、对冲基金、风险投资等各种产品和投资策略。金融控股公司由于板块多、体量大、监管重，对资本金有较高要求，一般是上市公司。

除了金融控股公司以外，保险公司也纷纷进入资产管理业务领域。由于资产管理业务是管理客户的资金，保险公司内部的投资管理则是管理自营资金，因此保险公司一般设立相对独立的资产管理法人机构来开展业务，以保证交易公平进行。

第二类是主营资产管理业务的大型机构。

全球资产管理规模最大的贝莱德是典型代表。1988 年，贝莱德从私募基金管理人黑石集团中分离出来，最初成立时只有八个人和一

---

① 美国证监会，北美证券管理协会（NASAA）。

间办公室。1999 年贝莱德上市后，借助资本市场的力量，通过并购美林和巴克莱等全能型金融机构的资产管理业务板块而快速扩张。截至 2019 年底，贝莱德的资产管理规模达到 7.43 万亿美元，分布在公募基金（开放式、封闭式、主动管理、指数基金、ETF 等）、私募基金（对冲基金、私募股权基金、私募债权基金）、专户管理等全产品线上，2019 年的总收入为 145 亿美元。同时，贝莱德全资控股并为资产管理业务提供运营支持的其他金融机构，包括全资拥有的一家美国的全国性银行，用于从事信托和其他业务；全资拥有的两家在美国证监会登记的证券经纪商，用于提供证券经纪和交易执行业务。贝莱德还以其开发的风险管理系统和技术服务系统“阿拉丁”而闻名，2018 年产生的收入达到 7.85 亿美元。

资产管理业务本身并不耗用大量资本金，属于“轻资本、重人力”的行业，上市并非大型资产管理机构的必然选择。富达、资本集团、威灵顿等老牌大型资产管理机构长期以来保持私人公司身份，其本身的财务状况和经营情况并不对外披露。全球管理规模第二大的先锋领航则在公司架构上独树一帜，让其所管理的基金成为公司的股东，从而消除了资产管理机构与投资者的利益冲突。

第三类是主营另类投资的资产管理机构。

另类投资机构也可以叫私募基金管理机构，由于另类投资领域风险高，一般是由合格投资者资金集合而成的私募基金进行投资的。全球资产管理规模最大的另类投资机构是黑石集团。黑石的业务基本覆盖了另类投资的所有领域。截至 2019 年第三季度，黑石管理的资产总规模达到 5 540 亿美元。其中，房地产基金 1 571 亿美元，私募股权基金 1 739 亿美元，对冲基金 812 亿美元，私募债权基金 1 419 亿美元。在另类投资机构中也有专注细分领域的特色机构，例如专注宏观对冲的桥水基金、以高频和算法交易而闻名的文艺复兴科技公司

（Renaissance Technologies）、“公司猎食者”埃利奥特管理公司（Elliot Management）等。另类投资的资产管理规模虽然小于大型资产管理机构，但是能产生惊人的利润和风险。据估计，1988 年以来，文艺复兴科技公司管理的旗舰基金——大奖章基金已经赚得 1 000 亿美元的利润，而且主要投资者是该公司的创始人和员工。另类投资机构出于税收的考虑，一般设立为有限合伙企业。黑石在上市时以及上市后始终保持有限合伙的组织形式。特朗普政府大幅降低公司税以后，黑石于 2019 年启动了有限合伙向公司的改制。

1940 年的《投资顾问法》豁免了私募基金管理机构到美国证监会登记，使另类投资业务长期在监管之外发展。《投资顾问法》要求管理公募基金或者为单一客户提供服务的投资顾问必须进行登记，主要是考虑到这两类投资顾问涉及社会公众，出现问题时需要通过监管部门的公权力予以平衡，以维持公平的市场秩序。而私募基金面向的是合格投资者，即具备自我保护能力的投资者，不需要占用公共监管资源。

1998 年美国长期资本管理公司的风险事件差点引发了全球金融市场的大动荡，迫使美联储出面组织华尔街银行联手拯救。对冲基金高杠杆的交易策略所产生的爆炸式风险外溢，引起了监管部门的重视。2008 年全球金融危机以后，长期游离在监管体系外的另类投资资产管理机构被纳入监管。美国 2010 年的《多德 – 弗兰克法案》修改了《投资顾问法》，取消了私募基金管理人豁免登记的规定。欧盟则出台了《另类投资基金经理指令》。从上述发展历程可以看出，监管私募基金管理人的主要目的是监测其风险，防范系统性风险冲击，维护金融稳定，而不是动用监管资源保护已经具备自我保护能力的合格投资者。因此，各国只将私募基金管理人纳入监管，并没有对私募基金产品实施监管。对于不涉及杠杆交易，不会产生系统性金融风险的另类投资，例如创业投资，则实施差异化监管，或完全豁免监管。

第四类就是提供账户投资管理服务的投资顾问。

除了管理公募基金和私募基金的投资顾问以外，大量的投资顾问为投资者提供账户的投资建议和投资管理服务，处于财富管理和资产管理的中间地带。这些投资顾问扎根在自己的客户群体内，提供大机构没有的个性化服务，填补了市场的空白，增加了零售投资的效率。有的投资顾问还步步为营发展成明星资产管理机构。全球资产管理规模最大的对冲基金桥水基金，就是从发送投资建议期刊开始，到为大客户提供投资建议，再到管理大客户的账户，直至募集设立并管理自己的对冲基金的。如前文所述，嘉信理财、富达等大型证券经纪商提供技术平台，为提供账户服务的独立投资顾问解决了后台运营保障的后顾之忧，也为投资者防范了资金挪用的风险，形成了支持独立投资顾问发展的生态环境。中小投资顾问的商业立足点是对小众客户群体提供个性化服务，往往不具备全面的投研能力，因此其主要投资领域就是集合性的资产管理产品。通过将投资顾问对客户的个性化服务优势与资产管理机构对资产管理产品的规模化管理优势相结合，增加资产管理市场的效率。截至 2018 年底，在美国证监会登记的 13 299 家投资顾问机构中，有 8 235 家为零售投资者提供服务，大部分是小型投资顾问机构。此外，各州还登记了 17 268 家投资顾问机构，其中 14 020 家只有 1~2 名雇员。独立投资顾问的组织形式没有法定要求。在美国证监会登记的绝大部分中小型投资顾问并不管理集合资产管理产品，主要是为零售投资者提供投资咨询或全权委托的投资管理服务，从商业概念上也可以归为财富管理业务。

美国从 1940 年的《投资顾问法》开始就把中小型投资顾问纳入监管，按照管理规模，分别在美国证监会或者所在州的金融监管部门登记。2010 年的《多德 – 弗兰克法案》将联邦和州的划分标准从 2 500 万美元提高到 1 亿美元。对于这些中小投资顾问机构，美国证监会的监管手段主要是登记信息公示和现场检查。从业代表需要通过系列 65 考试。美国证监会和州的机构登记信息及人员从业信息都可以在证监会网站上查询。另外，美国证监会还要求投资顾问管理的客户账户必须由符合条件的机构保管。

（1）英国和中国香港

英国和中国香港对资产管理机构虽然实行审批制，但是门槛条件很低，监管思路与美国基本一致，实施功能监管和行为监管。值得注意的是，英国虽然是普通法系之源，但是经过慎重考虑后，没有要求资产管理机构承担普通法系下具有特定法律含义的“受信人责任”，而是要求资产管理机构为投资者最佳利益行事。

根据香港的《证券及期货条例》，资产管理是第九类（9 号牌照）受规管的活动，需要经香港证监会批准成为持牌机构。香港对银行从事资产管理业务采取机构监管和功能监管相结合的做法。由于香港的银行由香港金融管理局批准设立，银行从事资产管理业务不需要持牌，但是需要到香港证监会注册，并由香港金融管理局根据证监会的规则对银行从事资产管理业务实施前线监管。截至 2019 年底，香港共有 1 808 家机构持有 9 号牌照，有 36 家银行注册了 9 号牌照。

（2）中外资产管理机构差异

由于监管制度具有差异，中外资产管理机构在数量、结构和经营模式上都存在巨大差距。

一是重视审慎监管，忽视行为监管，在准入和日常管理中提出净资本要求，导致市场主体数量受到抑制。基金管理公司（129 家）最低注册资本 1 亿元，信托公司（68 家）最低注册资本 10 亿元，已获批设立的银行理财子公司注册资本普遍在 50 亿元以上。全球最高的资本金要求，对中国资产管理行业的服务供给和发展动力产生了明显的抑制作用。虽然市场对账户投资管理服务有强烈需求，但是《证券投资基金法》只赋予公募基金的基金管理公司和私募基金管理人开展资产管理业务的资格，高额的资本金要求使类似于美国独立投资顾问的机构不能申请成为基金管理公司，迫使其转到中国证券投资基金业协会登记成为私募基金管理人。由于这些小型机构不具备管理规模化集合性资产管理产品的专业投资能力，不具备从事私募另类投资的风险管理能力，从而出现了大量“伪私募”。此外，净资本要求与资产管理业务的投资风险应当由投资者承担的基本属性不相符，扭曲了业态，给投资者以错误预期，反而制造了金融风险。

二是用机构监管取代功能监管，资产管理机构按产品划分类型，导致资产管理机构缺乏市场竞争力。在功能监管之下，获得资产管理牌照或完成登记后，即可从事资产管理业务，具体的投资策略、投资范围和专注领域是资产管理机构根据自身的比较优势而做出的商业决策。只要遵循法律法规，监管部门不应当直接干涉。在机构监管之下，每开展一项新的资产管理业务就需要申请设立一个新的法人机构。例如，私募基金管理人被划分为四类。中国的私募基金管理人至少需要设立四个法人，组建四个相对独立的经营团队，才能覆盖国外一个牌照的业务范围，这极大地增加了运营成本，破坏了商业功能的完整性。在分割的监管体系下，资产管理市场主体功能不全，商业可持续性差，发展空间受到限制，不可能诞生类似贝莱德、黑石这样的全能型资产管理机构，行业发展严重滞后于国际同行。

三是用行政管理取代市场化和法治化监管，弱化了市场主体的公司治理和市场约束作用，导致行业经营模式高度同质化。受发展阶段和路径依赖的影响，监管部门还存在用行政命令代替行政监管的情况，直接越过资产管理机构的内部治理机制，对组织架构、高级管理人员岗位设置、产品策略、投资策略、信息技术系统类型、会计估值、文化建设、社会责任等各种本应当由公司内部决策的事务做出面面俱到的格式化规定，使市场主体的内部治理机制不断弱化，行业同质化发展，减弱了发展活力，加剧了风险共振。

2. 资产管理产品

资产管理产品是资产管理业务的另一条主线，主要分为集合资产管理产品和专户资产管理产品，集合资产管理产品又可以分为公募产品和私募产品。集合资产管理产品的其他名称包括基金、池化投资工具、集合投资工具、集合投资计划等。在国际体系下，这些名词的概念内涵完全一致，可以互换使用。但是在中国的监管体系下，这些名词被赋予了不同的含义，即便由证监会管理的集合资产管理计划和基金也被认定为不同的资产管理业务。

（1）公募产品

公募产品是指面向不特定社会公众发行的资产管理产品。按照运作方式，公募产品可以分为封闭式和开放式。开放式公募基金是公募产品的主体，也是监管的重点。开放式公募基金在 1929 年才开始出现，直到美国 1940 年的《投资公司法》出台前，开放式公募基金的规模仍然只有封闭式公募基金的 2/3。《投资公司法》的出台和美国证监会的监管，重塑了社会中投资者的信心，使开放式公募基金在法制的轨道上规范发展。截至 2019 年底，美国的开放式公募基金规模达到 25.7 万亿美元，全球规模达到了 54.9 万亿美元，彰显了制度的力量和监管的作用。2018—2019 年全球开放式公募基金净资产情况如表 1.11 所示。

表 1.11　2018—2019 年全球开放式公募基金净资产　单位：亿美元

类型	2018 年				2019 年			
	第一季度	第二季度	第三季度	第四季度	第一季度	第二季度	第三季度	第四季度
全部基金	50 015	49 448	50 142	46 696	49 985	51 438	51 604	54 883
股票型基金	21 933	22 110	22 744	19 915	22 073	22 707	22 634	24 512
债券型基金	10 550	10 249	10 262	10 136	10 634	11 102	11 388	11 796
平衡／混合型基金	6 476	6 276	6 292	5 844	6 189	6 358	6 465	6 844
保本基金	65	59	56	55	56	57	51	50
房地产基金	787	780	792	805	1 036	1 059	1 054	1 132
其他基金	4 104	4 013	4 017	3 856	3 598	3 725	3 390	3 612
货币市场基金	6 101	5 961	5 979	6 085	6 401	6 429	6 622	6 937
备注项目								
ETF	4 750	4 822	5 092	4 674	5 222	5 464	5 600	6 160
机构基金	4 586	4 371	4 409	4 425	4 578	4 778	4 861	5 072

美国开放式公募基金的发展经历了不同阶段。1980 年，美国的开放式公募基金总额为 1 347.6 亿美元，其中货币基金为 763.6 亿美元，占比超过一半。在利率市场化、人口老龄化、养老金制度不断完善、经济自由化政策等多种因素的共同作用下，资金开始从银行转向资产管理业务，从货币基金等短期资金转向权益基金等长期资产。资产管理规模连年大幅上升，结构也在不断优化，货币基金的占比逐渐降低。2008 年全球金融危机后，随着监管机构对表内业务提出更严格的监管要求，资产管理业务的规模更是不断走向新高。

在美国开放式公募基金的发展历程中，并未出现大的风险，美国《投资公司法》也未进行过大幅修订，其立法理念以及美国证监会的监管体系的成功经验也被各国所借鉴，主要内容已经成为国际证监会组织的监管原则，具体包括十个方面：一是开放式公募基金应当采取适合当地法律体系的法律形式和组织架构（包括公司、信托），以确保基金财产的独立性，保护投资者权利；二是基金财产应当从物理上和法律权利上予以独立保管，包括与保管机构的财产之间也要相互独立；三是开放式公募基金的运营者应当具备足够的资源和能力；四是运营外包机构应当具备足够的资源和能力；五是监管当局应当对开放式公募基金实施核准或注册，并有监督检查各项业务的权力和资源；六是防范和监管开放式公募基金运营者与投资者之间的利益冲突，以确保基金运营者承担为投资者最佳利益行事的法律责任，结合各国的法律背景，可以体现为原则化的“受信人责任”或建立细致的行为规范；七是采用一般公认会计准则持续对基金财产进行估值和定价；八是确保基金投资组合的流动性，投资范围应当限定在可转让的证券内，并限制基金的杠杆比例；九是维护投资者的权利，包括申购赎回权、监管对投资者的救济，对于公司型基金应当确保投资者的股东投票权；十是建立准确、完整、及时的信息披露制度。

近年来，公募基金的两大趋势性变化正在改变国际资本市场的格局。一是 ETF 和指数基金的大发展。21 世纪以来，特别是 2008 年全球金融危机之后，由于指数基金和 ETF 的费用低廉，风险高度分散，加之美国股市持续走高，投资者资金迅速涌入，带动公募基金的规模大幅提高。全球管理规模最大的指数基金规模超过 5 000 亿美元，已经成为机构投资者、独立投资顾问的主要配置工具。相较于指数基金，ETF 不仅是分散投资风险的工具，同时因其交易具有流动性，还吸引了大量交易性资金。桥水基金的最大持仓就是 ETF。ETF 的投资组合范围也在不断扩展，从交易所场内证券扩展到交易所的场外证券。主动式管理基金也在和 ETF 的形式进行结合。随着 ETF 规模的持续提升和组合范围的持续扩大，流动性的赋能权也在从交易所转向 ETF 的资产管理机构，这对资本市场的基础架构和制度体系都将产生重大影响。二是公司型基金的组织形式开始逐渐推广。随着全球经济一体化以及货币的自由流动，欧盟已经建立基金护照制度。2019 年 2 月 1 日，亚洲基金护照制度正式实施，首批包括澳大利亚、泰国、韩国、日本和新西兰等五个国家。中国内地与香港地区也建立了基金互认制度。

在基金跨国跨地区销售的情况下，除了基金的法律形式和组织架构由基金注册地的法律决定外，基金运作制度的差异迅速缩小，这就使不同模式的基金法律形式和组织架构优劣凸显出来，资本迅速向具有法律制度优势的注册地集中，反过来又促使各国和地区相应地修改商事法律，以吸引基金在当地注册。从基金注册类型的选择上看，公司型基金相较其他组织形式具有明显优势。

首先，投资者权利可以得到更好的保护。基金投资者在公司型基金中就是股东，除了其基金投资者的权利受到证券监管法律的保护外，其股东权利亦受到商事法律的保护。董事会作为公司型基金的常设机构，代表投资者利益对负责投资的基金管理人形成制衡。其次，公司型基金直接以商事主体的身份参与各类市场活动，直接适用现行的商业法律。

美国的开放式公募基金又称为共同基金或互惠基金。作为联邦制国家，美国宪法规定商事法律是各州的事权，联邦层面没有统一的公司法，共同基金主要注册为马里兰州信托公司、特拉华州信托公司和马萨诸塞州信托公司。为了发挥和保障共同基金董事会的作用，美国《投资公司法》要求董事承担“受信人责任”，独立董事在基金董事会中的比例不得低于 40%。正是因为威灵顿基金的董事会与管理威灵顿基金的威灵顿管理公司的董事会意见相左，先锋领航才从威灵顿中分离出来，成为全球资产管理规模第二大的资产管理机构。先锋领航的创始人约翰·博格尔对基金治理机制的革故鼎新富有洞见，他认为不能把基金简单地当作产品看待，禁止先锋领航的员工用“产品”一词来称呼基金。

欧洲大陆设立公司型基金的国家包括卢森堡、瑞士、荷兰、德国、意大利、西班牙、比利时、马耳他、法国和捷克，尤其以卢森堡的 SICAV（可变资本投资公司）架构采用最为广泛，这使卢森堡成为全球基金的主要注册地，该地建立了发达的基金运营业。英国于 1997 年引入了开放式投资公司，改变了之前开放式公募基金只有契约型基金的单一局面。中国香港为了争取国际资本聚集，巩固香港的财富和资产管理中心地位，也于 2018 年 7 月 30 日正式推出了开放式基金型公司制度。在开放式基金型公司制度下，香港证监会担任主要监管机构，负责开放式基金型公司的注册及监管事宜，香港公司注册处负责开放式基金型公司成立为法团和法定法团的文件存档事宜，而破产管理署则负责开放式基金型公司的清盘程序。这种分工体现了公司型基金受监管业务与一般商事活动相区分的原则。

银行理财计划和公募证券投资基金是中国主要的公募资产管理产品。公募证券投资基金已经和香港证监会取得互认，完全符合国际标准。净值型银行理财计划则在基金治理、财产独立性、独立托管、信息披露、投资范围、会计估值、市场营销、产品注册、管理人行为规范等方面和公募证券投资基金存有不小的差距。

在指数基金和 ETF 的发展方面，中国的公募基金行业还未形成规模优势，一个重要的原因是监管部门还在对价格实施一定程度的行政保护，市场竞争作用还没有得到充分发挥。

中国的公募产品在制度引入时，深受东亚体系的影响，采用了契约型基金架构。但是在中国契约型基金架构的信托法律关系安排中，基金管理人与基金托管人作为共同受托人的安排是结合当时国情的一种特殊安排，与其他国家和地区的契约型基金架构并不相同。例如，在英国、日本、中国香港等国家和地区的契约型基金架构中，为防范利益冲突，基金管理人不能担任受托人，一般由从事信托业务的银行担任。中国台湾的受托人由证券投资信托公司（即基金管理人）担任，但并未安排保管银行担任共同受托人。中国大陆和台湾地区的契约型基金架构把基金管理人作为受托人的安排，使基金管理人成为信托财产的所有者，这其实与资产管理业务为他人管理财产的基本性质有所冲突。

在《证券投资基金法》的规范和保障下，契约型基金架构在公募基金领域取得了成功的应用，有效承载了13万亿元的公募基金规模。但是从公募基金以外领域的应用情况看，由于缺少《证券投资基金法》同等层级的法律保障，缺少商事法律规定的资本多数决策机制和代表投资者利益的董事会，缺少契约型基金架构所依托的信托法律关系的司法环境和专业知识，契约型基金架构产生了变形，资产管理机构与受托管理的资产管理产品之间的信托关系演变为委托关系（通道业务）、债权关系（刚性兑付）、股权关系（自融），为资产管理业务的结构化异化提供了制度性土壤。

随着资产业务回归本源，居民财富不断积累，以及金融业的全面对外开放，契约型基金架构还将面临大考，并与卢森堡、中国香港、美国等国家和地区的开放式公司型基金架构同台竞技。因此，进一步结合中国法律制度完善契约型基金架构，研究制定符合中国情况的公司型基金制度具有紧迫性和重要意义。

（2）私募产品

私募产品与公募产品同为集合资产管理产品，面向合格投资者，一般还有投资者数量限制。因此，私募基金如果采用与公募基金相同的投资策略，就会因规模效应处于竞争劣势，市场的作用会将私募产品推向公募基金投资受限的领域，比如提高杠杆率的对冲基金，拉长运作周期的私募股权基金，从事初创企业投资的创业投资基金等。根据 Preqin（全球私募股权行业研究机构）发布的年度报告，2019 年全球私募基金的规模已经超过 10 万亿美元（见表 1.12）。

表 1.12　Preqin 发布的 2019 年私募基金规模统计数据

类型	规模（亿美元）
私募股权和创业投资基金	41 100
对冲基金	36 100
房地产基金	9 820
自然资源基金	7 600
基础设施基金	5 820
私募债权基金	8 120
合计	108 560

2008 年全球金融危机之后，各国虽然将私募资产管理机构纳入监管，通过私募资产管理机构搜集私募产品的信息，以便防范可能产生的系统性风险冲击，但是私募基金本身并未纳入监管，也就是说监管部门并不对私募基金实施产品形态的管制。私募基金继续在监管之外发展，产品业态是合格投资者与私募资产管理机构的商业决策，个性化、多元化、动态化是其必然特征。比较黑石集团、阿波罗全球管理公司、KKR（科尔伯格·克拉维斯·罗伯茨）集团等大型上市私募管理人的年度报告可以发现，它们对私募产品的分类主要依据投资策略，而且各不相同。兵无常势，水无常形，才是私募基金产品的基本特征。

国际上对私募基金分类的目的是统计，而不是对私募基金实施分类管理。因此，出于不同的统计目的，类别和标准也不一致。美国证监会根据《多德－弗兰克法案》的要求，需要通过管理私募基金的投资顾问搜集所管理的私募基金的信息。出于统计监测的需要，美国证监会在私募基金监测报表（PF 表）中将私募基金分为对冲基金、私募股权基金、其他私募基金、资产证券化基金、房地产基金、流动性基金、创业投资基金等（见表 1.13）。投资顾问根据统计标准，定期报送所管理的私募基金相关数据。

表 1.13 美国证监会登记投资顾问管理的私募基金

种类	基金只数	投资顾问家数	净资产（十亿美元）	总资产（十亿美元）
对冲基金	9 193	1 747	3 794	7 593
私募股权基金	12 685	1 243	2 811	3 173
其他私募基金	4 893	625	1 079	1 219
资产证券化基金	1 564	153	170	570
房地产基金	2 833	345	442	567
流动性基金	73	40	295	297
创业投资基金	961	133	98	111
合计	32 202	4 286	8 689	13 530

值得指出的是，表 1.13 中管理每种私募基金的投资顾问家数加总后为 4 286 家，但是报送报表的投资顾问总数只有 3 138 家，这说明不少投资顾问在同时管理多种类型的私募基金。

PF 表将对冲基金定义为：第一，可以根据未实现的盈亏计提业绩报酬；第二，借款规模超过资本的 150%，或者风险敞口超过净资产的一倍；第三，存在套期保值以外的做空行为；第四，所有投资大宗商品的基金在 PF 表上被认定为对冲基金。这个定义主要是从系统性风险监测的角度出发，找出道德风险比较高、杠杆比例比较大，从而风险外溢可能性比较高的机构。该类机构的数据报送频率和信息颗粒度要求将高于其他基金。

美国证监会对创业投资基金的定义是：第一，对外宣称采用创业投资的投资策略；第二，基金投资组合的80%以上应当为对非上市公司的股权投资；第三，基金对外负债不得超过承诺资本的15%，并且借款期不得超过120天，不得续借；第四，基金份额不得赎回。需要强调的是，这个定义同样是服从于监管需要的。例如，实践中大量的创业投资基金采取可转债的方式投资企业，就有可能不符合上述定义的第二条。但是这并不意味着美国证监会不鼓励创业投资基金采取可转债的投资方式，只是因为债权投资方式产生了杠杆，提高了风险外溢的可能性，所以监管部门需要搜集监测数据，不再豁免监管。而仅管理创业投资基金的投资顾问可以豁免到美国证监会登记。

与国际情况相比，中国对私募分类的意图完全不同。比如，资管新规对私募产品的杠杆实行上限管理，意图在于管控风险。但是对冲基金的定义则是以杠杆下限为界，意图在于识别风险。符合美国证监会定义的对冲基金不会在中国出现。再比如，私募证券基金和私募股权基金的分类主要源于证券的定义狭窄，股权被排除在证券之外，于是存在证券和股权的分类，导致出现了跨证券类别和股权类别的私募资产配置类基金。

中国的私募分类标准的用途也超出了统计监测范畴，将分类标准与备案管理、税收优惠、公司上市、减持时间等环节挂钩，相当于对私募产品实施了统一化、标准化、格式化的管理，有违私募市场化的发展规律。

在私募基金中，创业投资基金直接为创新创业企业融资，对经济社会发展具有重要意义，各国都在鼓励发展。但是需要注意的是，无论从美国证监会的分类，还是从Preqin的分类看，创业投资基金在私募产品中的占比都不高，这反映了市场的规律。创业投资基金投资的都是早期企业，资金需求量比已经上市的成熟企业要小；创业投资基金要通过投资企业上市实现退出，这就需要二级市场的公募基金和私募基金的资金体量能够提供充裕的流动性。从有关统计资料可以看出，由于创业投资基金的风险收益特征，其只能在大类资产配置时获配小比例资金。从一定程度上说，创业投资的潜在投资额度由经济社会结构等一系列因素所决定。鼓励创业投资的政策应该尊重市场规律，关键在于用足潜在额度，如果集中资金过多，反而会扭曲市场结构，导致一二级市场估值倒挂，与政策初衷背道而驰。

（3）专户管理

在美国证监会登记的投资顾问所管理的资产规模达到 77 万亿美元，其中仅有 30 余万亿美元是集合资产管理产品，超过 40 万亿美元属于专户管理。作为世界第二大资产管理市场，在英国 8 万亿英镑的资产管理规模中，有 58% 是专户管理。专户管理业务的委托人既包括养老金、家族办公室和基金会等机构投资者，也包括零售投资者的中高端投资者以及个人养老储蓄性资金投资者。

中国的机构投资者专户管理业务除企业年金和社保资金的委托投资外，大部分专户管理业务是通道业务。零售投资市场的专户管理业务则存在制度供给不足、监管碎片化等问题，未能发展起来。

从美国和英国两个全球最大的资产管理业务市场的情况看，专户管理业务提供的单独账户管理和投资咨询建议服务在规模上超过集合资产管理产品，而且与集合资产管理产品存在上下游关系，在促进投资市场有效性方面发挥着不可或缺的作用。贝莱德、黑石和桥水等大型资产管理机构的发展并非一日千里，它们往往是从小型投资顾问起步的。不积跬步，无以至千里；不积小流，无以成江海。与欧美发达市场对比，我国的《证券法》禁止证券服务机构接受客户委托代为管理证券，证券公司和基金管理公司开展的一对一专户管理业务又存在最低成立金额限制，无法普及。私募基金管理人则未能开展一对一服务。我国的监管制度在针对零售投资者的专户管理服务方面还存在大片的制度空白。资产管理业务的全面发展，需要公募、私募和专户的多元共生、协同发展。

（四）保管和支持业务

资产管理业务的核心特征就是资产管理产品的财产与资产管理机构的财产相互独立，资产管理机构只能受托实施投资管理。为了保证资产管理产品财产的独立性和安全性，各国普遍要求对资产管理公募产品财产实施独立保管，并对保管机构提出资格性要求，保管机构一般应当是银行或者证券经纪交易经营机构。香港证监会拟将集合投资计划的存管人作为香港的第 13 号牌照。国际证监会组织也制定了集合资产管理产品保管业务准则。全球保管规模排名居前的银行包括纽约梅隆、摩根大通、花旗、道富等。资产管理规模最大的贝莱德的保管银行遍布全球，超过 80 家。在采用契约型基金架构的国家和地区，保管银行一般就是契约型基金的受托人，以便从法律上具备制衡资产管理机构的权力。

中国的公募基金采用了托管银行和基金管理人共同受托的法律架构，以便互相制衡。托管人的命名也来自其职能，从“受托人”和“保管人”中各取一字。从法理和实践看，双受托法律架构对基金管理人的监督作用，弱于以保管人作为单受托人，强于以基金管理人作为单受托人。除了公募基金以外，其他公募产品和私募产品的托管机构是否认定为《证券投资基金法》下的“基金托管人”，是承担共同受托的法律责任，还是仅履行保管职责，目前还存在争议。公募基金以外领域的产品治理结构和财产保管职责尚未法定，责任分配悬而未决，不仅风险控制意识比较强的保管机构因此退出了市场，也给资产管理业务回归本源后统一监管规则设置了障碍。

资产管理机构的法定职责是对资产管理产品实施投资管理。为了确保资产管理产品的运转，除了投资管理外，还需要开展证券交易、会计估值、份额登记、资金清算、信息披露、风险管理、年度审计资金清算等一系列运营工作。先锋领航和贝莱德等管理万亿美元的大型资产管理机构，投资组合遍布全球，ETF 还涉及实时交易，其运作复杂程度和工作量甚至超过大型银行。为了提高运营的效率和安全性，大多数资产管理机构会根据自身情况选择将运营职能全部或部分外包。保管银行一般也同时提供会计估值等运营外包业务。

由于上述运营职能大部分需要借助现代化的信息技术实现，所以国内外都出现了专门提供运营保障功能服务的大型信息技术厂商。这些厂商提供的信息技术系统对资产管理业务的运营稳定性具有重要影响。2015 年 8 月，纽约梅隆银行使用的由 SunGard（金融机构安全软件供应商）开发的会计估值系统出现问题，导致纽约梅隆提供估值服务的 1 200 只共同基金无法计算净值，此故障期长达一周，其间影响波及全球主要资本市场。

总体而言，专业化的分工发挥了各自的比较优势，增强了资产管理业务的效能承载力。同时也形成了市场化的制衡和约束体系，防范了利益输送的风险，提高了投资者的信心。

除了中国证券投资基金业协会备案的私募基金以外，中国资产管理业务目前还普遍未见运营外包的模式，这不仅不利于行业的差异化、专业化发展，而且降低了整体的运营效率和竞争力。

（五）投资标的

资产管理业务是资金供给方，投资标的是资金需求方的融资凭证，买卖双方共同形成了完整的直接融资链条。提高直接融资比重，需要资金供给方和证券发行方协同推进，如果没有证券发行体系的同步改革，资产管理业务回归本源就不会一帆风顺。证券发行体系的市场化改革是一个宏大的课题，本书主要聚焦于现有证券发行体系对资产管理业务的影响。

一是证券的定义范围受到局限，分割了本应统一的资产管理业务市场。美国的证券定义范围非常广泛。根据美国1933年的《证券法》，各种直接融资的票据和凭证几乎都被认定为证券，既包括上市流通的股票、债券，也包括未上市公司的股权、投资合同等。中国的证券定义范围受到局限，大量实际上是证券的凭证，以及在国际上被认定为证券的凭证，还未纳入《证券法》的调整范围，包括银行间市场的短融券、中融券、银行理财、信托计划、私募资产管理计划等，这就导致资产管理业务难以统一监管。监管分割过细，就形成了监管套利空间。

二是证券发行体制改革还未实现市场化，导致投资业务融资化。美国对证券公开发行实行注册制，不设定财务门槛，只要信息披露符合要求，就可以取得美国证监会注册证明，能否发行成功和发行价格由市场决定。不涉及公众利益的私募配售豁免注册，在融资完成后向美国证监会事后报告即可。豁免注册的融资行为主要包括：由条例A管理的小额融资，由条例D管理的面向合格投资者的私募发行，以及由《乔布斯法案》规定的众筹行为。根据美国证监会的统计，2018年公开发行的融资额约为1.4万亿美元，但是豁免注册的融资额已经超过2.8万亿美元，其中主要是面向合格投资者的私募融资（条例D融资）。

证券公开发行的注册制改革正在加快实施，私募融资以及相关的差异化监管则缺乏制度供给。为了寻求合法性的避风港，大量的社会融资需求以信托计划、资产管理计划、私募基金等资产管理产品作为外壳，实质以证券发行的方式进行募资，从而产生了投资业务融资化的现象。

三是法定从事证券发行业务的证券公司数量受到严格管控，市场需求转而通过资产管理机构或私募基金管理人完成。根据1934年美国《证券交易法》，经纪交易商必须到美国证监会登记，遵守相关行为规范。目前，经纪交易商由美国金融业监管局负责一线监管。美国证监会登记的经纪交易商数量虽然连年减少，但仍有3 764家，其中3 242家机构是从业人员150人以下的小型机构，注册的从业代表共有63万人，共有15万个分支机构，全行业税前利润为426亿美元。

香港地区对证券业务实施牌照管理，与投资银行业务有关的牌照发放数量分别是1号牌（证券交易）1 430家，4号牌（就证券提供意见）1 602家，6号牌（就机构融资提供意见）338家。

中国对证券公司实行审批制，而且门槛要求比较高，目前只有133家。从数量和结构上看，显然都不能满足市场的需求。特别是从结构上看，中国的证券公司相当于美国的大中型机构，金融功能老化，服务品类单一，缺少小型机构，缺少个性化服务，难以下沉覆盖中小企业和市场的创新发展需求。市场对证券发行和咨询业务的正常需求不得不通过信托公司、基金管理公司子公司和私募基金管理人等机构完成。

四、深化金融供给侧结构性改革

资金从投资者到中介渠道、资产管理业务，再到底层的投资标的，最终形成了资本，满足了社会的融资需求，推动了经济的发展。从资产管理业务的全链条分析可以看出，金融风险会在链条上交叉传染，制度扭曲会在传递中层层放大。资产管理业务的发展既受制于上下游，也牵动着直接融资体系的全链条。资产管理业务回归本源与全面深化资本市场改革需要相互推动。在全球化的时代，由于国家间经济和金融交往日益密切，所以人民币资本项目下扩大开放是大势所趋，资本最终会选择制度高地，风险则会留在制度洼地，大国竞争的决胜点就是制度。全球资产管理业务的发展历程和趋势，给中国资产管理业务回归本源和创新发展提供了借鉴和指引。深化资产管理业务监管制度改革，建设现代化的资产管理业务体系，应当成为深化金融供给侧结构性改革，尤其是推动资本市场发展的切入点和发力点。

（一）优化影子银行治理方案，实现业务规范转型的平稳过渡

影子银行体系不仅是“大资管”业务的风险聚焦点，还是资管新规的治理重点，更是防范化解重大金融风险攻坚战的关注重点。银行理财处于影子银行的上游，派生了债券基金、信托计划、私募资产管理计划等通道业务，并最终流向表外的信贷资产。因此，银行理财的规范和转型事关全局。从资管新规执行两年以来的情况看，30 余家银行宣布成立理财子公司，18 家已经获批，虽然实现了理财业务与银行业务的法人隔离，老产品规模有所控制，新产品陆续发行，表外信贷资产开始回表，但是进度仍然不及预期，而且出现了新的问题，有可能衍生新的金融风险。

针对以上问题，我国监管部门应该在资管新规的基础上，优化治理方案，坚持新老划断，强化规范转型的正向激励和刚性约束，在风险可控的范围内释放个案风险，实现平稳过渡。

第一，银行理财子公司要坚持新老划断，干净起步，建设符合国际标准的现代资产管理机构。

在定位和发展方向上，银行理财子公司应当坚守初心，利用资本优势和母行支持，以建设大型现代化资产管理机构为使命，从起步阶段就严格要求，在公司治理、组织架构、信息系统、风险管理、运营保障、外包认证等方面，全方位对标国际先进标准。

对标国际先进资产管理机构，银行理财子公司应当遵循和国际监管规则一致的法规。目前银行理财子公司所依据的银行理财产品监管规定与国际监管标准还存在不小的差距，与国内公募基金的制度体系相比也有待完善。长期实行银行理财和公募基金两套规则体系的双轨制，银行理财子公司或者基金管理公司都很难成长为国际先进的资产管理机构。此外，银保监会和证监会应当加强合作，在取长补短的基础上，按照功能监管和机构监管相结合的原则，以《证券投资基金法》为基础，统一公募资产管理业务的监管规则。

在监管规则尚未统一之前，银行理财子公司应该按照孰高原则从严要求。监管规则统一后，银行理财子公司的理财业务资质应当转化为基金管理公司的基金业务资质。新增公募业务以及符合条件的存量公募理财产品，应当按照《证券投资基金法》的要求注册为公募基金。将银行理财子公司及其公募产品依法纳入《证券法》《证券投资基金法》的调整范围内，新增公募产品与公募基金拥有相同的法律身份，均享受税收减免政策。对具备公募基金管理人资格且公募基金业务超过一定比例的银行理财子公司予以政策激励，还应取消净资本的管理规定，优先考虑授予社保资金管理人、QDII 和 QFII（合格境外机构投资者）等各项业务资格。

在新老划断方面，银行理财老产品的规范转型任务应该由母行负责，或者与新产品在人员、系统和业务方面相互隔离。银行理财子公司不应当定位为风险处置的载体。要防止新产品的标准“打折扣”，滋生新的风险，避免造成二次处置负担，之前强行包装的新产品应该还原为老产品进行统一处置。

第二，多措并举防范化解老产品和老资产风险。

老产品和表外资产风险处置的难点在于责任和损失如何分配，需要采取银行股东、融资企业、政府、投资者等之前受益人“几家抬”

的方式来共同承担。从国内外的经验看，为防范道德风险，严肃市场纪律，银行股东在防范化解风险的过程中必须优先承担主要责任，已经出现重大风险的机构要按照市场机制予以出清，政府承担维护市场秩序和社会稳定的责任，投资者要承担投资风险。监管部门应该加强激励和约束，确保过渡安排可执行、可监督、不可逆。

一是统一明确过渡期延长两年，并以产品端为标准确定压降进度。

鉴于银行资管在过渡期所面临的现实困难以及存在的外溢影响，建议将资产管理行业的过渡期再延长两年，即延长至2022年底。同时，鉴于老产品投资端的存量资产的压降包括自然到期、回表、对外转让或处置退出等多种情况，各机构情况差异很大，难以针对资产端提出统一的压降进度标准，故建议把资管新规实施路径的中间目标直接放在理财产品的压缩上（简称“负债法”），而把复杂的资产处置留给各家银行自行决策。在具体的实施路径上，有如下建议。

1. 进一步细化和明确包括现金管理产品在内的各类新产品监管标准，将资管新规发布后发行的不符合监管标准的“新产品”还原至老产品，同时建议按延长后的过渡期重新明确压降要求，明确过渡期内每年的压缩比例。建议2020—2022年每年的压缩比例不低于30%，2022年底压缩至零。

2. 老产品投资管理、产品形态、信息披露均按照资管新规发布之前的方式运作，适用资管新规发布之前的监管规定。

3. 老产品在压缩进度不低于上述最低监管要求的原则下，各行可根据自身的情况与监管部门协商，具体细节实行一行一策，但需要适当均衡分布，进度安排不得再突破统一的过渡期。

4. 监管部门应该加强对老产品压降的进度管理，均衡分布压力，对于未能达到进度的机构，及时采取惩罚措施予以校正。对于过渡期结束后的残存老产品，可以借鉴日本整治存款信托的经验，统一纳入存款准备金制度和存款保险制度管理。

5. 延长过渡期后，监管机构应确保法规严肃性，做好预期管理，严格执法，防止再次形成政策博弈。

二是多渠道处置老资产。

回表处置。银行应当根据自身情况制订过渡期内的回表计划。监管部门对于回表资产适当放宽考核指标和限制，鼓励老资产应回尽回、尽回快回，并在回表后按真实的资产质量计提准备。对于暂时未能回表的老资产，应当对其产生的收益设计约束机制，比如以类似存款保险或监管费的方式上缴财政，以避免银行继续依靠老模式产生盈利，从而产生继续将老资产保留在表外的商业动机。约束机制越到后期越要严厉，甚至形成商业亏损，以督促银行尽快完成老资产的回表或其他处置。对于老资产回表后需要补充资本的，银保监会和证监会优先审批永续债、次级债和再融资。

资产证券化。滚动投资投向重要基础设施和 PPP（政府和社会资本合作）项目的银行理财产品，可以转为公募基金基础设施投资试点。结合监管制度和多层次资本市场改革，证监会按照《证券法》的要求建立健全证券私募的发行规则和监管制度体系，允许银行理财子公司、信托公司、保险资管公司、基金管理公司子公司、金融资产投资公司、私募基金管理人为私募证券的创制和发行提供投资银行服务。上述业务应当遵循《证券法》和《证券投资基金法》的规定，完善信息披露，防范利益冲突，严控关联交易。资产管理机构不得用资产管理产品以非公允价格认购自身或自身关联机构承销的证券，从而以法治化和阳光化的方式实现“非标转标”，将投资风险真实地分散到市场主体。

不良资产处置。充分利用已经形成的国有资产管理公司和地方资产管理公司的不良资产处置机制，将还有交易价值的表外不良资产打包推向市场。符合核销条件的老资产，应当回表及时处置，财税部门应当给予核销程序便利和税收支持。

三是建立健全风险处置机制。

银行理财的老资产和老产品已经形成一定的系统性风险，在资管新规的过渡期内，因为压降老产品和老资产很可能会使个别银行出现风险事件。借鉴证券公司综合治理以及美国处置2008年全球金融危机相关风险的经验，监管部门应该形成专门的风险处置方案和工作机制，并向市场公示，以稳定市场预期，形成监管威慑，严肃市场纪律。对于失去持续经营能力或者表外业务酿成重大风险的机构，应当及时启动风险处置程序，实现有序退出。对于主要是因流动性错配而产生风险的金融机构，可以予以流动性支持，帮助机构平稳过渡。风险处置应当与对内对外开放结合起来，用市场化的方式引入国内外的优秀机构，通过引进机制和技术提升市场主体经营能力，优化市场结构。

此外，在银行理财老产品的压降过程中，由银行理财衍生的资产管理计划和信托计划等通道业务可能出现塌陷式萎缩，产生法律纠纷。监管部门和司法机关应该加强协调，对与影子银行有关的通道类业务加强专项管理，建立沟通机制，明确责任分配机制。

（二）深化监管改革，构建与资产管理业务发展规律相适应的监管体系

国内外的经验和教训都说明，科学的监管与市场发展良性互动，监管的失误与金融风险互为因果。防范化解金融风险，促进资产管理业务健康发展，深化监管制度改革既是切入点，也是着力点。世界上不存在“放之四海而皆准”的监管模式，各国资产管理业务的监管模式一方面受到本国法律背景和制度环境的影响，另一方面在监管模式的演变中都存在路径依赖的问题。但是理一分殊，各种监管模式的内

在规律是相通的，底层逻辑和基本原则是普适的。国际上的发展实践以及“大资管”乱象都说明，偏离内在规律的监管体系必然抑制市场发展、形成金融风险。制度改革的路线图应当遵循逻辑的指引，以监管的基本原则为改革目标，充分结合我国的现实情况和法律背景，统筹谋划，分步推进，稳妥实施，最终形成能够适应并推动资产管理业务迈向现代化的监管制度体系。

1. 明确监管体系的基本原则和改革目标

（1）厘清监管和市场的关系，确保监管姓“监”，确保市场主体的自主经营权

确保监管姓“监”，核心是确定监管工作目标，从而围绕工作目标落实监管部门的核心职责和具体工作。资产管理业务的监管之所以产生，是因为要防范资产管理业务固有的利益冲突，保护投资者的利益。一是要对资产管理机构提出专门的监管要求，建立为投资者最佳利益行事的行为监管体系。任何从业机构或人员违反行为监管规范都将面临监管处罚乃至刑事责任。二是对公募产品提出专门的监管要求，包括建立独立于资产管理机构的治理架构，防范关联交易，投资应当具有分散性，产品杠杆受到严格限制等。三是 2008 年全球金融危机之后，随着资产管理业务占金融体系比重越来越高，金融稳定理事会以及欧美主要国家将防范开放式基金流动性风险以及私募基金（主要是对冲基金）的交易风险纳入宏观审慎评估体系，我们可以借鉴其中的监管原理，参考实施这些规则。

确保市场主体自主经营权对资产管理业务回归本源尤为重要。发展资产管理业务的目的就是要让市场主体分散决策、分散风险，其前提就是市场主体的自主经营权不受干涉。谁决策，就由谁来承担风险和享受收益。由于我国的社会主义市场经济体制从计划经济时代转轨而来，所以在诸多领域，扭曲市场经济行为的行政干预和行政保护

等问题在一定程度上还存在。国务院在2019年出台的《优化营商环境条例》中明确规定："对依法应当由市场主体自主决策的各类事项，任何单位和个人不得干预。"这给监管和市场划定了明确的边界。权责对称是市场经济运行的基础，监管代位市场主体决策，就会产生权责非对称的问题，从而令风险收益定价扭曲，降低市场效率。监管部门并没有义务，也无法保证市场主体做出的决策是正确的，关键是要维护市场秩序，让市场主体为其基于真实信息的决策承担后果。具体就资产管理业务的监管而言，要注意以下几点。一是避免直接干涉资产管理机构的内部管理。监管部门应当对资产管理机构和资产管理产品的治理机制提出要求，比如应当完善治理架构的健全性，提高业务的合规性，增强治理机制的独立性，确保关联交易的公允性等。通过发挥市场主体内部治理机制的作用，由资产管理机构自行决策。监管部门不应当越过资产管理机构或资产管理产品的内部治理机制直接规定达成监管要求的具体措施，比如合规负责人的收入不得低于高级管理人员的中位数，必须在高级管理人员中设置首席信息官等。二是避免直接干预市场主体的经营行为。监管部门不应当通过法律依据不足的监管规则或临时性的窗口来指导和干扰市场主体的经营，或者引领市场主体进行创新，避免让市场主体成为政策工具。例如，在市场波动时要求资产管理机构不要净卖出，为配合存托凭证发行和科创板的设立，鼓励资产管理机构设立相应的公募基金等。

（2）处理好功能监管和机构监管的关系，确保同一功能的业务受到统一标准的监管

功能监管随金融业务的多元化发展相伴而生，处理好功能监管与机构监管的关系是现代金融监管体系的核心问题。一是要明确金融业务的基本类型。从基本功能分类，金融业务可以分为直接金融和间接金融。在直接金融中，投资者直接承担投资风险，金融机构不承担投

资风险。在间接金融中，投资者与金融机构之间为债务关系，投资者只承担金融机构的违约风险，由金融机构承担投资风险。直接金融的参与又可以分成为投资方服务的买方业务和为融资方服务的卖方业务。买方业务和卖方业务都可以进一步区分为面向公众的公募业务和面向合格投资者的私募业务。二是按照金融业务类型设置对应的牌照。一般而言，间接金融的商业银行与从事直接金融的金融机构需要实施法人分离，分别设置机构牌照。直接金融的牌照设置是资本市场发展的基础工作，一般以证券为基础，按照证券交易、证券销售、证券咨询、证券投资管理等功能，结合当地的市场发展和法律背景，设置多种业务牌照类型。监管规则会对持有多张牌照的法人机构提出业务隔离要求。资产管理业务一般会单独设置为一张牌照。一般直接金融牌照互相之间并不要求法人隔离，因此没有必要按照持有机构的类型对牌照再进行划分。三是持有同一牌照的机构遵循统一的监管标准。各类牌照都应当制定对应的监管标准。无论哪种机构，只要持有本质相同的牌照，就应当遵循统一的监管标准。同时，应当禁止未持有相关牌照的机构开展对应业务，对未能遵循统一的监管标准的行为予以处罚。四是区分公募业务和私募业务。公募业务面向以普通公众投资者为主的所有投资者，私募业务只面向合格投资者。直接金融业务是由投资者直接承担风险的金融业务。为了提高监管效率，有效投放监管资源，释放市场活力，根据投资者风险识别和风险承受能力的不同，各国一般都对私募业务（包括私募证券发行和私募资产管理）实施豁免监管或差异化监管。私募监管的重点在于确保合格投资者标准，只要守住合格投资者底线，监管部门就应当尊重具备风险识别和风险承受能力的合格投资者与融资方或资产管理机构之间的意思自治。只有对私募业务实行差异化监管，才能拓展投资范围的风险谱系和加强金融业的风险承载能力。

2008 年全球金融危机后，各国监管部门吸取危机之前监管套利和监管竞次的教训，不断加强功能监管，同一功能的金融业务应当接受相同标准的监管已经成为行业共识。加强功能监管并不意味着削弱或者取消机构监管，相反，功能监管最终要通过机构监管予以实现。关键是厘清不同监管部门之间的合作和分工机制，对不同机构从事同一功能的业务按照同一标准予以监管。

（3）处理好审慎监管与行为监管的关系，避免金融抑制，维护金融稳定

审慎监管主要针对开展的资产负债业务，以资本充足率为核心指标，监测金融机构的资产负债结构是否稳健，以便监测金融机构的风险程度，从而在宏观层面防范系统性风险，维护金融稳定。行为监管主要针对开展的专业金融业务，以执业标准为核心，监督金融机构及其从业人员展业行为的规范性，以便在微观层面防范欺诈，保护投资者合法权益。审慎监管和行为监管各有针对性和适用领域。如果对直接融资的专业性金融业务适用审慎监管要求，提高专业机构的资本金门槛，一方面会形成金融抑制，另一方面也难以防范微观行为的风险。如果对资本性业务适用行为监管要求，则难以从宏观上维护金融稳定。2008 年的全球金融危机之后，各国监管体系围绕如何处理好两者的关系进行了重要调整。美国将高盛和摩根士丹利等具有系统重要性的投资银行转为银行控股公司，由美联储实施主要监管。同时，美国成立了金融消费者保护局，专门对面向零售金融消费者的信用卡、抵押贷等业务实施行为监管，防范“掠夺贷”等行为，保护金融消费者的合法权益。英国将金融服务监管局一分为二：审慎监管局隶属于英格兰银行，负责对银行、保险等重资本的大型金融机构实施监管；金融行为监管局主要负责专业性金融业务的监管。

资产管理业务是资产管理机构以获取盈利为目的，为他人提供投

资管理的专业服务，资产管理机构并不承担资产管理产品的投资风险。因此，对资产管理业务的监管应当以行为监管为主。同时，国际上也在研究资产管理产品对金融稳定的影响。各国普遍将货币基金、开放式基金流动性和对冲基金的杠杆水平纳入金融稳定的监测体系。需要强调的是，这些针对资产管理产品的宏观审慎评估措施与中国目前对资产管理业务采取的净资本措施有实质不同。出于历史的原因和认识的局限，中国对包括资产管理业务在内的各类金融业务，普遍采取高额注册资本金的准入门槛。贝莱德、黑石和桥水等全球管理规模较大的资产管理机构都是依靠专业服务起家的，但是在创办初期资本金都较低，达不到中国的注册资本金要求。华兴资本（华菁证券的实际控制人）和高瓴资本等本土优秀机构的发展路径也是“出口转内销”。近年来监管套利的乱象发生之后，监管部门又开始对资产管理机构实行净资本管理，将资产管理业务规模与资产管理机构资本金实行挂钩。虽然净资本管理对“直接融资间接化”等异化现象具有一定的规范作用，但是无法规范乱象背后的行为监管问题，也不符合资产管理机构不承担投资风险的业务属性，对资产管理业务的发展会产生进一步的抑制作用和扭曲影响。

如果行为监管与审慎监管适用不准确，就会对提高直接融资比重产生负面影响。发展资产管理业务和直接融资业务，需要根据业务规模和业务性质，把握好审慎监管与行为监管的关系，对于以直接融资专业服务为主的机构应当以行为监管为主。根据国际证监会组织的规定，资产管理机构的行为监管标准应当以“为投资者最佳利益行事”为核心原则。在一些普通法系背景的国家或地区，直接将资产管理机构认定为受信人，引入在普通法系下具有法律含义的“受信人责任”（或“信义义务”）作为资产管理机构的行为监管标准，从而与普通法系下关于受信人的判例以及相关民事责任和刑事责任相衔接。在大陆法系下，由于缺乏相关法律背景支撑，不能简单用口号式的“信义义务”作为行为监管标准，应当结合资产管理业务的不同场景，以“为投资者最佳利益行事”的原则为核心，为资产管理机构制定可执行、可监督的行为准则。

2. 以增量带动存量，分步推进资产管理业务的统一监管

2018 年 4 月资管新规出台以后，中国人民银行发布了《标准化债权类资产认定规则（征求意见稿）》；银行业发布了《商业银行理财业务监督管理办法》《商业银行理财子公司管理办法》《关于规范现金管理类理财产品管理有关事项的通知（征求意见稿）》《关于金融资产投资公司开展资产管理业务有关事项的通知》等；保险业发布了《保险资产管理产品暂行管理办法》以及三个配套细则的征求意见稿；信托业发布了《信托公司资金信托管理办法（征求意见稿）》；证券基金业发布了《证券期货经营机构私募资产管理业务管理办法》《证券基金投资咨询业务管理办法（征求意见稿）》，开展了公募基金投资顾问业务试点，对证券公司的大集合业务按照公募证券投资基金的标准进行改造，私募基金行业也更新了《私募基金管理人登记须知》和《私募基金备案须知》。两年来，资产管理业务的监管部门从各自为政转为加强协调，监管标准从竞次转向择优，监管规则从各不相同走向趋同，以资管新规及其配套规则为框架的资产管理业务制度体系正在形成。

虽然监管规则已经从不同转为趋同，但是距离现代化监管体系的基本原则和改革目标还存有差距。一是配套细则依然是按照机构主体进行制定的，虽然总体要求基本趋同，但是具体标准仍然存在差异，容易产生新的套利空间。二是资管新规的法规层级不够，无法赋予不同资产管理机构和资产管理产品统一的法律身份，从而在税收、民事纠纷、养老金管理人资格、外汇资格等方面存在差异，市场扭曲依然存在。三是没有针对性解决投资业务融资化等资产管理业务异化的问题。

深化资产管理业务监管体系改革的工作进入了从应急处置转入长期制度建设的关键阶段。作为直接融资业务，资产管理业务的制度体系应当以规范直接融资的《证券法》和《证券投资基金法》为基础。资管新规及其配套规则的目的并不是要替代现行法律法规体系，而是要与之有机结合，推动资产管理业务回到法制轨道。按募集方式对资产管理业务进行分类是资管新规和《证券投资基金法》的同类项，也是规则体系整合的最佳切入点。遵循监管的基本原则，进一步突出功能监管和行为监管，以机构分类为主的资产管理业务制度体系可以分别归入公募资产管理业务、私募资产管理业务和专户资产管理业务，再进行整合，从而最小化制度调整成本，最大化利用并融入现行法律体系。在整合过程中，资产管理业务的监管改革和制度建设应当结合历史路径和现实环境，按照“先统一增量业务，再调整存量业务；先统一监管规则，再调整监管分工”的顺序分步推进，稳妥实施。

（1）公募资产管理业务

一是将新增的公募资产管理业务资格统一为《证券投资基金法》下的公募基金业务管理资格。公募资产管理业务有两种业务资格。一是证监会根据《证券投资基金法》可以批准设立基金管理公司或核准符合条件的金融机构从事公募基金管理业务。证监会在《资产管理机构开展公募证券投资基金管理业务暂行规定》中提出，证券公司、保险资产管理公司和私募证券投资基金管理机构可以申请公募基金投资管理资格。截至 2019 年底，共有 129 家基金管理公司、6 家证券公司、2 家保险资产管理公司、7 家证券公司资产管理公司获批公募基金管理人资格。[①] 银保监会发布《商业银行理财业务监督管理办法》和《商

① 中国证券监督管理委员会。

业银行理财子公司管理办法》，提出银行以及银行理财子公司可以发行公募银行理财产品。截至 2019 年 6 月，全国共有 384 家银行开展非保本银行理财业务，有 30 余家银行宣布成立银行理财子公司。[①]

对比目前的规则体系，公募基金的规则体系已经非常完善，并且和国际标准接轨，与香港地区建立了互认制度。银行理财的规则体系还处于起步阶段，在产品托管、信息披露、会计估值、份额登记、流动性管理、公平交易、产品销售、产品治理等方面都需要补充并完善大量的具体规定。银行理财另起炉灶不仅没有必要，也很难在短时间内完成。尤为关键的是，规范发展银行理财产品的目的是分散过度集中在银行体系的风险，发展直接融资。要实现这一目的，银行理财规则体系就必须脱离银行的立法框架，逐步转入直接融资的立法体系。为最大限度地减少冲击，实现平稳转换，在实施步骤上，可以从新增的公募业务做起。证监会在会商银保监会的基础上，修改《资产管理机构开展公募证券投资基金管理业务暂行规定》，允许符合条件的银行理财子公司申请公募基金管理业务资格。银保监会应当鼓励银行理财子公司通过公募基金资格开展新增公募资产管理业务。同时，银保监会监管的信托公司、保险资产管理公司、金融资产投资公司等其他类型的金融机构，如果开展公募业务，则必须申请公募基金业务资格。

二是将新增的公募资产管理产品的法律身份统一为《证券投资基金法》下的公募基金。公募资产管理产品有三种。第一种是《证券投资基金法》下的公募基金；第二种是证券公司发行的超过 200 人的集合资产管理计划，又称大集合产品；第三种是商业银行公募理财产品。2019 年 12 月修订的《证券法》取消了证券公司资产管理业务资

① 银行业理财登记托管中心，《中国银行业理财市场报告（2019 年上半年）》。

格，证券公司的大集合产品已经失去了合法地位。证监会在此之前开始了证券公司大集合产品向公募基金转换的工作。转换完成后，证券公司的大集合产品需要取得公募基金注册批复，进而获得公募基金的法律地位，完整地适用公募基金的相关规则，并享受相应的税收优惠。在银行理财方面，应当要求取得公募基金业务资格的银行理财子公司新发的公募理财产品到证监会注册为公募基金。存量银行理财计划可以按照大集合模式进行整改，达到条件的到证监会注册为公募基金。银行理财产品核准注册成公募基金后，即可适用公募基金的法律监管体系，享受公募基金的税收待遇。无法达到公募基金条件的银行理财会通过自然到期和转换等方式逐步消化。需要强调的是，银行理财产品注册为公募基金并不是简单地把现行公募基金的规则作为公募资产管理业务的规则。公募基金的业务规则需要结合银行理财的情况进行适度修改，一方面使更多的银行理财产品有序注册为新规范下的公募基金，另一方面在银行理财产品与公募基金的基础上取长补短，共同构成未来公募资产管理业务的制度基础。

三是新增的公募资产管理业务统一适用《证券投资基金法》及相关监管规则。证监会会同银保监会在综合公募基金和银行理财产品的监管规则的基础上，兼顾银行理财产品和公募基金各自的投资运作特点，取长补短，共同形成新的公募资产管理业务的统一监管规则。在产品设立和发行方面，在整合银行理财产品的备案模式和公募基金的注册发行制度的基础上，进一步按照市场化、法治化的原则简化公募资产管理产品的注册程序，探索储架发行制度，最大限度地减少对公募资产管理产品的设立目的和发行时机的行政干预，把判断权交给市场主体和投资者。在产品形态方面，银行理财和公募基金对应不同的投资者需求，两者的整合并不是简单地消除对方，而是应当形成合集，通过设置投资者门槛、开放周期等控制因子，相应扩大公募资产管理产品的投资范围，提高配置低流动性资产的比例，从而形成丰富多元的公募资产管理产品体系，更好地满足不同层次的公众投资者的风险收益偏好，更好地汇聚资本投资于不同类型的资产。新的统一规则形成后，凡是在证监会注册的公募资产管理产品直接适用《证券投资基金法》以及相关监管规则。对于难以符合新规则的银行理财产品、证券公司大集合产品以及公募基金，银保监会和证监会可以继续分别对其制定规范措施予以清理，逐步压降规模。

四是调整和优化银保监会与证监会对公募资产管理业务的监管分工。银保监会对银行理财子公司申请公募基金业务资格和注册公募基金提出特别要求，并进行前置审核，在日常监管中继续对银行理财子公司实施前线监管。银保监会负责对存量银行理财产品进行规范和清理。证监会负责所有金融机构的公募基金业务的资格核准和产品注册，银行理财子公司的日常监管则委托银保监会开展，证监会保留检查权和处罚权。证监会继续负责对证券公司的大集合产品进行规范和清理。

（2）私募资产管理业务

按照资产管理机构的分类，现行私募资产管理产品包括银保监会监管的私募银行理财产品、信托计划和保险资产管理计划，证监会监管的证券期货经营机构私募资产管理计划和私募基金等。

《证券投资基金法》按照“适度监管，自律为主”的原则，对私募证券投资基金管理机构和发行私募证券投资基金不设行政审批，要求其在中国证券投资基金业协会进行管理人登记和基金备案。中央机构编制委员会办公室发布有关职责调整的通知，将投资非证券类资产的私募基金也一并纳入证监会监管体系，并在后来的相关制度中纳入登记备案管理。

登记备案的目的是对各类机构从事私募资产管理业务进行全口径

的统计监测，以便防范金融风险，保护投资者合法权益。受诸多现实因素影响，中国证券投资基金业协会在实际执行过程中偏离了制度初衷，使登记备案具有了变相审批的性质，并由此产生了寻租空间和金融风险，扭曲了市场行为。

证监会和中国证券投资基金业协会应当严格按照法律的授权和规定，简化和改革登记备案的工作程序和环节，取消登记备案与发行上市等行政许可项目挂钩、私募基金不得在完成备案前对外投资等具有变相审批性质的管制措施，将管理人分类登记和基金产品分类备案的事前审核标准改为事后统计，让登记备案恢复法律规定的统计监测性质。

在中国证券投资基金业协会完成登记备案的上述调整后，从事私募资产管理业务的各类金融机构都应当按照《证券投资基金法》的要求，到中国证券投资基金业协会进行管理人登记，在发行私募产品后到中国证券投资基金业协会备案。中国证券投资基金业协会应当借鉴国际标准，结合国内实际，完善登记备案的统计口径，对各类私募资产管理业务的风险予以有效监测，并向央行和有关监管部门报送数据和监测结果。与产业投资和创业投资有关的数据及监测结果还应当向国家发展改革委等部门报送。为了鼓励和引导各类资金投资创新创业领域，建议按照国际通行标准，将创投基金原则定义为80%以上的资金投资于未上市企业的股权，并且本身不加杠杆的私募产品。各类金融机构的私募产品凡符合以上定义的公平适用国家优惠政策。

银保监会和证监会继续按照现行业务规则对相关资产管理机构和私募产品实施监管。私募银行理财产品、信托计划、保险资产管理计划和证券期货经营机构私募资产管理计划、私募基金等各自的业务规则和监管部门的事前审核可以继续保留，但必须赋予各类私募资产管理机构和私募产品统一的法律身份和公平的市场待遇，严格执行统一的合格投资者标准。只要守住合格投资者底线，公平对待不同类型的市场主体，有效开展风险监测，防范风险外溢，市场的竞争性作用就将通过优胜劣汰帮助各类金融机构私募业务规则实现优化和统一。

（3）专户资产管理业务

专户资产管理业务，特别是面向零售投资者的专户资产管理业务位于集合资产管理业务的上游，对提高资产管理业务投资效率、完善财富管理和资产管理生态体系都具有重要意义。目前，单一投资者的资产管理计划或信托计划虽然可以提供专户资产管理业务服务，但是由于存在最低金额要求，很难面向零售投资者大规模开展。面向零售投资者的专户资产管理业务存在严重的制度供给不足。

2019 年，证监会开展公募投资基金投资顾问试点工作，允许投资顾问接受客户的委托，代客户决策买卖公募基金。目前已有多家基金管理公司、基金销售公司、商业银行和证券公司取得试点资格。公募基金投资顾问的试点给中国发展面向零售投资者的专户资产管理业务带来了新的契机。

2020 年 4 月，证监会制定了《证券基金投资咨询业务管理办法（征求意见稿）》（以下简称《管理办法》），拟整合证券期货投资咨询业务和基金投资顾问业务，并允许不同类型的金融机构申请该项业务资格。《管理办法》应当成为专户管理业务的基础性制度，但应进一步完善修订。一是提升权威性。鉴于专户资产管理业务的重要作用，将其由证监会单独发文，改为由一行两会联合发文，从而提升《管理办法》的规格，使其在现行制度体系下有所突破。二是完善投资顾问的职能。允许投资顾问接受客户全权委托，代客户做出投资决策；拓展投资顾问的服务范围，将股票、债券、资产支持证券以及适用资管新规的各类资产管理产品纳入投资顾问服务范围。三是对投资顾问实行分级管理。接受全权委托、代为客户决策的投资顾问实际就是“一人基金”的基金管理人，应当按照《证券投资基金法》的要求进行明确：面向普通公众投资者的投资顾问业务资格应当由证监会核准并实行较高准入门槛和监管标准；面向合格投资者的投资顾问业务资质不用设置过高的准入门槛，不设行政审批，可以到中国证券投资基金业协会登记。各监管部门可以对所辖金融机构申请投资顾问资格提出前置性审核要求。对于在中国证券投资基金业协会登记的、服务客户数量不超过 200 名合格投资者，并且客户主要位于同一省级行政区的投资顾问，可以将其交给地方政府金融监管部门监管。在中国证券投资基金业协会登记的小型私募基金管理人，应有序转为面向合格投资者的投资顾问，从而恢复其本来身份，化解扭曲形成的风险，同时也能促进资产管理业务的链条和生态环境进一步完善，建立从投资顾问到大型资产管理机构的发展路径。

按照公募、私募、专户业务分类调整后，根据机构主体分割的规则体系将初步整合形成统一的规则体系，监管部门之间的职责衔接更加有序，消除了监管套利，为资产管理行业的公平竞争和健康发展提供了完整的市场空间和制度保障。

3. 修订完善上位法，加强监管部门自身建设

《证券法》和《证券投资基金法》是直接融资体系和资产管理业务的制度基石。在资产管理业务的规则体系以两部法律和资管新规为基础进行整合后，应当不断总结资管新规在实践中的经验，适时适度修订完善上位法，夯实资产管理业务的法制基础，从而彻底走出“由乱而治，由治再乱”的历史循环，实现长治久安。一是落实 2019 年 12 月修订的《证券法》，依法认定各类资产管理产品的证券性质，从而将资产管理产品的发行和交易统一纳入《证券法》的调整范围。二是修订完善《证券法》或《证券投资基金法》，将未上市企业股权纳入证券范畴，或将其纳入非公开募集基金的投资范围；增加对不同组织形式基金、不同类型资产管理机构的包容性规定；进一步完善基金

管理人以及投资顾问为投资者最佳利益行事的行为标准和法律责任；明确为单一客户服务的投资顾问的业务范围和职责，为财富管理业务的发展提供统一的法律保障。

高质量的监管体系，不单需要高质量的制度，更需要高质量的执行。监管部门的自身建设对统一的监管体系具有重要作用。1934年，随着《证券交易法》出台，美国证监会作为全球第一个资本市场的监管机构正式设立。在美国证监会诞生之前，联邦层面的证券发行注册工作由美国联邦贸易委员会负责。当时担任美国联邦贸易委员会委员的美国证监会第二任主席兰迪斯认为，证监会的管辖权比较窄，有利于专业监管和培养专业人才，这是联邦贸易委员会这类管辖权比较大的机构所不具备的。80多年来，美国证监会始终围绕保护投资者、维护市场秩序、促进资本形成的宗旨开展监管工作，促进了美国资本市场的健康发展。与发达市场的监管机构相比，中国的监管部门还需要进一步转变监管理念，把执法和维护规则作为监管的核心任务，建立健全监管工作的约束机制和保障机制，提高监管工作的独立性和专业性。

（三）补齐各项短板，推动资产管理业务上下游全链条改革

从国外资产管理业务的产业链发展趋势看，资产管理业务已经成为金融体系中规模最大的一个板块，上下游辐射面广，对直接融资体系和经济发展全局都具有重要影响。资产管理业务自身的发展会推动直接融资的上下游的衍生性变革，解决资产管理业务自身的问题也离不开其他领域的共同治理。

1. 制定证券私募发行和交易规则，为私募融资行为提供法律依据

由于证券私募发行缺少制度供给，大量的私募融资业务不得不借道“大资管”业务开展。从发达市场的情况看，企业通过私募发行证

券的融资额已经远远超过公开发行证券的融资，美国上市公司的数量连续十年下降，大量上市公司被大型PE私有化，创业投资企业从成立到上市的平均时间不断加长。美国证监会关注到，私募市场和场外市场正在取代公开市场及交易所成为美国资本市场的主力军，因此正在征求意见准备协调两个市场的监管制度，从而更好地适应投资者的多元化投资需求，促进资本市场多层次发展。

与发达市场相比，中国对私募融资重视不够，制度供给明显不足。一是《证券法》的适用范围局限在股票、债券等传统证券领域，未能包括私募融资所广泛采用的非上市公司股权、信托计划、资产管理计划等各类融资工具。二是缺乏明确的私募证券发行规则。中国的金融监管历来采取"正面清单"的管制方式，法无明文规定不可为。《证券法》以及证监会对证券私募发行缺乏明确的程序和规则，使证券私募发行随时存在被认定为非法证券发行的风险。

一方面是制度供给不足，另一方面是市场强烈需求，于是大量的私募融资以融资类资产管理业务和私募基金的形式开展，产生了资产管理业务的异化，扭曲了市场行为，滋生了金融风险。解决资产管理业务的问题，既要正本清源，明确资产管理业务的执业标准，也要疏堵结合，通过制度建设为私募融资业务提供法律安全港。如果只堵不疏，简单切断来自"大资管"业务的市场融资，就会给实体经济的发展带来负面影响。

从发达资本市场的发展趋势看，私募融资已经成为中小微企业融资的主要渠道，是支持创新发展的有效融资工具，是资产证券化的重要工具。美国支持中小企业从资本市场融资的《乔布斯法案》的主要措施就是，简化和放宽对私募融资和小额融资的监管要求。

私募证券融资是资本市场的半边天。防范化解资产管理业务风险，建设多层次资本市场，有效服务中小企业和创新渠道发展战略，都迫切需要制定和完善私募融资业务制度。借鉴境外发达资本市场的制度，根据《证券法》，以及证监会、中国证券业协会出台的私募证券发行规则，由证监会统一制定私募证券融资规则，明确对私募证券不设行政审批，发行实行豁免注册的制度，在中国证券业协会事后备案。一方面，为私募证券发行提供投资银行服务的银行理财子公司、信托公司、基金管理公司子公司、保险资产管理公司、金融资产投资公司和私募基金管理人需要做好业务隔离，并到中国证券业协会进行登记，从事有关业务应当遵循统一的投资银行业务规则；另一方面，监管上应给公募理财机构和私募机构，尤其是创投机构合作留下空间，通过加强合作服务资本市场全程融资，对面向高净值人群和合格机构投资者发行的高风险等级产品，则可在强化信息披露监管、有效落实受托人责任的前提下，适当放开私募投资者不超过200人的限制，拓展与实体经济转型升级风险相适配的资金来源。

明确完善私募发行规则，对融资类资产管理业务和单一项目的私募基金的转型规范具有重要作用。要和资产管理业务风险治理工作协同推进，将融资类业务有序转为私募证券发行业务，通过登记备案的确认，将从事融资类业务的资产管理机构改为投资银行，并按相关自律规则管理，将存量融资类资产管理产品和融资类私募基金按性质转为私募股票或债券，由投资者直接持有，真正分散风险。

2. 提高养老金权益投资比重，形成养老金与资本市场的良性互动

养老金体系是复杂的、系统的社会工程，其影响超出资本市场、金融和经济的范畴。借鉴国际经验，提高养老金权益投资比重，让养老金与资本市场形成良性互动，需要结合国情进行顶层设计。

一是将社会养老保险组合投资的资格适度分散到有能力的省和计划单列市，增加市场竞争性，分散由全国社保基金集中代为管理的投

资风险。同时对社保基金的投资合规和收益情况进行公示并建立信息披露制度，加强舆论监督和社会监督。

二是对个人养老性质的长期储蓄实施税收激励。住房公积金是实施税收激励的特定目的储蓄。在住房公积金政策作用已经逐步弱化的情况下，可以将税收激励政策转给具有个人养老目的的长期储蓄账户，并减免企业负担部分。虽然个人养老性质的账户投资应由个人自主决策、自负盈亏，但是应当将投资范围限制在商业保险、公募基金、国债、AAA 债和沪深 300 指数等大盘指数包含的股票内。

三是从定收型养老金计划转向定投型养老金计划。目前的养老保险和企业年金都是以定收型为主的，一方面限制了大类资金投资权益类资产的比例，另一方面也不利于做实个人账户，不利于实现多缴多得。养老金计划从定收型转向定投型是世界主要国家的趋势，中国的人口结构已经显现出老龄化的趋势，社会养老保障的负担将越来越重。应当尽早启动研究，向定投型计划转型，做实个人账户，由个人在企业或社会养老保险提供的投资范围内自主决策、自负盈亏。

除鼓励养老金等长期资金增加权益投资外，对面向高净值人群和合格机构投资者发行的风险产品，在强化信息披露监管、有效落实受托人责任的前提下，也可在投资集中度、嵌套层次、久期、流动性等监管要求以及税收政策上，与资产管理产品中的股权投资、长期投资比例挂钩。银行发行资本补充工具的规模，也可与其资产管理产品中权益类投资比重适当挂钩。通过在监管以及税收政策上鼓励资产管理产品增加权益投资，充分发挥资产管理对实体经济转型升级提供风险融资、长期融资、资本融资的功能优势。

3. 以零售投资者为中心，加强财富管理业务制度和基础设施建设

财富管理业务从广义上包括了资产管理业务，从狭义角度也可以

指面向零售投资者的投资管理、投资咨询等业务。财富管理业务对提升零售投资效率，改变零售投资者的短期化行为，提高零售投资者回报，完善资产管理业务生态环境具有重要作用。随着社会经济的发展和居民财富的增加，居民投资需求也日益多元化，资管新规打破刚性兑付以后，居民财富的配置需要进行结构性调整，资本市场正在成为居民增加财产性收入的主要渠道。

从国际发展趋势看，财富管理业务的业态发展处于现在进行时，财富管理与资产管理的界限趋于模糊，财富管理同时也在和传统的银行业不断融合，有可能共同形成零售金融的新门户。财富管理行业的发展对于提高零售投资市场效率，吸引国际资本，建设国际金融中心具有重要作用。境外对财富管理业务日益重视，中国香港和新加坡都在不断出台措施，竞争亚洲的财富管理中心地位。

与国内外的发展形势相比，中国财富管理业务的发展还在探索和整合之中，投资者的投资体验较差、投资回报较低，亟须提高重视程度，加强各项基础性制度和基础设施建设，以零售投资者为中心建立健全保护投资者合法权益的制度体系。投资者和金融消费者也是不同的概念，两者各有侧重，保护体系建设不能混淆。直接融资体系中的零售投资者需要直接承担投资风险，保护其合法权益并不是要使其免受投资损失，而是要让投资者在知晓投资风险的情况下做出投资决策，并对其决策负责。投资者保护的制度体系是一个复杂的系统工程，涉及投资产品流转的全链条，包括投资者适当性制度以及充分了解客户制度、投资产品分级制度以及充分了解产品制度、反洗钱制度、投资财产保管制度、为投资者最佳利益行事的行为监管规范、投资者纠纷调解和维权机制、投资者教育等。目前国内对投资者保护体系的制度建设尚缺乏系统性和整体考虑，特别是受到机构监管的影响，散见于私人银行、证券经纪、保险经纪、证券期货投资咨询、基金销售、私募基金管理人等各项制度之中，对零售投资者投资同种性质产品的保护标准存在差异，使不同投资产品之间容易形成逆淘汰，损害投资者合法权益。完善的投资者保护制度是维护和增强投资者信心的前提条件，应当借鉴发达资本市场的经验，在机构监管和畅通融资之外，把保护投资者，特别是零售投资者的合法权益摆在监管制度体系内更加中心的位置。

针对零售投资者的财富管理行业是人员密集型的行业，各项制度都需要通过从业人员来具体落实。发达市场普遍建立了从业人员水平认证和持续管理的管理制度。香港金融管理局和私人财富管理公会为了培训财富管理人才，于 2017 年合作建立了“私人财富管理先导人才培训计划”。美国和英国除了对从业人员实施合规考试外，还有国际金融理财师（CFP）、特许金融分析师（CFA）等广受市场认可的专业资质认证。基于中国目前的发展阶段，有必要建立财富管理顾问的统一资质认证考试制度，重点考察和培养财富管理顾问的合规知识和职业道德，鼓励财富管理顾问参加各种专业资质水平认证。监管部门以及相关行业协会应当建立统一的财富管理顾问人员信息管理系统，对从业人员实施信息公示，以便投资者查验，增加对财富管理顾问的信用约束。

为了发展财富管理业务，应当建立名义账户制度，建设多层次的账户体系。认购资产管理产品的终端客户必须直接在资产管理机构开户。在实践中，为了避免客户资源流失，基金销售机构往往会修改客户的联络方式，开户实名制流于形式，但是资产管理机构还需要承担反洗钱和客户尽调的工作。名义账户制度也是划清财富管理机构和资产管理机构的职责边界的必然要求。销售渠道到资产管理机构开设名义账户，对资产管理机构屏蔽终端客户信息。同时，销售渠道负责对零售投资者进行客户尽调和反洗钱等调查，资产管理机构不再承担相关职责。名义账户制度建立后，资产管理业务的资金结算也相应分级完成。

4. 完善和丰富资产管理产品治理架构，发展配套业务体系

资产管理产品的治理架构的意义在于防范利益冲突，监督资产管理机构为投资者最佳利益行事。广义的治理架构包括组织形式以及财产保管、审计监督、服务外包等资产管理产品的配套业务体系。

在资产管理产品的组织形式方面，与发达市场的情况相比，我国资产管理业务的治理架构相对单一，组织形式方面大部分资产管理产品都是契约型。而且，除公募基金由《证券投资基金法》明确规定了管理人和托管人为共同受托人的治理架构外，契约型的银行理财产品、信托计划、保险资产管理计划、证券期货经营机构私募资产管理计划以及私募基金的治理架构并没有明确的法律依据，突出的表现就是托管机构的责任和作用不一致。治理架构缺乏法治保障、组织形式相对单一、治理机制难以发挥作用是利益输送案件频发的深层次原因，也制约了资产管理业务的发展空间。

对于公募契约型资产管理产品，应当统一按照《证券投资基金法》的规定，落实基金份额持有人大会日常机构制度。参考美国公司型基金董事会以及独立董事制度，制定基金份额持有人大会日常机构的实施规则，明确日常机构组成人员的遴选条件、日常机构会议机制、日常机构的职责以及保障日常机构履行职责的措施，确保日常机构具备独立性。分类制定标准，对于达到一定规模的公募产品，必须要设立日常机构。通过建立健全内部治理机制，切实防范利益输送。

对于私募契约型资产管理产品，应当首先明确财产保管机构的法律地位和责任。私募产品投资范围广泛，而且契约内容主要由投资者与管理机构之间意思自治，履行财产保管责任的机构并非契约缔结方，既无法承担信托法律关系下共同受托人的责任，也发挥不了相应

的受托人作用，应当建立健全财产保管机构的规则，明确保管机构的资格标准和责任范围，避免保管责任的争议而引发风险。

资产管理产品内部治理机制的完善程度和外部监管的强弱存在相互替代的效应。公司型和合伙型基金的治理机制有法可依，内部治理机制更加有效，因此可以相应降低外部监管的力度，使之更加符合市场主体自主决策、分散决策的原则。参考英国、日本、澳大利亚等国家的经验，我国可以在上海国际金融中心、粤港澳大湾区、海南自由贸易港等地先行先试公司型开放式的公募和私募产品，完善私募基金合伙人制度。有关试点工作由监管部门会同地方政府制定政策，并和两地的 QDLP（合格境内有限合伙人）和 QDIE（合格境内投资企业）制度相结合，打造中国境内的“开曼群岛”，吸引国际基金在岸注册，以局部带动整体，以开放促进改革。

在配套业务体系方面，应当鼓励专业化分工，制定相应规则，鼓励份额登记、会计估值、信息系统等配套业务专业化发展，既可以提高业务效率，也能通过专业化分工形成相互制衡，防范利益冲突。

针对中国市场现阶段的风险特征，为了提高客户财产的安全性，针对投资范围超出证券的资产管理产品，在证券投资基金托管资格之外，设立专门的资产管理业务保管业务牌照，由证监会负责资格核准和业务监管。结合对私募基金风险的治理工作，私募基金和投资顾问的客户资产应当由专业机构统一保管，鼓励相关中小机构、大型证券公司以及银行错位发展，发展中国的“财富管理机构 + 嘉信理财”模式，从而防范财产挪用风险，解除后顾之忧，更好地支持私募基金行业和小型财富管理机构的发展。

2020 年上半年，新冠肺炎疫情席卷全球，引发了国外金融市场的剧烈动荡，对我国的资产管理行业也是一次巨大的考验。资产管理行业运行平稳的事实充分证明了资管新规出台的及时性和必要性。如果没有两年来“破刚兑，降杠杆，治乱象，强基础”的整顿工作，无序发展的“大资管”业务很可能将在疫情引发的市场震荡中引爆系统性风险。然而警报并未解除，“原油宝”等金融产品发生的重大风险，暴露了国内金融业和金融监管的深层次问题。发展环境越严峻复杂，面临的风险越大，就越容易催生改革的压力和动力，改革的共识也就更加容易达成。正面经验和反面教训都在强调，转变理念，深化改革，时不我待，任重道远。监管部门和资产管理行业应当充分抓住改革的窗口期和过渡期的剩余时间，主动担当，积极作为，成为深化金融供给侧结构性改革的推动力量，为中国资产管理业务迈向现代化做出贡献。

银行篇

一、银行资产管理业务的转型发展状况

资管新规发布之后，各监管机构和行业协会根据资管新规精神，陆续出台了一系列细化规则和补充规定，各商业银行结合自身特点，围绕资产管理业务的组织架构、产品形态、产品投向和运作管理等各个环节推动业务转型与升级，取得了明显的进展。

（一）监管机构对监管规则进行了进一步细化和必要的补充

资管新规发布之后，银保监会针对银行资产管理业务配套发布了《商业银行理财业务监督管理办法》《商业银行理财子公司管理办法》《商业银行理财子公司净资本管理办法（试行）》《关于进一步规范商业银行结构性存款业务的通知》等配套法规，中国人民银行和银保监会联合发布了《关于规范现金管理类理财产品管理有关事项的通知（征求意见稿）》，中国人民银行发布了《关于进一步明确规范金融机构资产管理业务指导意见有关事项的通知》《标准化债权类资产认定规则（征求意见稿）》《关于加强存款利率管理的通知》等配套法规，中国银行业协会发布了《商业银行理财产品估值核算指引（征求意见稿）》。上述法规和行业自律规则进一步明确了银行理财及理财产品的监管细则，根据实际情况对过渡期安排进行了必要的调整，构建了银

行理财子公司改革和监管的基本框架，对于进一步完善银行资产管理业务的监管安排发挥了积极的作用。

（二）银行理财子公司改革稳步推进

银保监会《商业银行理财子公司管理办法》发布后，多家商业银行积极申报，截至目前，共有 34 家商业银行申请设立理财子公司，其中 18 家获批，10 家已获准开业。获批机构中，包括国有行 6 家、股份行 5 家、城商行 6 家、中外合资机构 1 家。银行理财子公司申报和批准情况见表 2.1。

表 2.1　银行理财子公司申报和批准情况

银行类别	银行名称	状态	状态时间	注册资本（亿元）	理财子公司
国有行	工商银行	已开业	2019/6/6	160	工银理财有限责任公司
	建设银行	已开业	2019/6/3	150	建信理财有限责任公司
	农业银行	已开业	2019/8/8	120	农银理财有限责任公司
	中国银行	已开业	2019/7/4	100	中银理财有限责任公司
	交通银行	已开业	2019/6/13	80	交银理财有限责任公司
	邮储银行	已开业	2019/12/5	80	中邮理财有限责任公司
股份行	光大银行	已开业	2019/9/26	50	光大理财有限责任公司
	招商银行	已开业	2019/11/5	50	招银理财有限责任公司
	兴业银行	已开业	2019/12/19	50	兴银理财有限责任公司
	中信银行	获批筹建	2019/12/4	50	信银理财有限责任公司
	平安银行	获批筹建	2019/12/31	50	平安理财有限责任公司
	浦发银行	申报中	2018/8/30	100	浦银理财有限责任公司
	华夏银行	申报中	2018/4/20	50	—
	民生银行	申报中	2018/6/30	50	—
	广发银行	申报中	2018/7/28	50	—
城商行	宁波银行	已开业	2019/12/25	15	宁银理财有限责任公司

续表

银行类别	银行名称	状态	状态时间	注册资本（亿元）	理财子公司
城商行	杭州银行	获批开业	2019/12/20	10	杭银理财有限责任公司
	徽商银行	获批筹建	2019/8/21	20	徽银理财有限责任公司
	南京银行	获批筹建	2019/12/9	20	南银理财有限责任公司
	江苏银行	获批筹建	2019/12/19	20	苏银理财有限责任公司
	青岛银行	获批筹建	2019/3/26	10	—
	北京银行	申报中	2018/4/27	50	上银理财有限责任公司
	上海银行	申报中	2019/1/19	30	青银理财有限责任公司
	重庆银行	申报中	2018/12/14	10	渝银理财有限责任公司
	长沙银行	申报中	2018/12/21	10	长银理财有限责任公司
	吉林银行	申报中	2018/12/24	10	—
	成都银行	申报中	2019/1/10	10	成都银行理财有限责任公司
	天津银行	申报中	2019/3	10	天银理财有限责任公司
	甘肃银行	申报中	2019/4/17	10	陇银理财有限责任公司
	朝阳银行	申报中	2019/4	—	—
	威商银行	申报中	2019/4	—	—
农商行	广州农商行	申报中	2018/12	10	珠江理财有限责任公司
	顺德农商行	申报中	2018/12	—	—
合资	中银理财/东方汇理	获批筹建	2019/12/20	10	汇华理财有限责任公司

（三）老产品压降和新产品转型同步推进[①]

资管新规发布以来，商业银行积极推动产品转型。一是总量和增速逐渐挤水分，截至 2019 年 6 月末，商业银行非保本理财产品余额

① 银行业理财登记托管中心，《中国银行业理财市场报告（2019 年上半年）》与《中国银行业理财市场报告（2017 年）》。

为22.18万亿元，与2017年底的22.17万亿元基本持平，其中同业理财余额较2017年底下降2.26万亿元，占比下降6.55个百分点。二是根据银保监会发布的《关于进一步规范商业银行结构性存款业务的通知》和中国人民银行发布的《关于加强存款利率管理的通知》，结构性存款已全部纳入表内存款管理，结构性存款项下的衍生交易纳入商业银行全行衍生产品管理框架，对于存在高息揽储嫌疑的“假结构性存款”逐步清理。三是保本理财产品逐步压缩清理，截至2019年末，多家商业银行已公告关闭主要开放式保本理财产品。四是发行净值型理财产品替换预期收益型理财产品，截至2019年6月末，净值型产品余额7.89万亿元，同比增长4.30万亿元，相应预期收益型产品减少4.30万亿元。但从净值型产品的内部结构来看，现金管理型和开放周期较短的类现金管理型产品占比较高。此外，以公募方式发行的长期限非标债权投资产品也是银行资产管理产品中特色比较突出的产品。

（四）银行资产管理产品的投资端债券等标准化资产占比提升

银行资产管理产品的投向延续了以固定收益为主的特征，截至2019年6月末，银行固定收益类理财产品余额占全部理财产品的72.99%，混合类理财产品占比26.68%。截至2019年6月末，银行非保本理财产品共持有资产余额25.12万亿元，其中债券类资产占比为55.93%，余额14.05万亿元，较2017年末全部理财产品投资的债券（银行业理财登记托管中心公布的2017年理财投向未区分保本产品和非保本产品）增加1万亿元左右。

二、银行资产管理业务发展中的问题

自资产管理行业进入全面监管阶段以来，随着资管新规和理财新规相继出台，在监管机构、商业银行和从业人员的共同努力下，商业银行资产管理业务在破除产品隐性刚兑、推动产品净值化转型、杜绝资金池运作和逐步摆脱类信贷业务依赖，以及统一监管标准和消除监管套利等方面迈出了决定性的步伐，但也应清醒地看到，比照资管新规精神和新修订的《证券法》，目前银行资产管理业务的制度安排仍是一种过渡性的安排，商业银行资产管理业务在平稳过渡方面还有许多现实的困难需要克服，在长期发展等方面仍存在许多关键问题有待破局。

（一）银行资产管理业务的制度安排在一些关键方面仍需进一步完善

当前商业银行的资产管理业务是由商业银行理财业务衍生而来的，而商业银行理财业务的内涵相当丰富，既涵盖了从买方出发的财富规划、投资咨询等财富管理 / 私人银行业务，接受投资者委托、对受托的投资者财产进行投资和管理的资产管理业务，以及从卖方出发的金融产品销售、经纪业务，也涵盖了因主动创设类信贷、私募证券等融资产品而衍生出的从融资人出发的私募融资产品的投行业务，还涵盖了为资产管理产品提供的保管 / 托管和账户管理等服务的配套辅助业务。根据目前形成的商业银行资产管理业务的制度安排，商业银行本体可继续经营投资咨询、财富规划、产品销售和资产托管 / 保管等资产管理配套业务，而资产管理业务（《商业银行理财业务监督管理办法》仍称之为“理财业务”，但定义已明确为接受投资者委托、对受托的投资者财产进行投资和管理的金融服务）则应由成立理财子公司的独立法人机构进行专营，未来商业银行本体在原则上不再兼营资产管理业务，但对于暂不具备条件的银行未做强制性规定。这一制度框架在大方向上是没有问题的，但在一些关键方面还需要进一步完善，具体包括以下几点。

1. 银行理财子公司的发牌及监管与《证券法》的立法精神和资管新规的有关规定仍存在一定的差距

新的《证券法》已由第十三届全国人民代表大会常务委员会第十五次会议于2019年12月28日修订通过，该法第二条第三款规定："资产支持证券、资产管理产品发行、交易的管理办法，由国务院依照本法的原则规定。"根据该款规定的精神，今后集合资产管理产品（投资者超过两人及以上的资产管理产品）的份额均应视为证券。而今后，如果未上市公司（包括股份有限公司和有限责任公司）股权份额亦明确为证券，那么所有集合资产管理产品均可视为证券投资基金。根据银保监会《商业银行理财子公司管理办法》第二十四条规定，银行理财子公司可以申请经营下列部分或者全部业务：（1）面向不特定社会公众公开发行理财产品，对受托的投资者财产进行投资和管理；（2）面向合格投资者非公开发行理财产品，对受托的投资者财产进行投资和管理；（3）理财顾问和咨询服务；（4）经国务院银行业监督管理机构批准的其他业务。对照《证券法》立法精神，银行理财子公司实际具备的业务牌照包括：公募基金的发行与管理；私募基金的发行与管理；理财顾问和投资咨询，以及由此可能衍生的资产管理产品推介与销售；继承原有银行理财业务私募融资产品的创设而具备的私募证券投行业务，以及与之配套的私募证券销售、经纪业务等。目前银行理财子公司的机构设立及监管，以及上述业务牌照的发放与具体执业行为监管均在银保监会。

但《证券法》第七条规定"国务院证券监督管理机构依法对全国证券市场实行集中统一监督管理"，第九条规定"公开发行证券，必须符合法律、行政法规规定的条件，并依法报经国务院证券监督管理机构或者国务院授权的部门注册"。同时，目前公募基金的销售与托管等相关业务，也由证监会统一负责牌照发放与监管。此外，《关于规范金融机构资产管理业务的指导意见》第二十七条第一款规定，对资产管理业务的监管应遵循“机构监管与功能监管相结合，按照产品类型而不是机构类型实施功能监管，同一类型的资产管理产品适用同一监管标准，减少监管真空和套利”。此外，银行理财子公司的业务范围中同时包含投资咨询、财富规划和资产管理等买方业务，以及私募证券承销保荐等卖方业务，若无相应制度安排也存在产生利益冲突的可能。因此，目前作为商业银行理财业务主要整改措施的银行理财子公司的设立，其牌照的内涵、牌照的发放、机构监管与行为（功能）监管的相关制度安排，与《证券法》的立法精神和资管新规的有关规定仍然存在一定的差距，其仍旧是一种过渡性的安排。

2. 银行理财子公司与其他资产管理机构在业务准入、具体产品的监管标准和执法尺度，以及税负安排等方面尚未实现真正统一

鉴于上述存在的问题，相应的银行理财子公司与其他资产管理机构在业务准入、具体产品的监管标准和执法尺度，以及税负安排等方面尚未实现真正的统一。例如：（1）社保和企业年金等长期资金的管理人准入尚未对银行理财子公司开放；（2）银行理财子公司需执行净资本管理规定，而基金公司则不需要；（3）银行理财子公司的理财产品的注册、报备及存续期管理与其他资产管理机构的产品仍存在差异，特别是银行公募理财产品和公募基金的产品注册、报备等流程差异较大；（4）银行理财子公司的公募产品销售起点高于公募基金；（5）银行理财子公司的公募产品和私募产品的投资范围均包括非标债权资产（类信贷资产或私募融资产品）和私募证券，而公募基金的投资范围则不包括上述投向，此外，基金公司的基金中的基金（FoF）可投资本机构管理的公募基金，但银行理财子公司的同类产品不得投资本行管理的公募理财产品；（6）审慎监管指标方面，银行理财子公司除现金管理类产品有望在近期与基金管理公司的货币市场基金拉平外，其他产品的审慎监管指标与其他资产管理机构的产品仍存在差异，特别是在单一投资标的集中度方面，银行理财子公司产品与证监会监管机构的产品集中度要求差异较大；（7）银行理财产品的会计估值与其他资产管理机构的产品仍存在差异；（8）银行理财子公司公募产品的税负高于公募基金等。此外，因同样类型的产品仍分属于不同的监管机构监管，在监管审核和检查等具体环节的执法尺度上也势必存在差异。

3. 银行本体的资产管理业务及其相关配套业务的牌照与监管也需进一步明确

银行本体的资产管理业务及其相关配套业务的牌照与监管也是另外一项需要明确的问题。首先，《关于规范金融机构资产管理业务的指导意见》第十三条规定："主营业务不包括资产管理业务的金融机构应当设立具有独立法人地位的资产管理子公司开展资产管理业务，强化法人风险隔离，暂不具备条件的可以设立专门的资产管理业务经营部门开展业务。"《商业银行理财业务监督管理办法》第十四条也相应规定："商业银行应当通过具有独立法人地位的子公司开展理财业务。暂不具备条件的，商业银行总行应当设立理财业务专营部门，对理财业务实行集中统一经营管理。"但上述规定都未明确这一暂时性的安排会持续多久，也未明确未来无法成立理财子公司的商业银行的资产管理业务出路何在。其次，商业银行本体在其财富管理和私人银行业务项下，仍可从事投资咨询、财富规划以及集合类资产管理产品的销售与推介等与资产管理相关的业务品种，除公募基金销售需要证监会发放牌照外，销售银行公募产品和私募产品等并不需要监管机构单独发牌或核准。最后，商业银行是主要的资产管理产品保管 / 托管和账户管理机构，除证券投资基金托管需证监会和银保监会共同批准、企业年金账户管理需人力和社会保障部另行核准之外，其他保

管 / 托管仅需银保监会发牌。可见，上述资产管理业务及其相关配套业务的牌照与行为监管尚未实现国家层面的统一管理。

（二）银行资产管理业务在过渡期还存在许多现实的困难亟待克服

资管新规发布至 2020 年底，为资产管理业务实行新规的转型过渡期，其中银行作为存量业务规模最大的资产管理机构，面临的转型任务最为艰巨。一方面，新产品需按照资管新规的要求向净值化全面转型，破除隐性刚兑。另一方面，老产品需有序压缩和化解风险，并最小化对社会融资体系的负面影响。此外，主流银行资产管理机构还需申请设立子公司，筹备新机构开业，从无到有搭建新的组织和业务架构，开始创业征程。因此，银行资产管理业务在过渡期面临许多现实的困难亟待克服，具体包括以下几点。

1. 银行理财子公司的定位和发展方向有待明确

银行理财子公司作为在资管新规发布之后诞生的新型资产管理机构，资本金实力雄厚，背靠母行的渠道优势，引起国内外广泛关注，其走向关系到中国资产管理行业的转型发展和未来格局。从目前的情况看，银行理财子公司的定位和发展方向还没有清晰的答案。2019 年获批成立的银行理财子公司所管理的主要产品均来自母行的平移，净利润不及巨额注册资本的同期利息。如果银行理财子公司单纯凭借注册资本金、母行的资源优势和过渡期的政策红利，在经营管理上不能独立自主，而是继续由母行实施部门化管理，就很有可能继续依赖与母行的关联交易获取盈利，新瓶装旧酒，不仅自身难以实现发展初衷，还会对资产管理业务的市场秩序和发展方向产生新的冲击。

2. 新产品发行难，并且新产品又衍生出新问题

资管新规和理财新规发布以来，各商业银行边整改边创新，已逐步建立了涵盖现金管理、固收定开、长期限非标公募、“固收 +”、混

合类、权益类和指数类等多种产品类型的净值型新产品体系，新产品发行规模稳步上升，对应的管理和业务架构初步确立。

但银行资产管理业务转型过程中的困难和问题也不容忽视，主要包括以下几点。（1）由于客户对银行理财产品的认知不足，购买惯性不同，以及产品缺乏历史业绩积累，所以原有投资者对新产品的接受程度还不高，拓展新客户的难度较大，新产品的整体规模增长速度不高（银行资产管理净值型产品发展情况见表 2.2）。（2）在已发行的新产品中，占比最高的是按照摊余成本法估值的现金管理类产品和准现金管理类产品，而真正体现管理人能力的、按照公允价值估值的固收类和权益类等硬核产品占比较低。（3）去除资金池操作后，新产品的账户数量大大增加，操作难度加大，决策逻辑和业务流程发生根本性改变，短期内银行资产管理业务的人员储备和业务系统等面临较大的压力。（4）部分新产品与真正的净值型产品相比，依然"形似而神未至"，导致新产品又衍生出新问题。例如，银行现金管理类产品均比照货币市场基金采取摊余成本法估值，但在久期、期限、集中度、信用评级、估值偏离度控制、准备金管理等方面却与货币基金有较大差距。近期中国人民银行和银保监会拟出台《关于规范现金管理类理财产品管理有关事项的通知》，可能将银行现金管理类理财产品与货币基金的监管要求彻底拉平，但势必会使银行资产管理自转型以来所发行的最大规模的新产品再度面临整改。再如，为尽量使用摊余成本法估值降低净值波动，银行发行了大量封闭期较长的定开产品，但又缺乏与成本法配套的减值准备和估值偏离度管理等配套要求，此类产品能否对抗市场冲击存在很大的变数。又如，很多银行理财产品均采取某个绝对收益率作为业绩比较基准，虽存在其合理性，但容易使缺乏经验的投资者误将其理解为预期收益，而《全国法院民商事审判工作会议纪要》加强了对投资者和消费者的保护，这对于破除刚性兑付带来一定的难度。上述问题说明，银行理财要想彻底扔掉预期收益和资金池操作的拐棍，除了自身努力外，仍需要监管的呵护和时间上的耐心。

表 2.2　2020 年 2 月银行资产管理净值型产品发展情况

机构类型	总机构家数	存续产品数量	净值型产品数量	净值型产品占比（%）
国有商业银行	7	12 514	2 206	17.63
政策性银行	3	18	0	0
股份制商业银行	13	9 809	3 333	33.98
城市商业银行	134	19 931	4 310	21.62
农村商业银行	1 443	13 176	1 267	9.62
外资银行	43	4 183	377	9.01
其他银行	2 441	142	3	2.11
民营银行	17	0	0	0
合计	4 101	59 773	11 496	93.97

资料来源：Wind（金融数据和分析工具服务商）。

3. 老产品化解难，并且投资端压缩打破原有融资体系，造成一定溢出效应

银行老产品的压缩和化解是一场复杂的“外科手术”，其固然需要监管机构和商业银行具备壮士断腕的决心，但也同样需要缜密和系统的配套安排。老产品在压缩和化解过程中所面临的主要困难和问题如下。

（1）因信息不对称和市场变化等原因，老产品整改的过渡期安排在监管机构和商业银行之间形成了一定程度上的博弈，客观上造成了对于过渡期政策的预期不稳定。在新产品向净值化转型推进面临诸多困难的背景下，老产品成为各银行资产管理产品稳定规模和收入的压舱石，其稀缺性明显上升，故在政策预期存在摇摆时，客观上极易助长银行的观望情绪，从而进一步倒逼监管机构让步。

（2）老产品所投资的部分资产面临退出困境。此类资产主要包括三种情况。一是部分资产回表在法规上存在障碍，但本身又缺乏流动性或有效的退出机制。例如，未上市公司股权、私募股权基金份额、PPP 项目份额、银行优先股或二级资本债等。此类老产品投资时虽然部分附带远期回购等明股实债安排，但融资方预期若到期时项目无法通过上市、转让、分红等方式退出，则向其他融出方募资退出，然而在资管新规背景下，几乎所有老的融资渠道都受到影响。二是部分资产虽然在法规上具备回表条件，但投向、用途、授信前提、支付方式等操作环节不符合自营授信条件，或回表可能对银行客户集中度、资本充足率、信贷规模、拨备比率等监管指标造成较大压力，故过渡期内回表的操作难度较大。三是部分资产事实上已成为不良资产，无论回表、核销或通过资产管理公司处置，都存在责任认定、损失承担、内外部问责等盖子揭开后必然面对的问题，并且必然会对银行原本紧张的不良比率、坏账拨备等造成新的压力，故不到最后时刻难以倒逼银行着手解决。

（3）在资管新规推出之前，“产品预期收益 + 资金池运作”所造就的以银行理财、同业、零售 / 私行代销等为主要资金源头的“大资管”影子银行体系，形成了一种自洽的社会融资体系，其在助长债务过度增长的同时，客观上也缓解了部分领域存在的金融压抑，在一定程度上成为民营企业和中小微企业等实体经济的重要融资渠道，或者说至少在一定程度上建立了资金从源头向末端渗透的扭曲水渠，当然也不可避免地形成了跑冒滴漏。具体表现为以下几点。

①银行理财与同业等“银行的影子”为商业银行在严格 MPA（宏观审慎评估体系）考核、强资本约束背景下的经营提供了指标调节的弹性，同时也为商业银行提供了规避表内贷款的投向、用途、授信前提和受托支付等繁复监管要求的操作便利，从而提高了商业银行资金

传导的效率。

②长期以来，商业银行的信贷文化与股权融资的不相容，在一定程度上成为制约股权融资发展的重要因素，而银行理财与同业等非标融资的明股实债安排，辅以地方政府为招商引资而为政府引导性基金和明星 PE 提供的增信安排，为实体企业提供了一种股权融资的简易渠道，但其在本质上是将债务融资用作资本金，是一种会计套利。

③政府融资平台和房地产是银行理财、同业等“大资管”行业投资非标资产和信用债券的主要方向之一，而这两类行业都向民营企业发出大量承包任务，在其融资渠道畅通的情况下，相关实体企业、工程队较容易按时拿到工程款，反之则易形成拖欠。但政府融资平台所依赖的环境，是财政的相对软约束形成的政府隐性信用支持、政府卖地形成的专项还款资金安排和滚动融资的顺畅渠道，而这些都对政策的变化非常敏感。

④“大资管”行业围绕上市公司所形成的“明股实债 PE+ 股票质押 + 兜底或结构化定增 + 二级市场结构化增持”等融资体系，为上市公司融资，特别是民营上市公司及其关联企业融资提供了一种高效的融资手段，但其有效性严重依赖于畅通的上市、再融资和减持安排，以及相对平稳的市场环境，容易形成牛市疯狂、熊市崩溃的局面，并且极易受政策影响。

⑤阿里巴巴、腾讯、京东等主流电商的网络消费信贷和中小微企业融资等场外资产证券化产品，虽然为中小微企业和个体工商户提供了一种简易快捷的融资手段，但也放大了电商信用杠杆，同时个别场外证券化产品可能对接了 P2P（互联网金融点对点借贷）项目。

⑥银行理财和同业通过对接委外投资和结构化产品优先级，在一定程度上解决了金融体系内部资金分布与风险容忍度分布不匹配的问题，并在一定程度上纠正了银行风险管理中存在的“一刀切”等“懒

政”问题。

可以看到资管新规实行后，上述渠道全部或部分在实质上已经关闭，融资人原本“拆东墙补西墙”或借新还旧滚动融资的希望落空，金融系统“宽货币与紧信用”并存局面的形成与此应有很大的关系。这其中部分当然是金融机构监管套利、不审慎作为和风险管理不到位，以及企业在融资环境良好时不审慎投资的恶果，但在多层次社会融资体系建设还不完全到位的情况下，原有的渠道关闭，而新的渠道尚未修好，短期内一定会再次出现金融服务对部分实体经济服务不到位的情况。

（三）银行资产管理业务在长期发展方面还存在一些关键问题有待破局

长期来看，一方面，商业银行资产管理业务需摆脱路径依赖，破茧成蝶，真正转型为有差异化竞争能力的资产管理业务；另一方面，社会也应从长期资金安排、投资者教育、监管理念转变和司法制度完善等方面做好配套建设，推动银行资产管理乃至整个资产管理行业的健康发展。

首先，从商业银行自身来看，商业银行是我国金融体系的主体，具备强大的综合实力，从世界范围来看，全球排名前二十的资产管理机构中接近一半具备商业银行背景（见表 2.3）。

表 2.3　2017 年全球排名前二十的资产管理机构

排名	资产管理机构	市场	管理资产（十亿美元）	公司性质
1	贝莱德集团	美国	6 288	投资管理公司
2	先锋领航集团	美国	4 940	基金管理公司
3	道富环球投资顾问公司	美国	2 782	银行系控股公司
4	富达投资集团	美国	2 449	基金管理公司
5	安联保险集团	德国	2 358	保险控股公司

续表

排名	资产管理机构	市场	管理资产（十亿美元）	公司性质
6	摩根资产管理公司	美国	2 034	银行系控股公司
7	纽约银行梅隆公司	美国	1 893	银行系控股公司
8	资本集团	美国	1 778	投资管理公司
9	安盛集团	法国	1 731	保险控股公司
10	东方汇理资产管理公司	法国	1 709	投资管理公司
11	高盛集团	美国	1 494	投资银行公司
12	德意志银行	德国	1 453	银行系控股公司
13	法国巴黎银行	法国	1 433	银行系控股公司
14	保德信金融集团	美国	1 394	保险控股公司
15	法通保险公司	英国	1 333	保险控股公司
16	瑞银集团	瑞士	1 254	银行系控股公司
17	北方信托公司	美国	1 161	信托控股公司
18	威灵顿管理公司	美国	1 080	基金管理公司
19	富国银行	美国	1 041	银行系控股公司
20	外贸银行全球资产管理公司	法国	998	银行系控股公司

银行理应有能力建设一批具有示范引领作用的标杆资产管理机构，但也存在一些长期因素需逐步解决。一是银行资产管理业务脱胎于商业银行，具有较强的信贷文化烙印，下一步银行理财子公司从股权结构、公司治理、人才队伍、激励机制到决策机制、组合管理、风险管理等都需要摆脱路径依赖，有脱胎换骨的变化；二是银行理财子公司需结合自身资源禀赋，找准业务战略方向，培养自身在销售、投研、科技、运营等资产管理关键领域的核心能力，形成自己的差异化竞争优势。

其次，银行资产管理的健康发展也有赖于社会配套机制的建设，主要包括以下几点。

一是过去我国的高储蓄率支持了间接融资体系的发展，但“储蓄+贷款”的间接融资体系是以投资者的低收益补贴融资者的融资成本，虽然其有利于产业资本的形成和积累，但不利于居民财富增长，特别是养老储备的增长。未来要发展“资产管理+投资银行”构成的直接融资体系，为了在控制社会债务杠杆不合理增长的同时，使投资收益更好地惠及民众，从而应对老龄社会挑战，需引导社会形成投资文化，形成长期投资资金。在此方面，国外的养老金制度值得借鉴。

二是健康的投资文化和资产管理行业的健康发展，还需要实行投资者教育、转变监管理念、完善司法制度和优化税收制度等配套安排。投资者方面，投资者要树立投资意识，需时刻牢记要对自己的资产负责，在涉足任何一项投资之前都必须具备基本的知识和风险判断，对于自己签署的任何文本都应阅读并理解。监管者方面，既要转变理念防止越界，又要对违法违规行为果断“亮剑”；既要做好投资者保护，又要支持资产管理机构在尽职的前提下，以法律手段应对投资者的维权纠纷。司法制度方面，与资产管理高度相关的《全国法院民商事审判工作会议纪要》需要进一步优化，并提高立法层级。税收制度方面，需要进一步拉平不同机构发行的同类型资产管理产品之间的税收负担，同时通过税收递延和当期优惠等措施引导养老金等长期投资资金的形成和入市。

三、完善银行资产管理业务监管的建议

（一）建议给予银行理财存在的历史问题以适度宽容，鼓励从业人员以结果为导向尽快完成整改与转型

银行理财在发展过程中所形成的业务模式的主要特征是产品端的

预期收益与隐性刚兑，以及资金池运作和投资的非标债权（或类信贷资产）依赖。此业务模式背离了资产管理“受人之托、代客理财”的本源，演变为一种缺乏资本管理和风险拨备的类信贷业务，在客观上助推了全社会债务杠杆的过快积累，形成了潜在的系统性风险，其问题不言而喻。但也应看到，银行理财业务的产生顺应了利率逐步市场化、居民财富快速积累和资产保值增值需求不断提高的时代背景，为老百姓分享经济增长成果、增加财产性收入提供了一种安全、稳健的金融工具。当前，我国基础设施建设和制造业发展需要大量融资，而商业银行又面临日益严格的资本约束和MPA管理，其表内融资难以满足经济发展需求，其他社会融资手段尚不够发达，在此市场背景下，银行理财业务为实体经济融资提供了一种现实和高效的解决方案，其正面作用也不应被抹杀。故建议历史地看待银行理财所存在的问题，承认其产生和发展的客观合理性，在推动银行理财转型和整改的过程中，不纠结于其历史问题与责任认定，积极向前看，在监管检查时，对于普遍存在的资金池运作、非标额度等问题给予适度宽容，鼓励从业人员及时暴露问题，讲真话，多提建设性解决方案，引导银行理财平稳过渡，尽快完成转型任务。

（二）多措并举，确保银行资产管理业务平稳过渡

建议客观地认识银行资产管理在转型过渡过程中所面临的困难，以及银行资产管理老产品压缩可能会对社会融资体系造成的影响，既不能急于求成，更不能观望拖延导致故态复萌。需要抛开成见，以解决问题为导向，多措并举，确保银行资产管理业务平稳过渡。

1. 延长过渡期，并以产品端为标准确定压降进度

鉴于银行资产管理业务在过渡期所面临的实际困难以及存在的外溢影响，建议将银行资产管理业务的过渡期再延长两年，即延长至

2022年底。同时，鉴于老产品投资端的存量资产的压降包括自然到期、回表、对外转让或处置退出等多种情况，各机构情况差异很大，难以针对资产端提出统一的压降进度标准，故建议把资管新规实施路径的中间目标直接放在理财产品的压缩上，而把复杂的资产处置留给各家银行自行决策。在具体实施路径上，有如下建议。

（1）进一步细化和明确包括现金管理产品在内的各类新产品监管标准，将资管新规发布后发行的不符合监管标准的“新产品”还原至老产品，以2019年底为标准，重新确定基数。以2019年底老产品存量规模为基数，明确过渡期内每年的压缩比例。建议2020—2022年每年的压缩比例不低于30%，2022年底压缩至零。

（2）老产品投资管理、产品形态、信息披露均按照资管新规发布之前的方式运作，适用资管新规发布之前的监管规定。

（3）老产品在压缩进度不低于上述最低监管要求的原则下，各行可根据自身的情况与监管部门协商，具体细节实行一行一策。

（4）延长过渡期后，监管机构应确保法规严肃性，做好预期管理，严格执法，防止再次形成政策博弈。

有必要统一延长两年过渡期的主要原因有以下几点。

（1）统一延长资管新规过渡期有利于明确预期，防止政策博弈，并且以负债法管理压缩进度，银行理财部门易于实施，监管部门易于核实和监管。

（2）2020年暴发的新冠肺炎疫情是一次重大考验，其对全球经济和金融市场形成了巨大冲击。为抗击疫情，支持实体经济发展，防止给脆弱的市场和经济增加新的不稳定因素，有必要对原定2020年底到期的资管新规过渡期予以适度延长。

（3）可避免对银行和金融市场形成过大冲击，并保持社会融资的基本稳定，避免对实体经济形成过大冲击。根据银行业理财登记托管中心的数据，截至2019年6月末，银行非保本理财产品共持有资产余额25.12万亿元，其中商业性金融债券、同业存单、企业债券、公司债券、企业债务融资工具、资产支持证券和外国债券等占比为48.09%，金额为12.08万亿元，非标债权资产和权益类资产（推测主要构成为明股实债、PE、股票质押融资等）等非标融资类资产占比为26.27%，金额为6.6万亿元。考虑到数据质量和口径等原因，推测截至2019年6月底，银行非保本理财投资中包含私募债、公募债和资产支持证券等在内的信用类债券约10万亿元（占中国信用债存量的近1/3），非标融资类资产为7万亿~8万亿元，合计可统计在社会融资项下的资产近18万亿元。假定未来三年银行理财子公司符合监管要求的新产品余额可达到10万亿元左右（截至目前公募基金余额仅约16万亿元），则尚有10万亿元左右的社会融资需通过银行表内予以解决（考虑到现金类产品的投向要求，其能承接的信用债等社会融资有限）。银行理财的发行主体为国有行、股份行和规模较大的城商行及农商行，估算其资产规模合计为200万亿元。相当于表内需要在未来额外匹配5%左右的资本和监管指标等资源，解决上述社会融资的承接，考虑到银行的资本和流动性等MPA监管指标普遍比较紧张，将过渡期延长两年，再加上2020年，用三年时间予以消化比较稳妥。

（4）有利于化解存量资产风险，确保银行资产管理稳定发展。截至2019年末，银行表内信贷资产的不良资产占比为1.86%，2016年以来信用债累计违约金额占信用债（含证券公司债和商业银行债）存量的近1.2%。考虑到银行理财过去缺乏化解不良资产的配套制度和要求，历史不良资产可能形成了一定的堆积，与表内相比不良资产占比可能高一些，假定为2%，则全行业18万亿元的信用类资产投资中，不良资产余额可能达到3 600亿元，以30%的回收率计算，实际损失可能达到2 500亿元左右。假设未来三年老产品平均余额可保持在10

万亿元，平均利差 80bp（基点），则三年累计利润为 2 400 亿元左右。若未来三年商业银行将老产品的利润全部用于化解不良资产，那么可大致解决大部分不良资产。

2. 多项措施配合，推进老产品资产端平稳退出，最小化对社会融资的负面影响

老产品所投资的存量资产，一是本身退出存在难度，二是压降过快会对社会融资形成较大负面影响，建议区分不同情况，给予一定的政策支持。

（1）对于法规上符合回表条件的资产，过渡期结束前无法自然到期收回的要求一律回表，但因资产回表对所在机构造成 MPA 等监管指标压力的，在过渡期及过渡期结束 2～3 年内给予指标考核豁免，或允许分年度逐步纳入指标考核。同时，支持相关商业银行通过资本市场再融资、发行二级资本工具等措施补充资本。

（2）对于法规上不符合回表条件又缺乏有效退出机制的未上市公司股权（含明股实债资产）、私募基金份额、PPP 项目等资产，一是允许商业银行向实施机构发放并购贷款，由实施机构受让股权；二是对于符合条件的股权投资，给予上市注册绿色通道；三是建议证监会尽快修订上市公司股票的减持规定，加速标的资产或质押资产从二级市场减持退出；四是参照央行此前对市场化债转股配套专门资金的做法，对商业银行处置此类资产给予资金支持和正向激励。

（3）对于已经形成的不良资产，一是比照表内建立资管项下不良资产认定和处置的制度，加快不良资产的账面减记或核销，商业银行要淡化对老产品的利润考核，以老产品利润作为专项准备化解不良损失；二是推动有潜在风险的长期资产，特别是地方融资平台项目资产，与四大资产管理公司和地方资产管理公司合作进行债务处置和重组，建议监管机构给予适度政策支持，如允许地方政府以未来发债资金或专项财政资金偿还上述债务。

（4）对于因银行资产管理和同业等从部分融资渠道退出所造成的金融服务真空，长期内需要通过完善多层次社会融资体系予以满足，短期内建议鼓励商业银行增加对地方融资担保公司、保理公司、小额贷款公司、金融资产管理公司等地方金融机构的授信支持，发挥其与当地民营企业和中小企业的紧密联系，根据其风险识别相对准确的优势，最大限度满足此类实体企业的合理融资需求。

（三）协调推进长期配套制度法规和机制建设，推动资产管理业务健康发展

1. 进一步完善资产管理业务制度法规，全面落实资管新规和《证券法》精神

针对目前银行资产管理的制度安排仍然存在的过渡性特征，建议通过进一步完善银行资产管理业务的制度法规，全面落实资管新规要求和《证券法》精神。

（1）短期内，针对银行及银行理财子公司与基金管理公司等同类型产品监管标准仍不一致的情况，建议双方可相互借鉴，取长补短，尽快统一产品规则和监管规则。例如，同类产品的注册、报备流程和审核标准应一致；同类产品的投资范围、审慎监管指标和税负要求应相同；相互借鉴，进一步丰富各自的产品体系，更好地满足投资者需求等。

在监管标准的统一过程中，一方面，银行理财需在产品规范性和专业性等方面向公募基金学习；另一方面，银行理财也有许多实践经验值得公募基金借鉴。首先，银保监会对于理财产品采取事前登记制度，原则上不做具体审批，登记效率较高，也较少结合市场形势对具体产品风格和形态做具体指导。虽然对照《证券法》，公募理财产

品今后也应逐步采取注册制，但过去银保监会这种淡化具体产品审批，给市场主体以更大选择权和自由度的监管风格还是值得向公募基金推广的。其次，银行理财产品的投资范围较公募基金更加广泛，可以发掘更多有价值的投资机会，提高投资者风险调整后的回报。如银行理财可以投资非标债权融资产品、私募债券等低流动性资产，即使不能全面放开，或许也可以开发一类对投资者设立一定门槛的小公募产品，允许在一定范围内（如 10%~15%）投资低流动性资产。最后，银行理财产品在期限结构、申赎安排、投资风格、投资策略等方面的形态较公募基金更加丰富，建议在符合资管新规精神的前提下，向公募基金推广一些产品。

此外，部分公募基金领域更具竞争力的政策安排也应向银行理财逐步放开。例如，目前公募基金的税负要求优于银行理财，未来建议在监管规则一致后，税负也应同步拉平。再如，银行理财传统上在大类资产配置方面较具优势，而 FoF 类产品是实现大类资产配置的高效工具，但受制于银行理财产品不能投资本机构理财产品的规定，导致银行资管在设计和发行此类产品时，在技术实现上存在一定的掣肘，而公募基金 FoF 产品允许投资管理人自身发行的公募基金，建议此方面的监管规则也应向银行理财产品放开。

在具体的实现路径上，建议银保监会和证监会首先在各自监管的机构范围内，区分公募和私募，将同类产品的监管办法合并，实现同类产品的监管规则统一。之后，在条件成熟的时候，实现跨监管机构的同类型产品的监管办法合并，产品注册和管理的系统合并或互联互通，以及跨监管机构的产品监管规则统一。在此基础上，可考虑针对银行理财子公司资产管理机构主要强调行为监管，而逐步淡化资本金管理。

（2）在产品规则实现统一后，长期内建议进一步梳理银行本体及银行理财子公司与资产管理业务相关的业务牌照，根据《证券法》《证券投资基金法》和资管新规的要求，按照机构监管与功能监管相结合的原则，尽快实现资产管理行业及相关投行领域的统一监管。

一是明确包括银行间债务融资工具在内的各类债券，以及包括银行理财在内的各类集合类资产管理产品的证券性质，将其统一纳入《证券法》的规范范畴。

二是尽快梳理与资产管理业务相关的业务牌照，并明确业务牌照的内涵及其基本监管目标和原则。目前商业银行体系与资产管理相关的业务主要包括：银行及附属机构向企业提供的与融资相关的财务顾问服务，与银行间企业债务融资工具发行承销相关的投行业务，与非标债权或股权相关的私募融资投行业务，债券和资产管理产品的销售与推介业务，证券和资产管理产品的投资顾问业务（包括仅提供投资建议的顾问服务和全权委托的专户服务），包含公募理财产品和私募理财产品发行管理在内的资产管理业务，资产管理产品的托管 / 保管业务等。为严格落实管理人信义义务和保护投资者利益，上述业务中建议资产管理业务应由具备资产管理业务牌照的法人机构专营，销售、投顾和托管等资产管理相关业务可兼营。此外，为防范买方业务和卖方业务之间的利益冲突，投行业务应与银行的买方业务和信贷业务之间进行严格的信息隔离。

三是基于上述原则，需明确过渡期结束后，商业银行本体不得继续从事资产管理业务（该原则建议应同样适用于证券公司和保险公司），资产管理业务必须通过成立专业子公司经营。

四是商业银行本体可继续兼营投资顾问、产品销售、产品托管等资产管理的配套业务，但在资产管理产品的监管规则实现跨监管部门统一后，也应当由证券监管部门或国务院授权管理部门发放准入牌照。发牌部门可以委托银保监会代为监管其配套业务，但有随机检查权，发现问题时银保监会可在委托范围内处理并告知发牌部门，范围之外的应由发牌部门处理。同理，证监体系的机构在销售或提供顾问服务时，涉及银保监体系的资产管理产品也需适用同样的牌照管理规则。

五是商业银行本体的投行业务也应按照其产品的证券属性，比照证监体系的公司债和国家发展改革委体系的企业债，适用相同的监管规则，并在银行的信贷业务、财富管理业务等业务之间设立严格的信息隔离墙。

六是银行理财子公司与基金管理公司本质相同，在资产管理产品的监管规则实现跨监管部门统一后，其公募产品应由证券监管部门或国务院授权管理部门发放准入牌照，私募产品应统一登记；其可兼营投资顾问和证券销售等业务，但需适用与银行母体同类业务相同的监管原则。此外，对于银行理财子公司因创设私募融资工具而衍生的投行业务，也应明确其所创设的融资工具的证券性质，并适用与私募债券等投行业务相同的监管规则。同时，参照国际经验，建立有效机制防范资产管理业务和投行业务之间的利益冲突，要求银行理财子公司的资产管理业务和投行业务应分别由不同的独立部门与人员经营，并且双方应设立严格的信息隔离墙。

2. 协调推进其他制度和机制建设，推动整个资产管理行业健康发展

建议监管机构能够统筹协调，推动有利于银行资产管理乃至整个资产管理行业健康发展的其他配套制度和机制的建设。

（1）建议彻底实现利率市场化，推动银行信贷资产证券化实现常态化，丰富商业银行资本补充手段，从根本上消除商业银行过去通过理财、同业等业务进行资本、利率等监管套利的内在动机。

（2）引导银行理财子公司以引进合格境外战略投资者为契机，借鉴国际先进经验优化公司治理，建设与资产管理业务的内在要求相一致的机制和文化，通过优胜劣汰推动银行理财子公司提升核心能力。

（3）协调完善引导养老金、捐赠基金等长期机构资金发展和壮大的机制与制度，协调推进投资者教育、税收制度优化和配套司法制度建设等资产管理行业长期健康发展必须配套的制度安排。

（4）建议监管机构进一步转变监管理念，划清市场与监管的边界，降低市场经营主体的展业及合规成本。对于资产管理产品的监管重点应是投资者与资产风险适配、信息披露和投资范围合规等，正常的经营决策和风险管理应交给资产管理机构的股东和管理层。

证券篇

一、证券公司资产管理业务的发展历程

证券公司资产管理业务发展历程大事记如图 3.1 所示。

（一）2003 年以前：探索中起步，无序发展

20 世纪 90 年代，随着我国股票市场的发展，证券公司为在行情低迷的市场环境下提振交易量、维持经纪业务佣金收入，有较大动力面向个人投资者开展投资咨询服务，以“代客理财”形式开展的类资产管理业务应运而生。1995 年，中国人民银行批准证券公司从事资产管理业务。

1998 年 12 月 29 日通过的《证券法》第六章第一百二十九条没有明确规定资产管理业务属于综合类证券公司的业务范围，但出于立法技术的考虑，该条第四项提出综合类证券公司可以经营“经国务院证券监督管理机构核定的其他证券业务”。1999 年 3 月，中国证监会发布《关于进一步加强证券公司监管的若干意见》，在涉及综合类券商的业务范围时指出：“综合类证券公司经批准除可以从事经纪类证券公司业务外，还可以从事证券的自营买卖，证券的承销和上市推荐，证券投资咨询，资产管理，发起设立证券投资基金和基金管理公司以及中国证监会批准的其他业务。”但是对于什么是资产管理业务、资产管理业务的风险如何防范等诸多问题没有规定，对资产管理业务基本上处于放任状态。

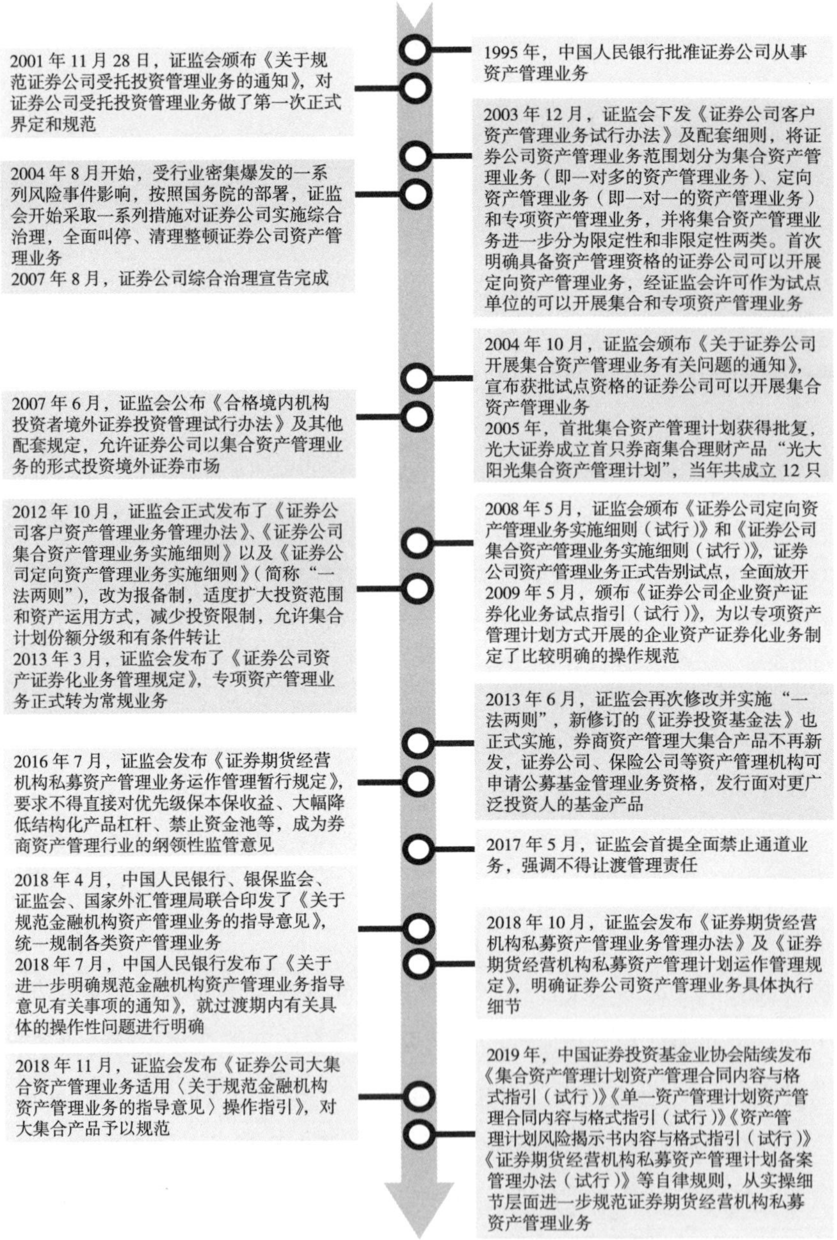

图 3.1　证券公司资产管理业务发展历程大事记

资料来源：中国人民银行、中国证监会等公开信息，中信证券资产管理业务整理。

2001 年 11 月 28 日，证监会颁布《关于规范证券公司受托投资管理业务的通知》，对证券公司受托投资管理业务做了第一次正式界定和规范。同年，《证券公司管理办法（征求意见稿）》正式将资产管理定义为综合类券商的经营范围之一，证券公司资产管理业务开始具有独立于经纪业务的市场地位。截至 2003 年 11 月，全国 132 家证券公司中已有约 70 家开展了资产管理业务，管理的资产总计近 700 亿元。

起步阶段的资产管理业务出现了较多的不合规现象。2003 年底至 2004 年上半年，行业出现大批挪用客户资产事件，几乎所有资产管理产品都包含保本保底条款，南方证券等券商受托理财出现巨亏，一系列风险事件集中爆发，严重危及证券市场健康、安全发展，甚至波及社会稳定，证券公司面临第一次行业性危机。受此影响，自 2004 年 8 月开始，按照国务院部署，证监会开始采取一系列措施对证券公司实施综合治理，全面叫停、清理整顿证券公司资产管理业务。

（二）2004—2007 年：逐步规范，综合治理

2003 年 12 月，证监会下发《证券公司客户资产管理业务试行办法》及配套细则，将证券公司资产管理业务范围划分为集合资产管理业务（即一对多的资产管理业务）、定向资产管理业务（即一对一的资产管理业务）和专项资产管理业务（主要用于企业资产证券化业务和部分产品创新）。《证券公司客户资产管理业务试行办法》的颁布，标志着证券公司资产管理业务规范发展的开始。

在规范的同时，证监会也鼓励证券公司进行创新。2004 年以来，监管层陆续发布了创新试点类和规范类证券公司的评审标准，经专家按程序严格评审，到 2006 年 6 月，有 15 家公司取得创新试点资格，15 家公司被评为规范类公司。证监会允许创新试点类证券公司试点开展资产管理业务。

（三）2008—2011 年：审批制下平稳发展，以集合驱动的主动管理为主

经过行业三年的综合治理，证券公司资产管理正式告别试点之路，全面放开管制。

2008 年 5 月 31 日，证监会颁布《证券公司定向资产管理业务实施细则（试行）》和《证券公司集合资产管理业务实施细则（试行）》，对定向资产管理业务和集合资产管理业务进行了更加细化和可操作的规定。2009 年 5 月颁布的《证券公司企业资产证券化业务试点指引（试行）》则为以专项资产管理计划方式开展的企业资产证券化业务制定了比较明确的操作规范。

2009 年，监管部门逐步放开和鼓励资产管理业务的发展，具体包括：放松对集合产品存续期、规模等方面的限制；产品审批流程转为常规化；新增参与资金起点 100 万元、参与人数 200 人以内的限额特定集合资产管理计划（小集合）；允许成立独立的证券公司资产管理公司，并逐步允许评级为 B 类以上的证券公司申请资产管理产品。

2011 年，证监会把集合理财的审批权下放到部分派出机构，不再由证监会统一进行审核。这一时期，集合资产管理业务规模占比一直处于超过 50% 的水平，其中费率较高的混合型和股票型产品数量居多，以集合驱动的主动管理为主的证券公司资产管理业务获得了长足的发展，规模进一步扩大，产品进一步丰富，从业人员也逐步增加。不过受制于审批制度，相比于当时 2.17 万亿元的公募基金管理规模和 4.81 万亿元的信托资产规模，证券公司资产管理业务的整体规模仍然较小。

（四）2012—2016 年：政策红利下的快速扩张，以通道和资金池业务为主

2012 年以来，证券公司资产管理行业经历了五年的快速发展期。

根据协会统计数据，2011 年末，全行业受托管理本金规模仅为 2 818.68 亿元，到 2016 年末规模已经达 17.58 万亿元，五年间年化复合增速高达 129%，券商在持牌资产管理机构中的资产管理规模占比从约 1.6% 提升到约 15%。回顾这一阶段资产管理行业的快速发展，有如下两方面特征。

一方面，本轮资产管理行业发展的核心是融资驱动的影子银行业务。

2012—2013 年，资产管理业务迎来了制度环境的重大突破。2012 年 10 月 18 日，证监会正式发布了《证券公司客户资产管理业务管理办法》、《证券公司集合资产管理业务实施细则》以及《证券公司定向资产管理业务实施细则》。“一法两则”将集合资产管理产品由行政审批制改为报备制，适度扩大资产管理产品投资范围和资产运用方式，减少投资限制，允许集合计划份额分级和有条件转让等。2013 年 6 月 1 日起，新修订的《证券投资基金法》正式实施，投资者人数不受 200 人限制的集合资产管理计划不再新发，证券公司、保险公司等资产管理机构可申请公募基金管理业务资格，面向更广泛的投资者公开募集。至此，证券公司资产管理业务全面驶入快车道。

政策红利的释放，使银证合作成为当时受到抑制的银信合作的极佳替代品。券商、基金系资产管理产品实质上具有了直接融资功能，嫁接银行自营或理财资金，在银行表外形成了庞大的影子银行体系，集中表现为资金池—资产池业务模式（见图 3.2）。这种模式下，银行承担了资金来源和资产供给的双重角色，同时也作为绝大部分利润的获取方和风险的最终承担者，券商、基金系资产管理机构主要发挥规避银行监管规则、实现交易便利等通道功能，本质上是一种监管套利行为，延长了融资链条，增加了融资成本，导致虽然资产管理规模扩张较快，但创收能力较差，行业通道费率也从 0.2% 迅速下降至 0.05% 的水平。从行业数据保守估算，截至 2016 年底，券商资产管理行业总规模中，符合上述特点的通道业务占比达到 70% 以上，行业整体（包括主动管理业务和通道业务）的净收入与受托规模的比例基本降至 0.17% 左右，仅相当于全球资产管理行业同期平均水平的 2/3。

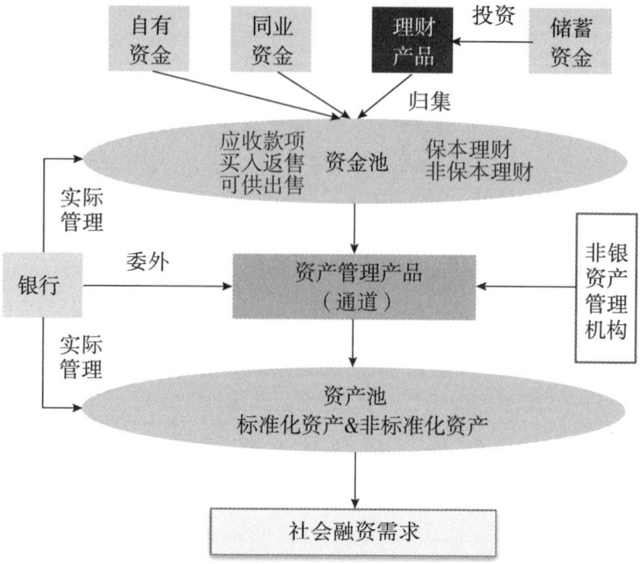

图 3.2　融资驱动的资金池—资产池业务模式

另一方面，实体投资回报率下降导致资金空转积聚金融风险。

2014 年以来，随着我国经济增速持续探底，实业部门的投资回报率逐步降低。尽管银根并不算紧，但货币供给并未有效传导至社会融资，同时金融资产财富效应凸显，大量资金从实体部门抽离涌入金融市场。这使以支持实体经济融资为驱动的资金池—资产池业务部分异化为一种基于存量资产的杠杆循环，这也是银行委托投资业务快速发展的原因。除开展以监管套利为目的的“通道业务”以外，银行在资产匮乏、投资管理能力不足的情况下，将募集的理财资金再委托券商、基金等专业机构进行投资管理，杠杆投资于高收益资产以满足理财收益需求，多层嵌套、加杠杆的模式催生了资金脱实向虚、金融窖藏现象，连续推升了股票、房地产、商品等多种资产价格，使系统性、区域性金融风险有所积聚。2015 年年中股票市场的异常波动和 2016 年底债券市场的“资金荒”具有强烈的警示意义。

（五）2017 年至今：严监管下回归主动管理本源

2016 年下半年以来，金融监管政策全面收紧，以维护金融安全、防控金融风险为主线，一行三会在去通道、降杠杆、打击资金空转、清理资金池等方面密集出台了大量政策，强化风险管控。

2016 年 7 月证监会发布《证券期货经营机构私募资产管理业务运作管理暂行规定》，要求不得直接对优先级保本保收益，要大幅降低结构化产品杠杆、禁止资金池等，成为券商资产管理行业的纲领性监管意见，银行委外业务受到一定程度的限制。

2017 年 5 月，证监会首提全面禁止通道业务，强调不得让渡管理责任。

2018 年 4 月 27 日，中国人民银行、银保监会、证监会、国家外汇管理局联合印发了《关于规范金融机构资产管理业务的指导意见》。资管新规精准识别通道业务，预期收益业务存在的弊端，试图通过统一规制消除多层嵌套和通道、规范资金池、打破刚性兑付，化解资产管理行业的系统性金融风险。

2018 年 10 月 22 日，证监会发布《证券期货经营机构私募资产管理业务管理办法》及《证券期货经营机构私募资产管理计划运作管理规定》（以下简称资管细则），在降杠杆、去通道、消除多层嵌套、穿透管理等方面与资管新规保持了原则一致，将证券公司、基金公司、期货公司私募资产管理业务纳入统一管理，确保相关规则在证券期货行业有效落地，彻底解决多年来证监会监管下不同类型持牌机构开展私募资产管理业务的规则和标准不统一的问题。

在新的监管环境下，券商资产管理回归“受人之托、代客理财”

的本源，存量不符合要求的业务在新规过渡期内逐步收缩规模，有序清理，提升资金使用效率，降低交易成本；增量主动管理业务向投资能力强、资金来源广的大型金融机构转移，加快提升行业集中度。

二、证券公司资产管理业务的监管体系

（一）2012—2018 年：机构监管模式下的“一法两则”

这一时期，资产管理行业处于分业经营状态，不同监管机构分别管理相应的资产管理子行业。针对证券公司资产管理行业，证监会基本建立了一套由《证券法》《信托法》《证券投资基金法》，以及“一法两则”等法律法规和自律规则构成的政策体系（见图 3.3）。证券公司资产管理业务划分为定向资产管理、集合资产管理和专项资产管理三大业务类型（见表 3.1）。

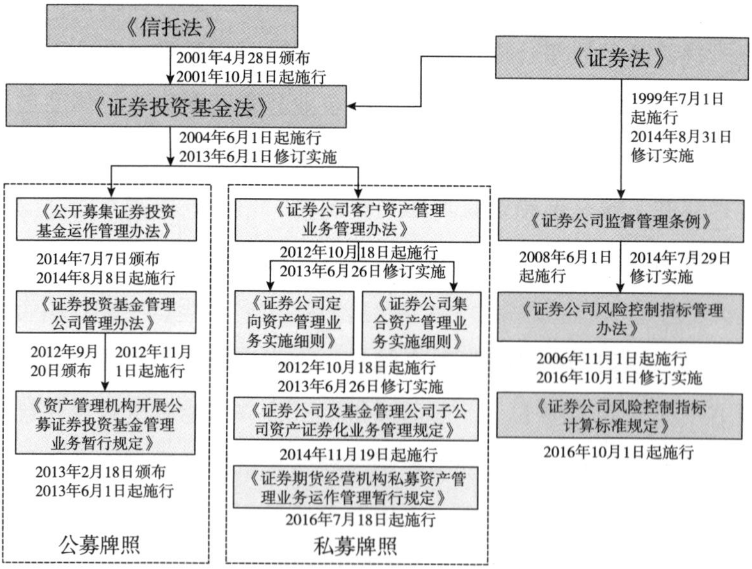

图 3.3　过去机构监管模式下的证券公司资产管理业务监管体系

资料来源：中国人民银行、中国证监会等公开信息，中信证券资产管理业务整理。

表 3.1　过去机构监管模式下的证券公司资产管理业务类型（未包含公募牌照）

<table>
<tr><th rowspan="3"></th><th rowspan="3">定向资产管理</th><th colspan="3">集合资产管理</th><th rowspan="3">专项资产管理</th></tr>
<tr><th colspan="2">大集合
（2013 年 6 月后无新发）</th><th>小集合</th></tr>
<tr><th>限定性</th><th>非限定性</th><th>限额特定</th></tr>
<tr><td>委托人数</td><td>1 人</td><td>—</td><td>—</td><td>2~200 人</td><td>2~200 人</td></tr>
<tr><td rowspan="2">投资范围</td><td rowspan="2">由证券公司与客户通过合同约定，不得违犯法律、行政法规，不得违反中国证监会的规定</td><td colspan="2">中国境内依法发行的股票、债券、证券投资基金、央行票据、短期融资券、资产支持证券、中期票据、股指期货等金融衍生品，保证收益及保本浮动收益商业银行理财计划，以及中国证监会认可的其他投资品种</td><td rowspan="2">中国境内依法发行的股票、债券、证券投资基金、央行票据、短期融资券、资产支持证券、中期票据、股指期货、商品期货等证券期货交易所交易的投资品种，利率远期、利率互换等银行间市场交易的投资品种，商业银行理财计划、证券公司专项资产管理计划、集合资金信托计划等金融监管部门批准或备案发行的金融产品，以及中国证监会认可的其他投资品种</td><td rowspan="2">针对客户的特殊要求和资产的具体情况，设定特定投资目标和投资范围</td></tr>
<tr><td>主要用于投资国债、债券型基金、在证券交易所上市的企业债券、其他信用度高且流动性强的固收类金融产品；投资于股票等权益类证券以及股票型基金的资产，不得超过该计划资产净值的 20%，并应当遵循分散投资风险的原则</td><td>由集合资产管理合同约定，不受前款规定限制</td></tr>
<tr><td>参与门槛</td><td>100 万元</td><td>5 万元</td><td>10 万元</td><td>100 万元</td><td></td></tr>
</table>

资料来源：中国证监会，中信证券资产管理业务整理。

2012年以来，证监会发布了一系列促进证券公司子公司发展的条例，例如《关于修改〈证券公司设立子公司试行规定〉的决定》《证券投资基金管理公司管理办法》《证券公司直接投资业务子公司管理暂行规定（征求意见稿）》《证券公司私募投资基金子公司管理规范》《证券公司另类投资子公司管理规范》等。在监管政策不断规范、鼓励创新的背景下，证券公司通过收购控股或新设子公司等方式，纷纷在基金、期货、直投、香港（国际）、另类投资等领域布局，以便更好地发挥期货、信托、PE等综合业务优势，分享资产管理快速发展的成果。证券公司通过资产管理子公司、基金子公司、期货子公司等多类别子公司开展泛资产管理业务的组织经营模式（见图3.4），是中国资产管理行业机构监管下的一大特色。

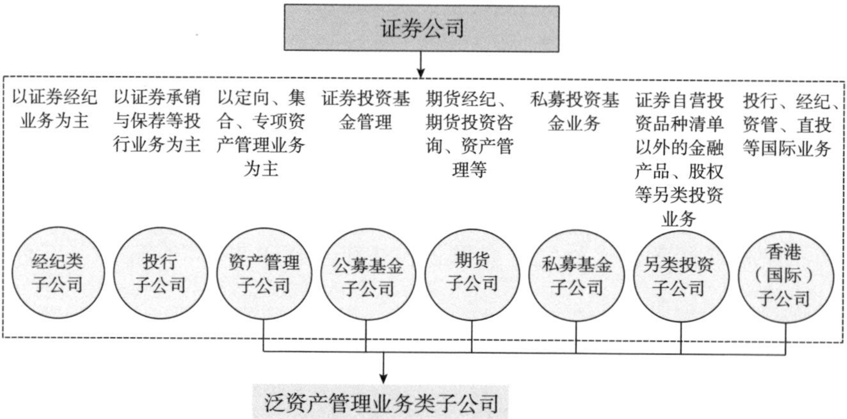

图3.4 机构监管下证券公司通过多类别子公司开展泛资产管理业务的组织经营模式

资料来源：中国证监会等公开信息，中信证券资产管理业务整理。

机构监管体系的最大弊端在于，不同资产管理机构的监管规则之间存在差异和分割，但功能却有所重叠，导致资产管理机构在不同监管空间内恶性竞争和套利，存在较为严重的交叉性金融风险。过去若干年来在银行理财、基金、券商、保险、信托等机构之间明显的政策差异，也是通道业务产生的重要根源。

（二）2018年后：功能监管和机构监管相结合模式下的资管新规

2018年10月22日，在《关于规范金融机构资产管理业务的指导意见》及其补充通知——《关于进一步明确规范金融机构资产管理业务指导意见有关事项的通知》的框架下，以《证券投资基金法》为上位法，证监会出台了与资管新规配套的资管细则，采取“1+1”（即“规章+规范性文件”）的框架，两者相互衔接、有机统一，形成较为完整的规则体系。一方面，作为资管新规的配套文件，资管细则在降杠杆、去通道、消除多层嵌套、规范资金池、穿透监管等方面与资管新规保持了原则一致，确保相关规则在证券期货行业有效落地；另一方面，资管细则也是首份将证券公司、基金公司、期货公司私募资产管理业务纳入统一管理的监管文件，明确了证券期货资产管理业务具体执行细节，建立了子行业长期规范治理体系。这将彻底解决多年来证监会监管下不同类型持牌机构开展私募资产管理业务的规则和标准不统一的问题，在如下几个方面对行业未来的发展具有重大意义。

其一，明确将各类私募资产管理业务统一为信托法律关系，并在此基础上确立了“卖者尽责、买者自负”“审慎经营”“禁止刚兑”“独立运作”“财产独立”等五项基本原则。信托关系的确立有利于增强资产管理业务和资产管理产品本身的独立性，有利于让客户准确理解资产管理“受人之托、代客理财”的本质，实现管理人固有财产、客户其他财产和资产管理产品财产之间的相互独立和有效隔离，在彻底打破刚性兑付的同时，为资产管理行业树立长期、稳定的公信力。现阶段功能监管和机构监管相结合模式下证券公司私募资产管理业务类型如表3.2所示。

表 3.2　现阶段功能监管和机构监管相结合模式下证券公司私募资产管理业务类型

	单一计划	集合计划	专项计划
委托人数	1 人	2~200 人	2~200 人
投资范围	（一）银行存款、同业存单，以及符合资管新规规定的标准化债权类资产，包括但不限于在证券交易所、银行间市场等国务院同意设立的交易场所交易的可以划分为均等份额、具有合理公允价值和完善流动性机制的债券、中央银行票据、资产支持证券、非金融企业债务融资工具等 （二）上市公司股票、存托凭证，以及中国证监会认可的其他标准化股权类资产 （三）在证券期货交易所等国务院同意设立的交易场所集中交易清算的期货及期权合约等标准化商品及金融衍生品类资产 （四）公开募集证券投资基金，以及中国证监会认可的比照公募基金管理的资产管理产品 （五）第（一）至第（三）项规定以外的非标准化债权类资产、股权类资产、商品及金融衍生品类资产 （六）第（四）项规定以外的其他受国务院金融监督管理机构监管的机构发行的资产管理产品 （七）中国证监会认可的其他资产		针对客户的特殊要求和资产的具体情况，设定特定投资目标和投资范围
参与门槛	1 000 万元	固收类：30 万元 混合类：40 万元 其他：100 万元	

注：集合计划有“双 25%”的集中度限制。

资料来源：中国证监会，中信证券资产管理业务整理。

其二，基本统一证券期货系私募类产品监管标准。由于我国金融行业的分业监管特征，若干年来在基金、券商等机构之间一直存在较为明显的监管政策差异。资管细则既考虑了基金、券商、期货以往规则的协调，也参考了监管机构和自律组织近年来在执法和监督过程中行之有效的一些做法，在兼顾机构特性的同时最大限度统一了监管规则。例如，将证券期货机构的私募产品名称从过去的“定向”“集合”“一对一”“一对多”等容易造成混淆的称谓统一为“单一资产管理计划”和“集合资产管理计划”，同时在机构展业资格条件、管理人职责、募集推广、投资运作、信息披露等具体运营管理细节上做出基本一致的规定。

其三，在多个方面保留政策的灵活性和实用性。比如参考私募证券投资基金监管中有关合格投资者判定的经验，在证券期货经营机构设立资产管理计划接受其他资产管理产品参与时，不合并计算其他资产管理产品的投资者人数，有助于机构委外业务的顺利开展。又如保留了管理人自有资金参与资产管理产品的规定，并允许以股票、债权等资产作为单一资产管理计划的委托资产等。再如，明确建仓期内以现金管理为目的可以突破约定的投向和风险收益特征，解决建仓期投资比例控制的困扰。此外，资管细则还对 FoF、MoM（管理人的管理人基金）业务做了原则规定，为后续制度和产品创新预留了空间。

其四，促使证券资产管理业务回归“投资管理”本源。资管细则高度强调管理人在资产管理业务中应发挥的主动管理责任，彻底消灭通道业务和预期收益型资金池业务的生存空间，并通过“双 25%”的集中度管理等将资产管理业务确立为以资产配置和价值挖掘为核心的组合管理形式，从而与借贷融资类业务做出了区分，促使行业走上净值化管理的可持续发展道路。

其五，做实收（受）益权投资的现金流支持。由于资产管理计划无法直接提供贷款融资，近些年还出现资产管理计划以各类资产的收（受）益权作为投资标的，而其中一部分资产的收（受）益权定义边界不清，或者不具备实际现金流支撑，成为融资的“幌子”，本质上还是针对资产原始权益人的信贷投放，还款来源完全依赖原始权益人的增信支持，存在一定风险隐患。为此，资管细则规定资产管理计划不得投资于法律依据不充分的收（受）益权。资产管理计划投资于不动产、特许收费权、经营权等基础资产的收（受）益权的，应当以基础资产产生的独立、持续、可预测的现金流实现收（受）益权。

其六，建立规范的治理结构和风险管理体系。资管细则吸收了以往“八条底线”和行业自律规则中的一些做法，大幅强化了资产管理机构的内控合规管理，特别是针对过去风险易发、频发的流动性管理和关联交易管理做出了详细规定。其中，针对流动性风险，考虑了不同类型私募产品的具体特征，限制产品开放频率，规范高频开放产品投资运作，做到了原则性与灵活性的并重。同时在投资非标债权类资产的限额管理要求方面，参照商业银行理财业务规则，规定同一经营机构私募资产管理业务投资非标债权的金额不得超过全部资管计划净资产的35%，体现了统一监管的初衷。在关联交易规制方面，除明确信息披露义务外，还强化了管理人的报告责任。

2019年，中国证券投资基金业协会陆续发布《集合资产管理计划资产管理合同内容与格式指引（试行）》《单一资产管理计划资产管理合同内容与格式指引（试行）》《资产管理计划风险揭示书内容与格式指引（试行）》《证券期货经营机构私募资产管理计划备案管理办法（试行）》等自律规则，从实操细节层面进一步规范证券期货经营机构私募资产管理业务。

（三）新证券法出台：对资产管理行业监管体系顶层设计的进一步完善

在2012—2018年的机构监管框架下，不同类别的资产管理机构分别对应《信托法》《证券投资基金法》《商业银行法》《保险法》，而2018年以后强调功能监管和机构监管相结合的资管新规，也未能解决资产管理行业缺乏横向统一监管体系的问题。由各类金融和准金融机构设计发行的不同类别资产管理产品，需要接受不同监管机构或者自律组织的监管，不同监管机构制定和出台的监管标准难以做到完全一致，监管套利仍然存在。

2019年12月28日，第十三届全国人大常委会第十五次会议审议通过了修订后的《证券法》，并于2020年3月1日起施行。此次《证券法》的修订是继2005年之后的第二次大修，在深入分析证券市场运行规律和发展阶段性特点的基础上，历经五年四审后正式出炉。

修订后的《证券法》将符合证券筹集资金、由他人从事经营活动、获取收益并承担风险、可交易可转让等金融属性的存托凭证、资产支持证券和资产管理产品纳入证券法的调整范围，同时，对证券公司的业务范围做出调整，删去了“证券资产管理”这一业务范围，增加了“证券融资融券”和“证券做市交易”，明确“证券公司经营证券资产管理业务的，应当符合《中华人民共和国证券投资基金法》等法律、行政法规的规定”，为未来规范资产管理行业的发展提供了重要法律依据，有利于形成更为公平的竞争环境，提高金融服务社会经济发展的效率。

（四）针对存量大集合产品的整改要求

依据《证券法》，证监会于2003年发布《证券公司客户资产管理业务试行办法》，证券公司或其资产管理子公司先后依法设立了400余个投资者人数不受200人限制的集合资产管理计划，截至2018年末的存量规模约为0.9万亿元，其中现金管理类保证金产品占比较高。2013年《证券投资基金法》发布施行以来，证监会持续督促行业机构按照公募基金的要求对大集合产品予以规范。资管新规的发布实施进一步对公募产品的运作规范提出若干具体要求，行业机构普遍关注大集合产品如何适用资管新规的有关规定。

2018年11月28日，证监会发布《证券公司大集合资产管理业务适用〈关于规范金融机构资产管理业务的指导意见〉操作指引》，对大集合产品进一步对标公募基金、实现规范发展的标准与程序进行细化明确。根据指引，大集合产品改造完成后将转为公募基金或私募资产管理计划，并设置了三年的存续期限制，按照相关法律法规持续稳定运作。

（五）证券公司风险控制指标中有关资产管理业务的规定

2020 年 1 月 23 日，证监会发布《证券公司风险控制指标计算标准规定》，并于 2020 年 6 月 1 日正式施行。其中，按照宽严相济、防范风险的原则，针对资产管理业务不同投向和金融的风险特征，分类设置特定风险资本准备计算标准：单一资产管理计划投资标准化资产的计算 0.3%，投资股票质押的计算 3%，投资股票质押以外非标资产的计算 0.8%；集合资管计划投资标准化资产的计算 0.5%，投资股票质押的计算 5%，投资股票质押以外非标资产的计算 3%。在细化分类下特定风险准备计提比例有所提升。同时，结合证券公司分类评价结果强化差异化监管，在现行风险资本准备调整系数的基础上，增加一档“连续三年 A 类 AA 级以上（含）系数为 0.5”，提升合规风控有效、业务拓展能力较强的证券公司的资本运作空间，支持行业发展。

三、证券公司资产管理业务的发展现状

（一）证券公司私募资产管理业务现状

证券公司资产管理业务规模经历五年复合年化增速 129% 的快速扩张后于 2016 年见顶，在资管新规影响下，从 2017 年开始出现连续三年下滑，截至 2019 年 12 月末，证券公司及其私募子公司私募资产管理业务规模为 11 万亿元（见图 3.5）。

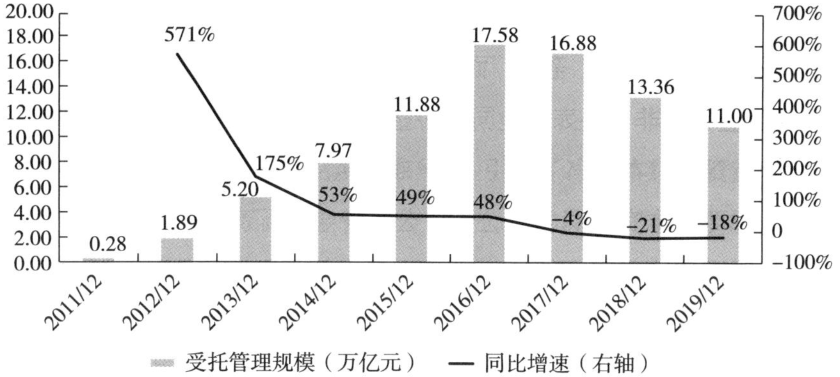

图 3.5　证券公司资产管理业务规模历年变化情况

注：2011—2015 年规模数据为中国证券业协会披露的证券公司及其证券类子公司受托管理的资本金总额，2016—2017 年规模数据为中国证券投资基金业协会披露的证券公司及其直投子公司资产管理业务规模，2018—2019 年规模数据为中国证券投资基金业协会披露的证券公司及其私募子公司私募资产管理业务规模。

资料来源：中国证券业协会、中国证券投资基金业协会，中信证券资产管理业务整理。

资管新规对资产管理业务提出了更高的主动管理能力要求，在净值化转型的过程中，证券公司资产管理机构积极创新，在业务链各环节不断摸索尝试。资金端方面，继续巩固和发展现有固收类等优势产品的投资管理，满足低风险偏好客户短期限、稳定收益的投资需求，同时兼顾部分营业部客户风险偏好较高的特点，挖掘高净值客户的综合财富管理需求，打造权益、量化等多领域拳头产品；资产端方面，尝试发展 ABS、科创板、市场中性、期权、纾困投资等新业务；产品端方面，借助信息系统、交易经验、绩效评估等优势，推动传统通道业务向综合解决方案服务转型升级，积极布局公募牌照、FoF/MoM 业务、QDII 产品，为客户提供更为多元的解决方案。

（二）证券公司公募资产管理业务现状

自 2013 年证监会将公募基金牌照申请资格拓宽至券商、保险等机构以来，多家券商提交申请材料，目前已有 13 家证券公司或资产管理子公司获批了公募牌照，可以在公募相关监管框架下发行公募产品。

截至 2019 年末，获得公募牌照的证券公司或资产管理子公司共存续公募基金 142 只，资产净值合计 3 403.23 亿元。其中货币市场基金 10 只，规模 615.85 亿元；债券型基金 57 只，规模 1 754.11 亿元；混合型基金 66 只，规模 989.88 亿元；股票型基金 2 只，规模 1.01 亿元；指数型基金 7 只，规模 42.38 亿元。

2018 年 11 月 28 日，证监会发布了《证券公司大集合资产管理业务适用〈关于规范金融机构资产管理业务的指导意见〉操作指引》，明确了存续大集合产品的公募基金化改造方向。在这一背景下，未来将有更多券商直接申请或设立资产管理子公司申请公募牌照，以延续大集合改造后的业务。

四、完善证券公司资产管理业务的建议

新《证券法》将资产管理产品纳入调整范围，并明确证券公司的资产管理业务未来不再作为一类证券公司的业务范围存在，而是从功能监管的角度纳入《证券投资基金法》框架进行规范，这将对未来券商资产管理业务的发展产生深远影响。从推动监管逐步走向统一的趋势出发，结合行业实践，提出如下政策建议。

（一）根据新《证券法》，修订完善证券公司资产管理业务的配套规则

由于新《证券法》已经取消了将证券公司资产管理业务作为单独的证券公司经营范围，因此证券公司未来经营资产管理业务的上位法和监管规则应明确遵循《证券投资基金法》。建议修订《证券公司监

督管理条例》及《证券期货经营机构私募资产管理业务管理办法》等法规和部门规章，可考虑将证券公司资产管理业务按照《证券投资基金法》和资管新规下的公募基金、私募基金业务重新定义，并明确配套制度安排。

（二）逐步实现证监会监管下的各类公募、私募业务在功能监管思路下完全统一

监管主体方面，实现证券公司资产管理业务（子公司）、基金公司、期货公司、私募基金监管的统一。当前，证券公司的资产管理业务作为证券公司的一项业务牌照，又是《证券投资基金法》框架下的资产管理产品，同时受到证监会针对证券公司的机构监管和针对基金业务的功能监管，虽然在业务规则方面已经基本统一，但在风险准备金计提等方面，证券公司和基金公司还存在一些差异之处。此外，同为私募基金业务，券商资管、期货资管与私募基金分别由基金机构监管部、期货部和私募基金监管部监管，特别是证券、期货公司资产管理与私募基金在规则方面尚未做到实质趋同。建议加强证监会内部的监管协调，首先实现不同机构、同类资产管理业务的监管规则一致，最好能够逐步实现同类业务监管主体的完全统一，从而彻底消除监管差异。

在公募产品方面，资管新规发布后，现有证券公司资产管理业务的大集合产品已经在逐步整改为参照公募基金管理的产品，在取得公募基金牌照后，证券公司资产管理子公司可以直接将大集合产品转型为公募基金。因此，当前政策框架已经能够实现证监会监管下公募产品的完全统一。

在私募产品方面，当前的券商资管计划与私募基金的监管规则相比更为严格，特别是在投资范围、集中度限制等方面。建议券商将私

募资产管理计划统一在中国证券投资基金业协会备案，充分释放私募产品的活力，发挥长期机构资金支持实体经济转型发展的潜能。

（三）逐步促进银保监会、证监会监管下的各类资产管理业务监管规则的最终统一

本书之前已经分析，尽管资管新规针对不同机构的资产管理产品的监管规则已经做出了原则性规定，但不同类型的资产管理机构之间，特别是银行与证券公司、基金公司的公募产品之间的监管差异还比较明显，建议通过金融稳定委员会的协调机制，进一步完善资管新规，明确适用于各类公募基金、私募基金，持续统一资产管理机构各类产品的监管政策。比较现实的做法是，通过出台或修订部门规章、指引等形式，实现银行、保险、信托、证券、基金、私募等机构在投资范围、投资限制、税收安排、信息披露等方面的具体规则实质趋同，并使资产管理产品，特别是私募产品的登记、备案系统互联互通，再逐步探索将《证券投资基金法》作为资产管理行业的根本大法，将适用范围扩大至公募、私募资产管理产品，在其框架下实现监管主体、监管政策的完全统一。

保险篇

一、保险资产管理机构及其业务的发展历程

（一）2003—2011 年：以保险资金投资管理为主，探索发展第三方业务

设立保险资产管理机构的初衷是对保险资金进行专业化管理。2000 年后，中国保监会不断强调保险资金的专业化管理，要求保险机构将投资资金与财务资金分开管理，培育专业的保险资金运用主体和合格的机构投资者。成立保险资产管理公司成为保险资金管理体制改革的突围方向。2003 年，保监会鼓励、支持符合条件的保险公司成立保险资产管理公司。经国务院同意、保监会批准，由中国人民保险集团独家发起设立的国内首家保险资产管理公司——中国人保资产管理股份有限公司于 2003 年 7 月 16 日成立，标志着保险资产管理公司这一类机构正式登陆中国资本市场。

2004 年 4 月，保监会公布《保险资产管理公司管理暂行规定》，明确了保险资产管理业务的法律地位和市场定位，使保险公司搭建资金管理运营平台有章可循。《保险资产管理公司管理暂行规定》确定了保险资产管理公司与保险公司之间的权利义务关系，以及受托管理保险资金应遵循的一些基本规则，并为保险资产管理公司今后拓宽业务范围留下了法律空间。

2006 年末，保监会已累计批准成立 9 家保险资产管理公司和友邦中国资产管理中心，形成“9+1”格局，一直保持到 2011 年年中。2011 年，时隔 5 年后保监会批准安邦资产和生命资产成立，扩容到“11+1”。

这一时期，部分保险资产管理公司积极开展第三方业务探索和试点。第三方业务发展的形式主要有：委托管理其他机构资金、企业年金、集合类保险资产管理产品、基础设施及不动产债权及股权计划。这一时期，保监会批准 14 家中小公司委托保险资产管理公司开展股票投资，鼓励资产外包模式，提升管理专业化水平。部分保险资产管理公司开拓保险业外客户，管理非保险机构资金。部分保险资产管理公司在 2005 年和 2007 年先后成为企业年金管理人，进入企业年金投资管理市场。2006 年，4 家保险资产管理公司获得间接投资基础设施试点，债权计划业务起步。同样是在 2006 年，保监会批准部分保险资产管理公司开展集合类保险资产管理产品试点。

这一时期，保险资产管理公司主要管理母公司的保险资金，第三方业务管理规模虽然类型较多，但总体规模十分有限，并且以管理保险业资金为主。

（二）2012—2015 年：分享资产管理业务大发展红利，大力拓展第三方业务

2012 年，保监会对保险资金运用进行大规模的市场化改革，出台了诸多投资新政，拓宽保险资金投资范围，保险资产管理机构的非保险资金第三方业务获得了前所未有的发展机会，驶入快车道。这一时期，一批新的保险资产管理公司获准设立，集合类和另类保险资产管理产品的监管制度得到修改，保险资产管理公司获准开展公募基金业务，诸多保险资产管理机构得到快速发展。同时，这一时期资产管理

市场快速发展，通道业务盛行，部分保险资产管理公司也利用牌照优势，开展了部分通道业务。

这一时期保监会出台了大量的政策促进保险资产管理业务发展。2012 年发布的《保险资金委托投资管理暂行办法》清晰了保险资金与其他资产管理机构的合作路径；次年发布的《关于加强和改进保险机构投资管理能力建设有关事项的通知》对保险资产管理机构的投资能力进行分层，确定了能力与业务的匹配；《关于保险资产管理公司有关事项的通知》规定，保险资产管理公司在有效控制风险的前提下，可以开展业务创新、产品创新和组织创新，并积极拓宽保险资产管理机构的业务范围。在具体业务上，保监会针对基础设施及不动产债权计划 / 股权计划、组合类保险资产管理产品等提出了大量业务新政，支持业务的开展。

受益于监管放开及资产管理市场的蓬勃发展，这一时期保险资产管理机构与信托、银行理财等展开积极合作，实现项目合作、资金对接和业务发展，保险资产管理机构的规模迅速扩大，部分机构的第三方业务规模占比过半。

（三）2016 年至今：监管政策收紧并等待新政

2016 年，资产管理行业的宽松政策开始集体转向，保险资产管理业务同样不能避免。2016 年 6 月，保监会发布《关于加强组合类保险资产管理产品业务监管的通知》和《关于清理规范保险资产管理公司通道类业务有关事项的通知》，整肃资产管理产品业务，对业务进行降杠杆、去嵌套、去通道化管理，并叫停了组合类保险资产管理产品的个人销售。这一时期，基础设施及不动产债权 / 股权计划本身是直接融资的重要手段，并且主要用于支持实体经济，该类业务获得大力支持。

2018 年 4 月 27 日，中国人民银行、银保监会、证监会、国家外汇管理局联合印发《关于规范金融机构资产管理业务的指导意见》，对资产管理行业进行了全面系统的规范。保险资产管理机构在资管新规的指导下，积极开展业务整顿，以符合资管新规。2020 年 3 月，中国银保监会发布《保险资产管理产品管理暂行办法》，明确保险资产管理产品定位为私募产品，面向合格投资者非公开发行，产品形式包括债权投资计划、股权投资计划和组合类保险资产管理产品等，并在产品运作规范、发行人责任、风险管理机制和过渡期安排等方面与资管新规保持一致。后续与《保险资产管理产品管理暂行办法》相配套的三类产品的具体规则也将陆续推出，这些制度的出台在统一保险资产管理产品规则的基础上，进一步填补监管空白、补齐监管短板、强化业务监管，有利于促进保险资产管理产品业务持续健康发展。

二、保险资产管理机构的监管体系

（一）对保险资产管理机构开展业务监管的主要依据

《保险法》和《证券法》是保险资产管理行业监管的上位法，保险资产管理公司的设立应遵循《保险法》，从事证券投资活动应遵守《证券法》。在具体的业务开展中，保险资产管理机构面临的监管主要是机构公司治理和具体业务两方面的监管。需要注意的是，由于保险资产管理机构长期管理保险资金的历史渊源，以及目前保险资金占整个管理规模的半数以上，监管机构对保险资产管理公司的监管仍采用“白名单制”，对于众多投资活动进行实质审核。

（二）对保险资产管理机构开展业务监管的主要内容

1. 公司治理类监管

2004 年 4 月 21 日发布并于 2011 年修订的《保险资产管理公司管

理暂行规定》是保险资产管理公司开展业务的主要制度依据，确立了保险资产管理机构的市场准入及注册资本要求。保险资产管理公司最低注册资本1亿元，显著低于信托公司和商业银行理财子公司的最低注册资本要求（分别为3亿元和10亿元）。在业务范围上，除受托管理保险资金外，还可受托管理养老金、企业年金、住房公积金等机构的资金，以及能够识别并承担相应风险的合格投资者的资金。保险资产管理公司作为受托人，可以接受客户委托，以委托人名义开展资产管理业务，也可以设立资产管理产品，为受益人利益或者特定目的开展资产管理业务。

2013年，保监会发布的《关于加强和改进保险机构投资管理能力建设有关事项的通知》规定，要求“保险机构投资管理能力包括以下7类：股票投资能力、无担保债券投资能力、股权投资能力、不动产投资能力、基础设施投资计划产品创新能力、不动产投资计划产品创新能力和衍生品运用能力。保险机构开展相关投资管理业务，其投资管理能力应当符合中国保监会规定的标准”。没有获取相关能力的，不能开展相关的业务。

2. 具体业务类

（1）以专户形式管理各类资金

《保险资产管理公司管理暂行规定》中指出，“保险公司委托保险资产管理公司管理保险资金，应当遵守《保险法》和中国保监会的有关规定”。这些规定主要是保险资金的运用范围、监管比例等。《保险资产管理公司管理暂行规定》主要对保险资产管理公司受托管理保险资金进行了规范。保险资产管理公司受托管理运用保险资金应当订立书面合同。中国保监会另行制定书面合同的内容和格式指引。保险资产管理公司依照合同约定取得资产管理费，并应当将收取资产管理费的情况向中国保监会报告。

部分保险资产管理公司开展企业年金、基本养老金、职业年金等资金的管理，其市场准入资格是根据人社部或社保基金理事会的规则取得的，相应地接受上述机构和银保监会的监管。

（2）基础设施及不动产债权 / 股权计划

2006 年 3 月，应行业发展需要，以及为了改变保险资产管理业的生存状态，保监会推出《保险资金间接投资基础设施项目试点管理办法》，首次打开基础设施投资渠道，正式启动间接投资基础设施项目试点。2009 年 3 月，保监会推出了《基础设施债权投资计划产品设立指引》和《关于保险资金投资基础设施债权投资计划的通知》。这些办法的出台标志着监管机构已开始着手从制度层面对复杂投资工具进行规范，逐步实现从投资项目的审批向投资能力审核的转变。

2009 年，监管机构在新《保险法》中首次将不动产投资纳入保险资金投资渠道之中。

2010 年，保监会正式出台《保险资金投资不动产暂行办法》，允许保险资金可以投资基础设施类不动产、非基础设施类不动产及不动产相关金融产品。

2012 年 10 月，保监会发布《基础设施债权投资计划管理暂行规定》，对基础设施债权投资计划业务进行规范。

2015 年，保监会发布《资产支持计划业务管理暂行办法》，对资产支持计划的基础资产、交易结构、发行、转让、登记、运作管理、风险控制、信息披露、监督管理都做出了更加明确的规定。

2016 年 6 月，《保险资金间接投资基础设施项目管理办法》发布，投资计划可以采取债权、股权、物权等方式投资基础设施项目，将投资计划产品发行调整为注册制，放宽了基础设施项目的行业范围，增加了政府和社会资本合作等投资模式。

2017 年，保监会发布《关于保险资金投资政府和社会资本合作项目有关事项的通知》《关于债权投资计划投资重大工程有关事项的通知》，中国保险资产管理业协会发布《关于建立债权投资计划投资重大工程业务受理及注册绿色通道的通知》，加大保险资金对接实体经济力度。

2018 年，保监会发布《关于保险资金设立股权投资计划有关事项的通知》，规范保险资产管理机构股权投资计划设立业务，切实防范保险资金以通道、明股实债等方式变相抬高实体企业融资成本，避免保险机构通过股权投资计划直接或间接违规增加地方政府债务规模，更好地发挥保险资金服务实体经济的作用。

（3）组合类保险资产管理产品

2006 年，保监会启动资产管理产品试点，实际上仅指组合类资产管理产品。2013 年 2 月 4 日，保监会发布的《关于保险资产管理公司开展资产管理产品业务试点有关问题的通知》规定，保险资产管理公司开展产品业务所需资质参照《保险资金委托投资管理暂行办法》关于保险资金投资管理人的规定执行，公司应当制定完善的产品业务管理制度；保险资产管理公司发行产品，实行初次申报核准，后续产品事后报告。

2015 年 7 月 9 日，保监会发布的《关于保险资产管理产品参与融资融券债权收益权业务有关问题的通知》规定，保险资产管理公司通过发行保险资产管理产品募集资金，与证券公司开展融资融券债权收益权转让及回购业务，可以进行合理的协商来确定还款期限，不得单方面强制要求证券公司提前还款。

2016 年 6 月 1 日，保监会发布《关于清理规范保险资产管理公司通道类业务有关事项的通知》，开展保险资产管理公司银行存款通道等业务清理规范工作。

2016 年 6 月 22 日，保监会发布《中国保监会关于加强组合类保险资产管理产品业务监管的通知》，对组合类保险资产管理产品业务进行规范，严格了管理人的资质要求，并对基础资产范围进行了明确约定，同时通过窗口指导暂停了保险资产管理产品向个人投资者销售。

2020 年 3 月 25 日，银保监会下发《保险资产管理产品管理暂行办法》，补齐了资管新规下保险资产管理产品的监管空白，主要内容包括：第一，明确保险资管为私募产品；第二，可向符合条件的自然人销售；第三，组合类投资非标比例不超过 35%；第四，允许符合条件的金融机构以及银保监会认可的其他机构代理销售保险资产管理产品；第五，保险资产管理产品发行从核准制改为注册制，将简化银保监会监管流程，提高产品注册效率，鼓励投资者风险自担，市场化接轨；第六，其他打破刚兑、禁止资金池、期限匹配、去通道、向上向下穿透等要求均与资管新规一脉相承；第七，过渡期与资管新规保持一致，截至 2020 年底，过渡期内可续发老产品对接。

（4）公募基金业务

2013 年 2 月，证监会发布《资产管理机构开展公募证券投资基金管理业务暂行规定》，保险资产管理机构可向中国证券监督管理委员会申请开展基金管理业务，中国证监会依法核准其业务资格。保险资产管理机构开展基金管理业务，应当设立专门的基金业务部门，建立独立的基金投资决策流程及相关防火墙制度，有效防范利益输送和利益冲突。

2013 年 6 月 7 日，保监会和证监会发布的《保险机构投资设立基金管理公司试点办法》规定，“中国保监会、中国证监会按照各自监管职责，对保险机构投资设立基金管理公司及其有关业务活动进行监督管理”。保险机构投资设立基金管理公司，可以采用发起设立或收购股权等方式。

（5）私募基金业务

2015 年，保监会发布《关于设立保险私募基金有关事项的通知》，允许保险资金可以设立私募基金，范围包括成长基金、并购基金、新兴战略产业基金、夹层基金、不动产基金、创业投资基金和以上述基金为主要投资对象的母基金。同时规定基金发起人由保险资产管理机构的下属机构担任。部分保险资产管理机构已经设立独立的子公司来从事私募基金业务，其开展业务需要遵守中国证券基金业协会的自律管理，并接受中国银保监会的监管。

三、保险资产管理机构业务的发展现状

（一）保险资产管理机构的资产管理情况

根据中国保险资产管理业协会发布的 2019—2020 年保险资产管理业综合调研数据，截至 2019 年 12 月 31 日，保险资产管理业管理总资产规模达 18.11 万亿元，结构上，系统内保险资金占 73.95%，第三方保险资金占 6.16%，银行资金占 3.32%，基本养老金、企业年金和职业年金合计占 9.15%，养老保障产品占 4.82%。业务开展模式以专户业务为主，管理规模超八成；另类产品、组合类产品管理规模占比分别为 7.98%、7.1%；投顾、财顾，以及公募事业部等模式占比较小。不同资金存在各自的业务模式偏好，第三方保险资金业务模式以另类产品、组合类产品和专户业务为主，银行资金业务模式以组合类产品、专户业务和另类产品为主，基本养老金业务模式以专户业务、另类产品为主，企业年金、职业年金、养老保障产品以专户业务为主。

（二）保险资产管理产品

截至 2019 年末，保险资产管理产品余额 2.76 万亿元，其中债权

投资计划1.27万亿元、股权投资计划0.12万亿元、组合类保险资产管理产品1.37万亿元。债权投资计划和股权投资计划主要投向交通、能源、水利等基础设施项目，成为保险资金等长期资金对接实体经济的重要工具；组合类保险资产管理产品主要投向股票、债券等公开市场品种，丰富了保险资金配置方式和策略，有力引导长期资金参与资本市场。

（三）保险资产管理公司公募基金业务现状

截至2019年底，共有5家保险资产管理公司开展公募基金业务（见表4.1），其中泰康资产和人保资产以事业部制形式开展，另外3家通过公募基金子公司开展业务，其中国寿安保基金采用发起设立的方式成立，国联安基金与太平基金均为保险资产管理机构通过收购原有股东转让股份的方式成为公募基金股东。

表4.1　保险资产管理公司公募基金业务

基金管理人简称	股东	2019年末规模（亿元）
国联安基金	太平洋资产51%	463.33
国寿安保基金	国寿资产85.03%	1 718.22
太平基金	太平资产91.5%	168.59
泰康资产	—	551.49
人保资产	—	223.70

（四）年金及基本养老管理

截至2019年末，管理基本养老金1 564亿元，管理企业年金1.33万亿元，管理职业年金近2 500亿元。保险资产管理机构是企业年金市场的重要投资管理人，年金管理规模排名前三的管理机构均为保险资产管理机构。

四、完善保险资产管理业务的建议

保险资产管理公司的发展历程是一部监管机构解决保险资金运用难题、促进保险资金支持实体经济发展的历史，也是保险资产管理机构自身追求独立性、向真正的资产管理机构转型的历史。资管新规下，保险资产管理行业的配套监管细则姗姗来迟，这反映了监管机构和市场主体对于保险资产管理公司的定位和发展方向存在博弈。保险资产管理公司已经成为资产管理市场中一支重要的力量，它具有鲜明的特色、突出的优势、庞大的规模、稳定的客户，它的健康发展需要厘清定位，打破约束其正常发展的藩篱。

（一）确立保险资产管理机构的资产管理定位，区别于保险资金的投资监管

保险资产管理公司是资产管理机构，管理股东的庞大资金是其优势和特色，但不是其基本属性。保险资产管理机构的主要股东是保险公司，其最大的客户也是母公司或主要股东，这是由保险资金内部化管理的成本较低决定的。即使管理主要股东的资金，保险资产管理公司也与其股东订立书面合同，大多也有市场化的管理费收取协定机制。在开展资产管理业务时，保险资产管理公司必须履行公平对待投资者的基本信义义务，公平合理地管理股东和其他投资者的委托资产。

时至今日，保险资产管理公司的第三方业务规模已经相当大，但它的监管与其他资产管理机构的监管仍存在较大差异，业务发展的限制也较其他资产管理机构更为严苛。保险资产管理公司的监管机构是中国银保监会，后者既监管保险公司的资金运用行为，也监管保险资产管理公司的业务。监管机构长期重视监管保险资金运用行为，习

惯于做实质性审核，并且采用“白名单制”，未明确允许即违规，保险资产管理机构的非保险资金业务不可避免地受到上述监管习惯的影响，导致资产管理业务开展中需要诸多的申请许可，迥异于其他资产管理机构受到的监管。

保险资金运用行为受到审慎监管无可厚非，但保险资产管理公司的资产管理业务应遵循民事合同自治原则，过于严苛的监管可能导致业务难以开展。以债权计划为例，其注册效率远低于信托产品，同时注册时强调实质审核，无形中增加了保险资产管理公司业务的开展成本。另外，保险资产管理产品的投资者既有保险资金，又有非保险资金的合格投资者，目前监管“要求保险资金投资的保险资产管理产品，其投资范围应当严格遵守保险资金运用的监管规定。非保险资金投资的保险资产管理产品，其投资范围与其他资产管理产品的投资范围保持一致”。上述监管要求就很容易导致按照保险资金的投资范围去设定保险资产管理产品的投资范围，这在三类产品的配套细则征求意见稿中已经有所体现。

作为资产管理机构，保险公司开展的业务要遵守资产管理市场的基本法律法规，在功能监管下更是如此。监管机构对保险资产管理公司开展资产管理业务的监管，要严格区分于管理保险资金的监管，不能混为一谈，也不能进行简单的参照借鉴。

（二）统一资产管理基础管理，着眼于资产管理市场的大发展

在市场准入方面，建议统一资产管理的牌照功能设计，避免出现保险资产管理机构在开展多元经营时需要接受多种监管，增加监管成本。例如，目前保险资产管理公司以事业部制开展公募基金业务时，就面临中国银保监会和中国证监会的双重监管，迥异于证券公司以事业部制开展公募业务。

在市场基础设施方面，保险资产管理机构开展保险资产管理产品业务，应当在上海保险交易所股份有限公司、中保保险资产登记交易系统有限公司等银保监会认可的资产登记交易平台进行发行、登记、托管、交易、结算、信息披露等。这就意味着保险资产管理行业需要单独有一套资产登记交易平台，并且这些平台主要负责为保险、再保险等产品提供服务，迥异于保险资产管理产品。保险资产管理另起炉灶，与基金、证券等机构资产管理产品的登记平台将存在显著差异，不利于资产管理市场的互联互通。

在产品的定位上，保险资产管理产品定位于私募，导致保险资产管理机构缺乏公募产品，在未来大力发展养老金第三支柱的背景下，在养老金管理领域具有领先优势的保险资产管理机构将难以通过公募产品获取第三支柱客户。建议允许保险资产管理机构像银行理财、公募基金一样发行公募产品。

（三）消除歧视性制度壁垒，为保险资产管理业发展创造公平环境

资产管理市场是竞争程度最高的市场之一，但是进入壁垒的存在抑制了竞争，其中行政性的市场准入壁垒又是最难突破的。中国资产管理市场的现状不应该成为未来，这就要求积极消除各种行政准入障碍，为公平竞争创造最基本的条件。例如，保险资产管理公司作为资产管理市场的后来者，管理社保资金时面临行政壁垒，只允许证监会监管的资产管理机构参与投管人选聘；保险资产管理机构在发行债权计划时直接受到担保抵押制度的限制，这些都需要不断突破。

信托篇

一、中国信托业发展历程

以 2001 年《信托法》的颁布实施为分水岭，中国信托业的发展可以大致分为两个时期：高度银行化的混业经营时期（1979—2000 年），主营信托业务的分业经营时期（2001 年至今）。[①]

（一）1979—2000 年：高度银行化的混业经营时期

新中国成立之初，曾在我国短暂出现的信托机构，随着计划经济体制的推行而很快消失，直到改革开放后才再次出现。1978 年 12 月，党的十一届三中全会召开，标志着中国进入改革开放新时期。1979 年 10 月，经邓小平同志批准，中国国际信托投资公司成立，标志着中国信托业的正式恢复。此后 20 余年里，中国信托业在法律法规普遍缺失的情况下“摸着石头过河”，为社会经济发展提供所需的各类金融服务；同时，也因自身发展过快失序，先后经历了五次大范围的清理整顿（见表 5.1）。

① 周小明，《中国信托业的定位：制度、功能与经营》。

表 5.1　中国信托业五次大范围的清理整顿

清理整顿开始时间	发展过快失序	遭遇清理整顿
1982 年	1980 年，国务院发布《关于推动经济联合的暂行规定》，要求银行试办各种信托业务；随后，中国人民银行发布《关于积极开办信托业务的通知》，各分行积极响应 1981 年，随着财政分成制度和企业自主权的进一步扩大，各地区、部门也纷纷组建信托投资公司 1982 年，信托业在以上背景下，业务发展过快，扩大了固定资产投资规模，冲击了国家对金融业务的计划管理和调控	1982 年，国务院下发《关于整顿国内信托投资业务和加强更新改造资金管理的通知》，清理非银行金融信托机构，要求地方所办信托业务一律停止 1983 年，中国人民银行提出了《关于人民银行办理信托业务的若干规定》，明确信托业的业务范围，要求把业务重点放在委托、代理、租赁、咨询等方面，停止投资性业务
1985 年	1984 年，党的十二届三中全会召开，会议提出要进一步贯彻执行对内搞活经济、对外实行开放的方针 1984 年，中国人民银行召开“全国支持技术改造信贷信托会议”和“全国银行改革座谈会”，提出“凡是有利于引进外资、引进先进技术，有利于发展生产、搞活经济的各种信托业务都可以办理” 1984 年，我国出现经济过热，货币投放和信贷规模失控，信托业在此期间盲目地发放部分信托贷款，扩大了基建规模，造成了不良影响	1985 年，国务院发布《关于进一步加强银行贷款检查工作的通知》，中国人民银行发布《关于立即停止发放信托贷款和停止办理信托投资公司的通知》，对信托业务进行整顿，严格控制信托贷款，并抓紧收回不合理贷款 1986 年，国务院颁布《中华人民共和国银行管理暂行条例》。同年，中国人民银行据此发布《金融信托投资机构管理暂行规定》，对信托投资机构的机构管理、经营范围、业务管理等进行明确

续表

清理整顿开始时间	发展过快失序	遭遇清理整顿
1988 年	1988 年，我国出现经济过热，信托公司再次出现增长过快、管理混乱等问题，干扰了正常的金融秩序，分散了有限的社会资金，扩大了固定资产投资规模，影响了国家的宏观控制	1988 年，中共中央、国务院发布《关于清理整顿公司的决定》，清理整顿的重点是 1986 年下半年以来成立的公司，特别是综合性、金融性和流通领域的公司 1989 年，中共中央、国务院发布《关于进一步清理整顿公司的决定》。随后，国务院发布《关于进一步清理整顿金融性公司的通知》，对信托投资公司和其他金融机构进一步进行清理整顿 1990 年，中国人民银行发布《关于金融性公司撤并留的政策意见》，要求所有信托投资公司，凡未经中国人民银行批准和达不到验收标准的，一律撤销；剩余的根据组建单位不同，仅保留一部分。经过三年左右的清理整顿，信托机构发展过多过滥、政企不分、违章经营、管理混乱等问题得以解决
1993 年	1992 年，邓小平同志发表南方谈话，中国迎来新一轮改革开放热潮 1992 年，国内再次出现经济过热。与此同时，信托公司数量快速增加，再一次出现发展失序，大量信托公司出现盲目拆借资金、超规模发放贷款，以及投资炒作房地产和股票等问题	1993 年，中国人民银行对信托业进行整顿，重申信托业和银行业“分业管理、分业经营”的政策 1995 年，《商业银行法》发布实施，规定商业银行不得从事信托投资业务，不得向非银行金融机构投资 1995 年，国务院批准《中国人民银行关于中国工商银行等四家银行与所属信托投资公司脱钩的意见》，要求银行开设的信托投资公司全部与银行脱钩或转为其分支机构，不得从事银行业务以外的其他业务

续表

清理整顿开始时间	发展过快失序	遭遇清理整顿
1999 年	中国农村发展信托投资公司、中国新技术创业投资公司、广东国际信托投资公司等相继关闭。事实上，在经历多轮整顿后，信托公司大量资产没有稳定负债支撑，合法资金渠道几乎完全失去，许多信托机构开始违规经营，信托业面临严重的系统性风险问题。在这样的情况下，我国于 1999 年开启了信托业第五次清理整顿，也是改革开放后最严厉的一次	1999 年，国务院办公厅发布《国务院办公厅转发中国人民银行整顿信托投资公司方案的通知》，开始对信托业进行清理整顿。通过整顿，信托业与银行业、证券业实行严格的分业经营、分业管理。同时，仅少量规模较大、管理严格、真正从事受托理财业务的信托投资公司得以保留

资料来源：曹芳，《中国信托业制度变迁与业务发展研究》；中国信托业协会，《信托基础》；王新权，《中国信托业走向探索》；李秋，《中国信托业监管问题研究》；邓智毅，《稳步推进中国信托业发展》。

在这一时期，信托业只有信托之名，实际上一直在实行高度银行化的混业经营体制，主要经营市场化的银行业务和证券业务。[①] 在当时信贷严格计划管理的背景下，信托业在弥补传统银行业金融不足、推进金融改革等方面发挥了重要的历史作用。但同时，由于信托业的经营模式高度银行化，而其融资成本以及对应的业务风险又高于银行，因此在与银行的竞争中，特别是在经济过热时，信托业很容易因为信贷增长过快、固定资产投资失控等问题出现发展失序。从图 5.1 可以看到，信托业前四次清理整顿的时间点，与固定资产投资规模增速的高点非常一致。

① 周小明，《中国信托业的定位：制度、功能与经营》。

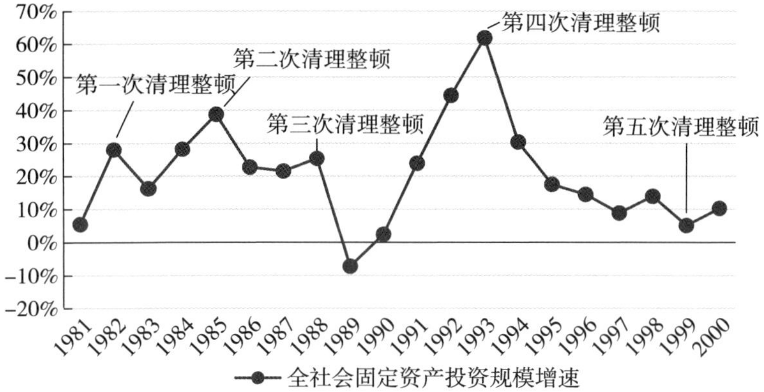

图 5.1 1981—2000 年我国全社会固定资产投资

资料来源：国家统计局公开披露的数据。

（二）2001 年至今：主营信托业务的分业经营时期

2000 年以后信托业的发展，大致可以分为三个阶段：信托业的制度建设规范阶段（2001—2007 年）、信托业的高速稳健发展阶段（2008—2017 年），以及信托业的转型阵痛阶段（2018 年至今）。

1. 信托业的制度建设规范阶段（2001—2007 年）

回顾 2000 年以前信托业的发展历程，信托业多次出现发展失序，究其原因，一方面是当时信托公司的商业模式不够清晰，在展业过程中过于追逐市场热点，未能形成可持续的核心竞争能力；另一方面与我国信托业的法律制度不够完善，监管适应市场变化需要一个调整过程有关。基于此，在信托业经历了最为彻底的第五次清理整顿后，国家在制度层面上重新对信托业进行了定位和规范。

2001 年，《信托法》在经过 8 年酝酿后终于通过，中国信托业自此进入了规范发展的新时期。2002 年，《信托投资公司管理办法》和《信托投资公司资金信托管理暂行办法》相继发布，信托公司经营活动和核心业务得到规范。自此，信托业“一法两规”的基本法律框架初步完成，信托业作为“主营信托业务的金融机构”的制度定位终于明确。

2003年，中国银监会成立后，又针对信托公司经营过程中的具体问题，陆续发布了一系列的规范性文件、通知，对监管体系不断进行修补和完善。同时，银监会继续贯彻第五次清理整顿方案，验收信托机构，为符合条件的信托公司办理重新登记手续，并果断关闭高风险机构。①

2007年，针对信托业在发展中暴露的财产管理能力单一、信托主业薄弱等问题，银监会又颁布了《信托公司管理办法》和《信托公司集合资金信托计划管理办法》(即信托行业的“新两规”)，进一步明确信托公司功能定位，即面向合格投资者、主要提供资产管理和投资银行业务等服务的专业理财机构，并从制度上解决了长期困扰行业发展的关联交易等一系列问题。②

在这一阶段，信托业法律法规初步建立，信托业制度定位得以明确，一批规模较大、管理健全、信誉良好的信托机构重新登记开业，信托业逐步走上了良性、健康的发展轨道。

2. 信托业的高速稳健发展阶段（2008—2017年）

2008年以来，依托于中国经济的高速增长，信托业在更为规范、健全的制度保障下，实现了行业规模的稳健高速发展。根据信托业协会披露的数据（见图5.2），2007年末，信托业的信托资产管理规模约为0.95万亿元；2018年末，这一数据已增长至22.70万亿元。

随着信托业规模的扩大，信托业务的种类也更为丰富多样：2017年，在银监会信托部主任邓智毅的《稳步推进信托公司业务分类试点改革》一文中，将信托业务按照产品特点进行分类介绍，当时的主要信托产品类型已有八种之多（见表5.2）。

---

① 屈燕，《蔡鄂生：我国信托监管的“守正创新”之路》。

② 邓智毅，《稳步推进中国信托业发展》。

图 5.2　2007—2019 年中国信托资产规模变化情况

资料来源：2007—2009 年的数据整理自中国信托业协会网站文章《中国信托产业发展之路——中国信托产业发展战略研究课题总报告》，2010—2019 年的数据整理自中国信托业协会网站公开披露的数据，以上均为各年的年末值。

表 5.2　信托业八大业务分类

业务名称	业务特征	典型业务
债权信托	信托公司依据信托文件的约定，将信托资金直接或间接投资运用于非公开市场交易的债权性资产的信托业务 债权信托属于资金信托，其本质特征是信托公司与资金使用方约定期限和收益，将信托资金转换为债权性资产，其收益来源就是利息收入	信托贷款、买入返售、股权附回购、应收账款附回购等特定资产收（受）益权附回购信托产品
股权信托	信托公司依据信托文件的约定，将信托资金直接或间接投资于非公开市场交易的股权性资产等信托业务 股权信托属于资金信托，其信托收益主要来源于买卖差价、增值收益	投资于非上市公司股权、私募股权投资基金等信托产品
同业信托	资金来源或运用于同业的信托产品 同业信托属于资金信托，其信托本金和收益来源于非公开市场交易的金融产品所分配的投资本金及收益	投资于信托产品、银行理财、证券公司资产管理计划、保险、两融收益权、协议存款、大额存单等信托产品

续表

业务名称	业务特征	典型业务
标品信托	信托公司依据信托文件的约定，将信托资金直接或间接投资于公开市场发行交易的金融产品的信托业务 标品信托属于资金信托，其主要特征是受益人预期收益没有约定，期限灵活，投资收益直接或间接由公开市场价格决定	投资于股票、债券、证券投资基金、房地产投资信托基金、期货、金融衍生品等信托产品
资产证券化	信托公司作为受托人按照信托文件等的约定，以资产支持证券的形式发行受益凭证，以进行结构性融资活动为特定目的的信托业务。这里所说的资产证券化业务，其特殊目的载体（SPV）一般采用特殊目的信托（SPT）方式，并且资产支持证券在公开市场交易流通	目前国内的资产证券化产品主要包括信贷资产证券化、企业资产证券化和资产支持票据
财产权信托	信托公司依据信托文件的约定，以依法可以流转的非资金形式的财产或财产权设立信托，对信托财产进行管理和处分的信托业务 财产权信托属于非资金信托	证券代持、股权代持、房屋代租、土地流转信托、以债权设立信托等信托产品
公益（慈善）信托	信托公司根据《信托法》《慈善法》的规定，以公益（慈善）为目的开展的信托业务 公益（慈善）信托的信托财产及其收益应当全部用于公益（慈善）目的。其中，公益信托应当经有关公益事业的管理机构批准，慈善信托应当向民政部门备案	—
事务信托	事务信托即代人办事，指信托公司不具有信托财产的运用裁量权，而是根据委托人的指令，对信托财产进行管理和处分	—

注：信托业八大业务的分类方式较好地描述了当时存在的主要业务类型，但也存在分类维度多样、不同业务类型边界模糊不清等问题，实际并未在信托行业真正推行。目前，监管将信托业务类型更加明确地分为了资金信托、服务信托和公益信托三大类型。

在这一阶段，伴随着信托业的高速发展，行业监管保障体系也更加完善。2010 年、2011 年，银监会先后发布《信托公司净资本管理办法》《信托公司净资本计算标准有关事项的通知》，信托业以净资本为核心的风险控制指标体系由此建立，信托公司风险管理更为稳健。同时，继2005年中国信托业协会成立后，2014年中国信托业保障基金成立，2015年中国银监会成立信托监督管理部，2016年中国信托登记有限责任公司成立，共同构成了信托业的“一体三翼”监管及市场治理框架。

总体来说，在这一阶段，信托业规模高速扩大、产品持续创新，逐渐成为我国仅次于银行业的第二大资产管理子行业，在我国金融创新和逆周期调节中发挥了重要作用。但与此同时，多数信托公司的主要业务仍以“通道式的同业信托＋融资式的理财信托”的自益型资金信托业务经营模式为主，行业的主动投资管理能力和综合服务能力仍然有待提高。[①]

3. 信托业的转型阵痛阶段（2018年至今）

2017年10月，党的十九大召开，会议指出我国经济已由高速增长阶段转向高质量发展阶段，支持实体经济和防范化解风险成为当前阶段金融工作的重心。在此背景下，2018年4月，中国人民银行、银保监会、证监会、国家外汇管理局联合发布《关于规范金融机构资产管理业务的指导意见》，旨在统一监管标准，防控金融风险，引导资金流向实体经济。

事实上，近年来信托业自身也一直在积极尝试转型。信托业单一资金信托和集合资金信托规模的此消彼长（见图5.3），体现了信托公司主动管理能力的增强。投向工商企业的资金信托规模占比稳步上升（见图5.4），说明了信托业在支持实体经济方面的努力和提升。

① 周小明，《中国信托业的定位：制度、功能与经营》。

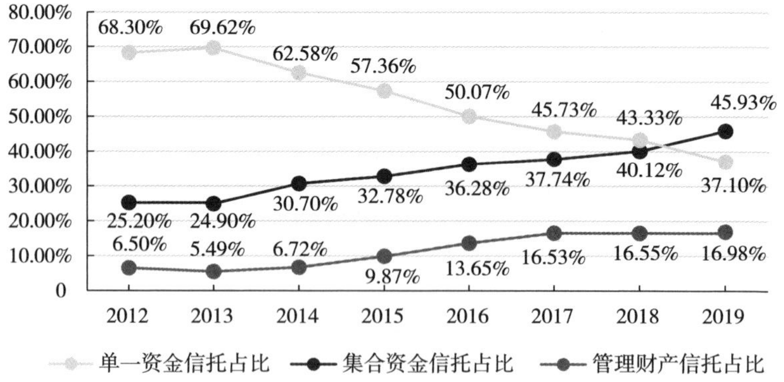

图 5.3　2012—2019 年中国信托财产结构变化

资料来源：中国信托业协会网站公开披露的数据，以上均为各年的年末值。

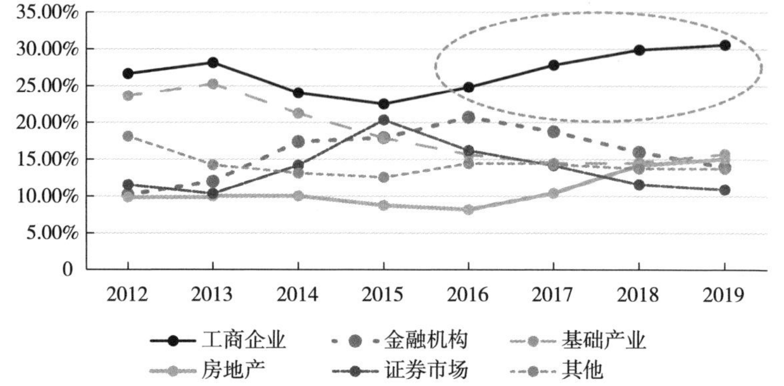

图 5.4　2012—2019 年资金信托投向情况

资料来源：中国信托业协会网站公开披露的数据，以上均为各年的年末值。

但是，面对新的政策调整，信托业仍然遭遇着转型阵痛。短期来看，资管新规中的“破刚兑”“除嵌套”“去通道”“合格投资者门槛提高”等要求，大幅压缩了信托业通道式同业信托和融资式理财信托的业务空间[①]，行业规模逐步收缩，内部竞争更加激烈。2018 年，信托业迎来近 10 年来的首次信托资产规模下降（见图 5.2），同比下降幅度约

① 周小明,《中国信托业的定位：制度、功能与经营》。

14%；同时，信托业的风险项目数量和规模持续增长（见图 5.5）。

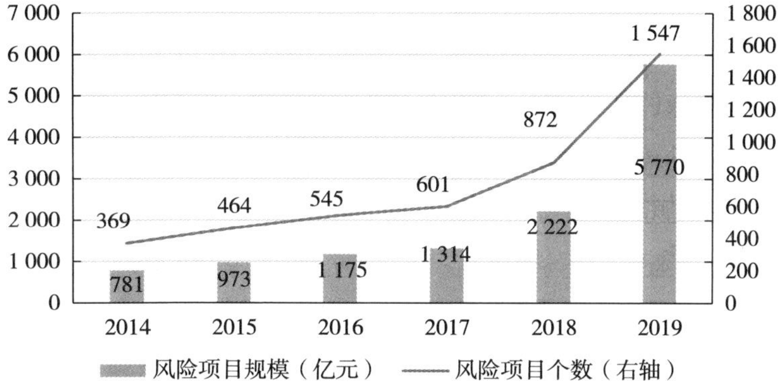

图 5.5　2014—2019 年中国信托业的风险项目规模和个数

资料来源：中国信托业协会网站公开披露的数据，以上均为各年的年末值。

长期来看，信托行业在未来需要面对统一监管下的来自整个“大资管”行业的竞争。信托业的传统业务，如债权信托、同业信托等将面对银行子公司的挑战，股权信托、标品信托等将遭遇来自证券行业、基金行业的竞争。与此同时，信托业的很多服务信托、公益信托业务目前还未得到充分发展，相关的专业化体系和人才建设仍然需要时间。当然，这也与此类业务客观上存在社会信托文化积淀不足、信托财产转移相关制度保障仍有缺失等问题有关。

因此，在这一轮资产管理行业变革中，各家信托公司如何能够结合自身条件进行差异化定位，发挥好信托制度优势，更好地支持实体经济发展，依然任重道远，需要信托业和监管部门的共同努力。

二、中国信托业发展展望

2001 年《信托法》颁布实施以来，中国信托业在短短不到 20 年的时间里，快速成长为我国第二大资产管理子行业，但与国际成熟的资本市场相比，我国现代信托业发展时间仍然较短，信托公司的主动投资管理能力、综合服务能力还需提高，行业转型任务艰巨。

2018 年 4 月，资管新规发布，行业转型压力进一步增大。一方面，行业牌照差异弱化，信托业传统业务将要面对银行理财子公司、证券、基金等行业的激烈竞争和挤压，差异化发展势在必行；另一方面，在传统业务承压的现状下，能够体现信托制度内涵的服务信托、公益信托和创新业务将会迎来新的发展机遇。具体来看，不同业务类型的信托业务发展趋势如下。

（一）信托业务发展趋势

1. 资金信托业务：集合类投资银行业务需要规范

现阶段，资金信托业务仍是我国信托业最主要的业务类型，按照服务对象侧重的不同，资金信托业务可以分为两类：一类是通过信托产品来募集资金，满足卖方客户融资需求的投资银行业务；另一类是通过信托产品提供资产配置服务，满足买方客户财富投资需求的资产管理业务。

信托公司的投资银行业务按照投资标的不同，又可分为债权投资信托（见图 5.6）、股权投资信托（见图 5.7）和企业资产流动化信托（见图 5.8）等业务模式。

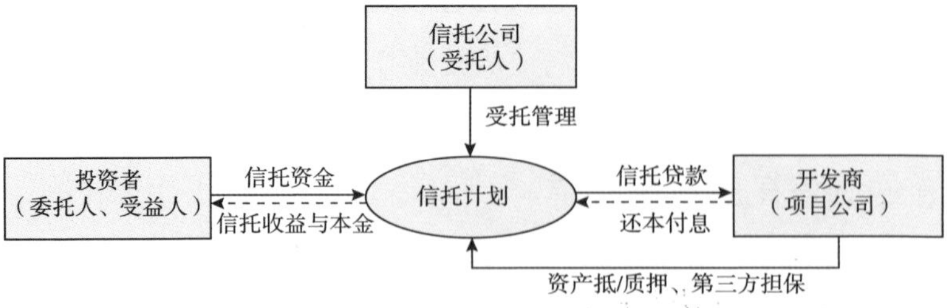

图 5.6　债权投资信托：投资于非公开市场交易的债权性资产

资料来源：王道远、周萍、翁两民、贺洋，《信托的逻辑：中国信托公司做什么》。

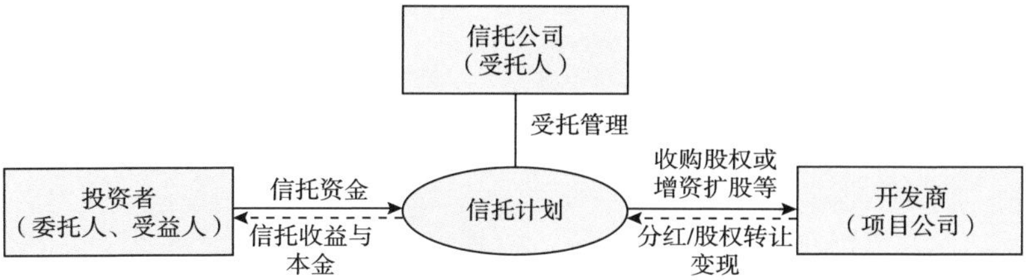

图 5.7　股权投资信托：投资于非公开市场交易的股权性资产

资料来源：王道远、周萍、翁两民、贺洋，《信托的逻辑：中国信托公司做什么》。

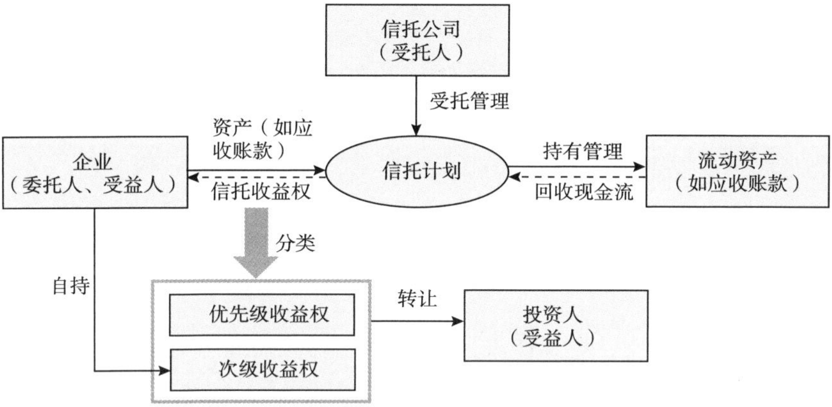

图 5.8　企业资产流动化信托：以可产生稳定现金流的基础资产设立信托，将信托受益权拆分并向投资者转让，以转让款满足企业融资需求

资料来源：王道远、周萍、翁两民、贺洋，《信托的逻辑：中国信托公司做什么》。

信托公司的资产管理业务按照配置方式的不同，可以分为直接配置型信托投资基金和间接配置型信托投资基金。在直接配置型信托投资基金（见图 5.9）中，由信托公司直接决策如何进行资产配置；而在间接配置型信托投资基金中，信托公司则通过投资其他基金（见图 5.10）或委托其他基金管理人（见图 5.11）来进行资产管理。

在资管新规中，将资产管理业务定义为“金融机构接受投资者委托，对受托的投资者资产进行投资和管理的金融服务”，属于买方业务。但在信托业实践中，同时为卖方提供融资服务的投资银行业务仍

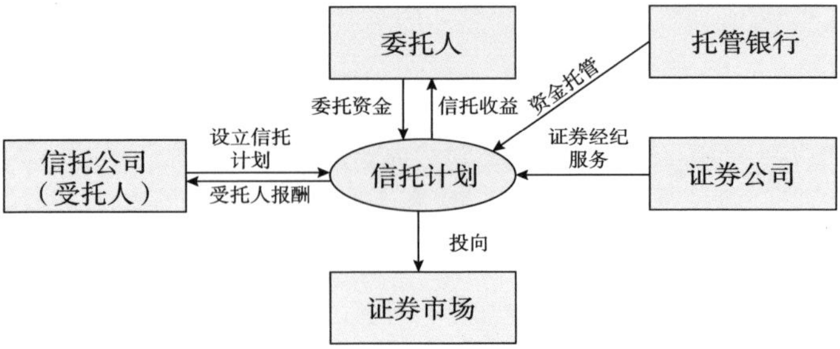

图 5.9　直接配置型信托投资基金

资料来源：王道远、周萍、翁两民、贺洋，《信托的逻辑：中国信托公司做什么》。

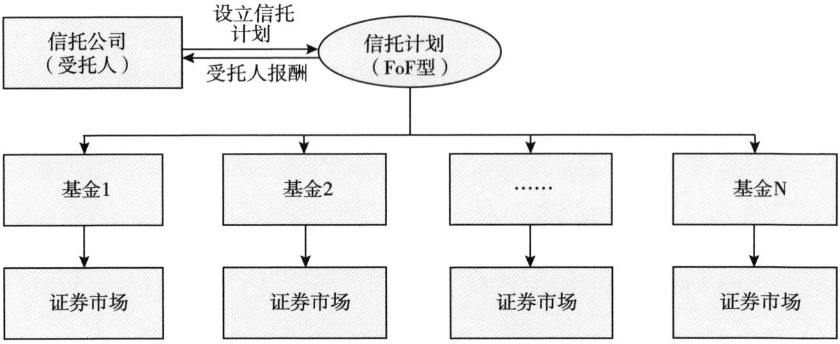

图 5.10　间接配置型信托投资基金（FoF ）

资料来源：王道远、周萍、翁两民、贺洋，《信托的逻辑：中国信托公司做什么》。

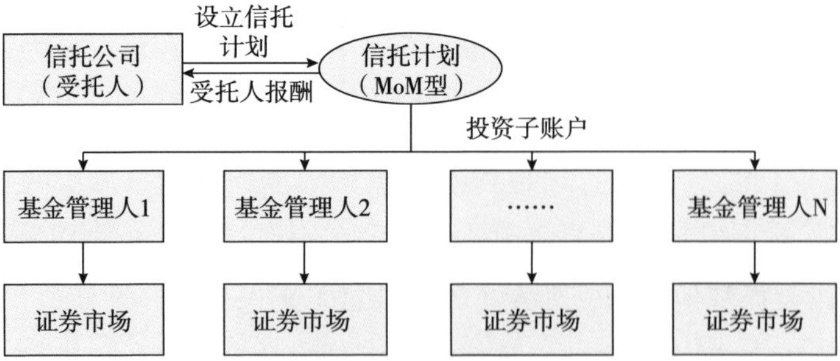

图 5.11　间接配置型信托投资基金（MoM）

资料来源：王道远、周萍、翁两民、贺洋，《信托的逻辑：中国信托公司做什么》。

是我国信托业务的重要构成。按照 2016 年中国信托业协会“八项业务”分类试点七家信托公司的初步测算数据，主动管理类融资业务资产规模平均占七家信托公司总资产规模的 22.5%，信托收入贡献程度达到了总收入的 51.4%。[①] 中国信托业协会的统计数据则表明，尽管近年来信托业融资类信托占比整体呈现持续下降态势，但截至 2019 年末，其占比依然接近 24%（见图 5.12）。

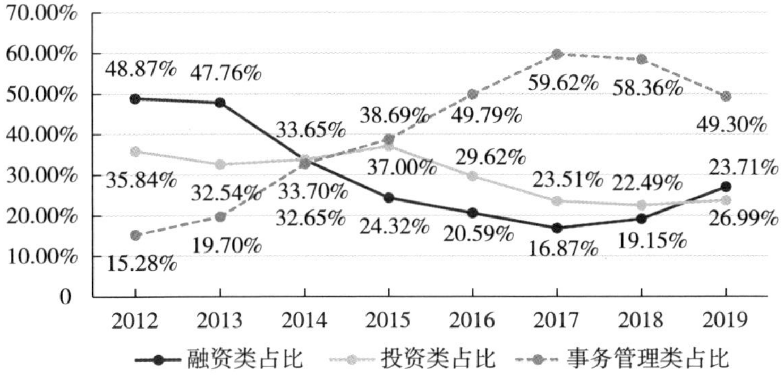

图 5.12　2012—2019 年中国信托资产运用结构变动情况

在集合类投资银行信托业务中，投资者通常为自然人，信托公司既需要为投资者提供资产管理服务，还需要为融资方提供融资投资银行服务。换句话说，信托公司同时为买卖双方提供服务，这样不但削弱了市场的博弈定价能力，而且在出现投资风险时，容易出现融资方将风险转嫁给信托机构的情况，存在刚性兑付隐患，有必要予以规范。

集合类投资银行信托业务在我国的存在，与部分行业资金需求旺盛、投资者偏好固定收益资产的客观市场现状有关。因此，在规范此类业务时，不应一刀切地直接禁止，而应当从监管和行业两方面同时

① 中国信托业协会，《中国信托业发展报告（2016—2017）》。

发力，进行规范和引导。

监管方面，可以将信托公司的集合类融资信托业务与其他业务进行明确划分并区别监管。针对融资类业务，证券监管部门应制定私募证券发行业务规则，信托公司按照规则办理，同时，要求信托公司在内部建立防火墙，隔离买方业务和卖方业务。

行业方面，信托公司应该继续提升主动管理能力，由间接融资向直接融资转型。一是提升资产管理能力，发挥信托公司在房地产、基础产业等领域的投研优势，开展股权投资业务，体现自身专业价值。二是提升资产配置能力，发挥信托多层次、多领域、多渠道配置资源的独特优势，为客户提供定制化的金融服务。三是提升资产管理团队能力建设，根据公司自身资源禀赋选择发展方向，引进、培养细分领域专业人才，构建差异化的核心竞争能力。

2. 特色化信托业务：创新业务存在机遇

信托牌照能够跨市场进行资产配置，业务种类多样，资产证券化信托业务、消费信托业务、供应链金融业务、农业金融业务等各种特色化业务百花齐放。在资管新规背景下，不同资产管理子行业牌照类业务的监管差距将逐渐弱化，信托公司应当根据自身禀赋，结合股东优势和产业背景，选择具备优势的特色化业务进行发力。其中，资产证券化业务和消费金融业务或将成为信托业现阶段的重要发展方向。

（1）资产证券化业务

目前，我国的资产证券化业务主要有三种模式，分别是中国人民银行、中国银保监会主管的信贷资产证券化，中国证监会主管的企业资产证券化，以及中国银行间市场交易商协会注册发行的资产支持票据。2018 年，我国资产证券化市场继续快速增长，年内发行量约 2.01 万亿元，年末市场存量 3.09 万亿元，同比增长 47%。其中，信贷资产证券化发行 9 318.35 亿元，同比增长 55.9%；企业资产证券化发行 5 964.05 亿元，同比增长 12.94%；资产支持票据发行 1 256.98 亿元，同比增长 114.89%。[①]

资产证券化作为盘活存量、降杠杆、增强流动性的重要手段，近年来得到了政策的大力支持。2018 年发布的《关于进一步做好信贷工作提升服务实体经济质效的通知》《关于加强国有企业资产负债约束的指导意见》等文件中，均鼓励开展资产证券化业务。在资管新规中，则规定资产证券化业务不属于其规范的范畴，不受相应的约束。同时，资管新规限制非标业务，要求净值化管理，也将进一步提升标准化产品的市场需求。

由于信托制度在财产独立性和风险隔离上的优势，信托计划非常适合作为资产证券化的特殊目的载体。[②]因此，在国际上资产证券化业务作为除债权和股票业务之外的第三大类证券业务，占据着非常重要的位置。在我国，随着近年来资产证券化市场的快速增长，资产证券化业务正在逐渐成为信托公司的一项常规性业务，行业竞争日趋激烈。其中，信贷资产证券化信托是我国信托业目前最主要的资产证券化业务模式（见图 5.13）。

面对日趋激烈的行业竞争，信托公司必须继续逐步摆脱简单的受托人身份，提升业务深度和广度，在资产证券化业务中发挥更大的作用。一方面，信托公司可以更加深入地参与资产证券化业务链条的各个环节，逐步介入承揽、承做和承销等各个环节，提升业务深度；另一方面，信托公司可以结合自身在房地产、基础产业、消费金融、供应链金融等非标业务的优势，拓宽资产证券化业务的广度。

① 中国信托业协会，《中国信托业发展报告（2018—2019）》。

② 同上。

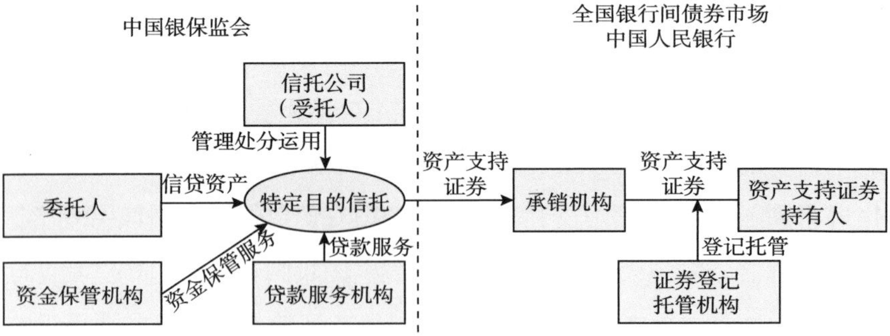

图 5.13 信贷资产证券化信托

资料来源：王道远、周萍、翁两民、贺洋，《信托的逻辑：中国信托公司做什么》。

此外，在各类资产证券化业务投向中，不动产信托受益凭证，特别是公募信托受益凭证可以作为信托公司的一个重要发展方向。北京大学光华管理学院 REITs（房地产信托投资基金）课题组测算，中国标准化公募 REITs 市场的潜在规模在 4 万亿 ~12 万亿元。同时，公募 REITs 有助于推动不动产行业转型，支持基础设施建设，促进供给侧结构性改革。目前，随着政策对住房租赁市场发展的大力支持，我国发展公募信托受益凭证的基础已经基本成熟，监管机构也在积极推动公募信托受益凭证业务政策法规的出台，信托公司应以债权、股权等多种模式积极挖掘不动产基础资产，为未来条件成熟时开展公募信托受益凭证业务做好准备。①

（2）消费金融业务

中国的消费金融规模增长迅速，潜力巨大。从 2014 年起，消费已经取代投资成为我国经济发展的首要动力。2018 年，最终消费对经济增长的贡献率达到了 76.2%。同时，中国居民短期消费信贷余额为 8.80 万亿元，同比增长 29%；信用卡待偿余额为 6.85 万亿元，同比

① 中国信托业协会，《中国信托业发展报告（2018—2019）》。

增长 23.20%。[①]

对于消费金融业务，监管持鼓励和规范并存的态度。一方面，2018年以来，《关于进一步做好信贷工作提升服务实体经济质效的通知》《关于完善促进消费体制机制 进一步激发居民消费潜力的若干意见》《完善促进消费体制机制实施方案（2018—2020 年）》等文件相继发布，指出要加快完善促进消费体制机制，增强消费对经济发展的基础性作用。另一方面，2017 年末发布的《关于规范整顿“现金贷”业务的通知》，以及资管新规等文件，也对消费金融业务进一步予以了规范和限制。

巨大的市场空间下，信托公司积极参与消费金融业务布局，目前信托公司开展消费金融的模式有以下四种：直贷模式（见图 5.14）、助贷模式（见图 5.15）、流贷模式（见图 5.16）以及资产证券化模式（见图 5.17）。根据中国信托业协会的调查数据，2018 年共有 38 家信托公司实际开展消费金融信托业务，合计消费金融信托余额约 2 977 亿元。其中，消费金融信托业务余额超过 100 亿元的信托公司已有 7 家。[②] 长期来看，金融科技能力和风险识别管控能力将成为消费金融业务的竞争关键。

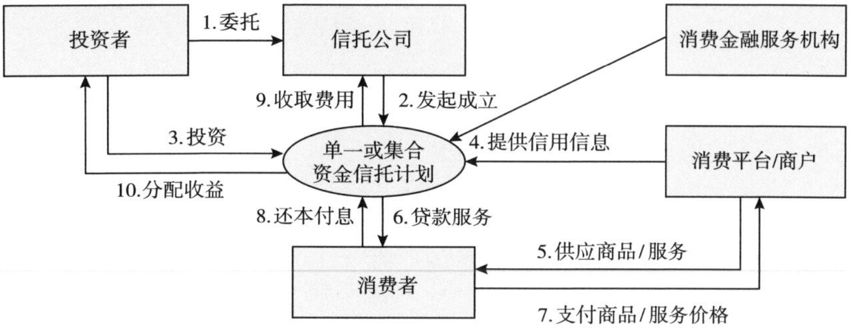

图 5.14 消费金融的直贷模式：该模式尽管是消费者向信托计划还款，但一般都需要消费平台 / 商户予以担保，因而本质是信托计划为消费平台 / 商户融资，是债权融资业务

资料来源：王道远、周萍、翁两民、贺洋，《信托的逻辑：中国信托公司做什么》。

① 中国信托业协会，《中国信托业发展报告（2018—2019）》。
② 同上。

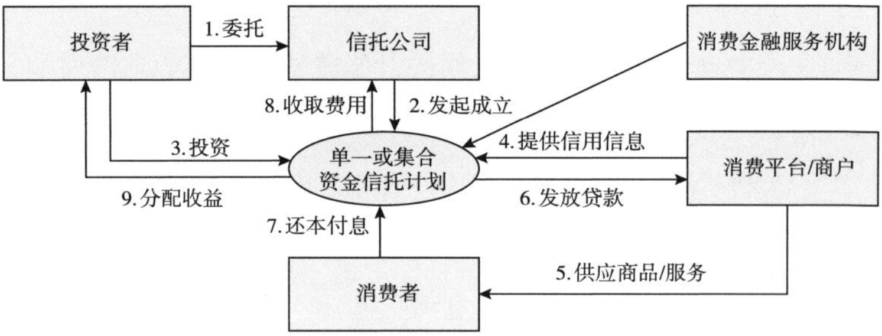

图 5.15　消费金融的助贷模式：信托计划直接为消费平台 / 商户融资，是债权融资业务

资料来源：王道远、周萍、翁两民、贺洋，《信托的逻辑：中国信托公司做什么》。

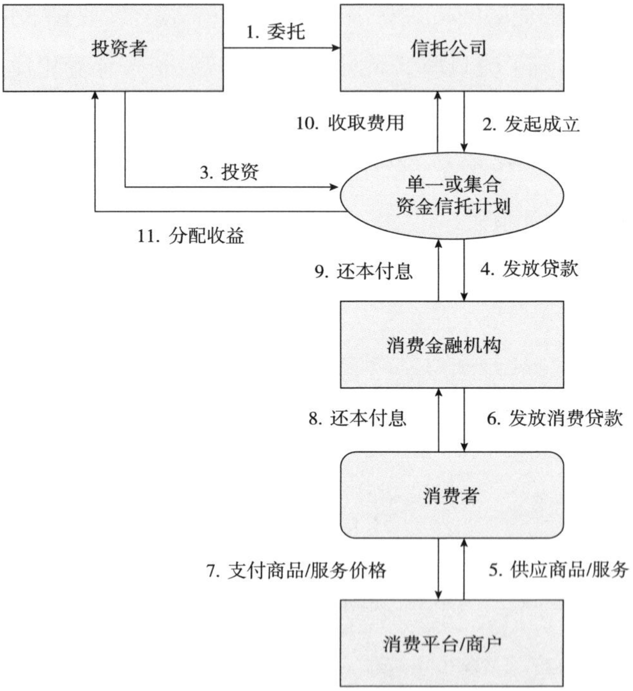

图 5.16　消费金融的流贷模式：信托计划直接为消费金融公司贷款，是债权融资业务

资料来源：王道远、周萍、翁两民、贺洋，《信托的逻辑：中国信托公司做什么》。

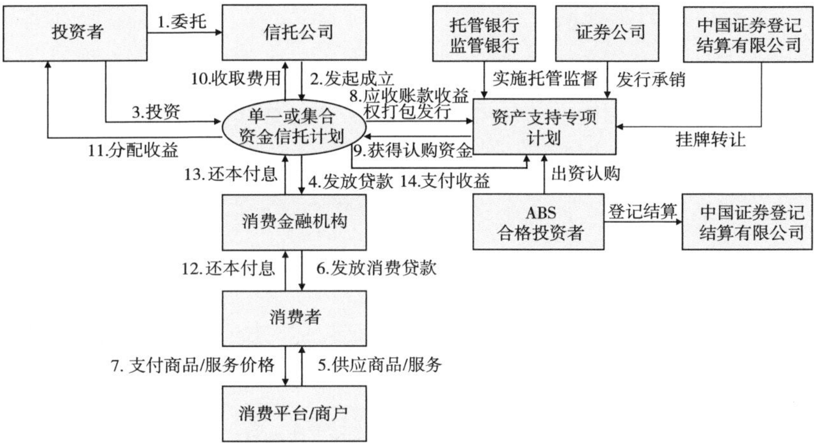

图 5.17 消费金融的资产证券化模式

资料来源：王道远、周萍、翁两民、贺洋，《信托的逻辑：中国信托公司做什么》。

3. 服务信托和公益信托：未来发展前景广阔

在统一监管背景下，积极发展以受托管理为特点的服务信托、公益信托是信托行业的重要趋势。实际上，单纯提供受托服务或特殊目的载体的资产证券化业务、消费金融业务、证券投资信托等重要信托业务类别，也可被视为服务信托。各类服务信托、公益信托中，随着中国富裕人群的增长、人口结构的变化，以及国内对于信托文化的逐步接受，家族信托、慈善信托正在释放出越来越大的发展空间。

以家族信托为例，招商银行与贝恩资本共同发布《中国私人财富报告》，该报告显示，2018 年国内可投资资产在 1 000 万元以上的高净值人群数量已达 197 万人，全国个人持有的可投资资产总体规模已达到 190 万亿元。同时，随着中国人口结构的老龄化，高净值人群代际财富传承的需求日益迫切，2019 年有超过 50% 的高净值人群开始准备或正在进行财富传承的相关安排。未来，如果国内出台遗产税相关政策，并且家族信托的信托利益税收问题能够解决，家族信托业务的发展将进一步加速。

家族信托的发展同样受到监管鼓励。2018 年，银保监会发布《信托部关于加强规范资产管理业务过渡期内信托监管工作的通知》，界定家族信托业务范围，为业务发展奠定了政策基础；在资管新规中，明确家族信托属于不受其约束的业务类型。2019 年，最高人民法院发布《全国法院民商事审判工作会议纪要》，其中第 95 条指出信托财产不属于清算财产，不能被诉讼保全。

截至 2018 年末，我国已有 36 家信托公司实质性地开展了家族信托业务（见图 5.18），业务总规模约 850 亿元。其中，建信信托、中信信托的管理规模分别约为 280 亿元、180 亿元，占行业总规模的一半以上，[①] 这也体现了家族信托对于信托公司品牌、综合实力要求较高的特点。未来，随着中国高净值人群的持续增长、家族信托市场认可度的逐渐提升，以及相关法律法规的进一步完善，家族信托业务将具有广阔的发展前景。与此同时，家族信托的要求和标准也将进一步提高，除基本理财需求外，信托公司还需提供代际传承、税务规划、风险隔离等各类服务，专业化的团队建设需进一步增强。

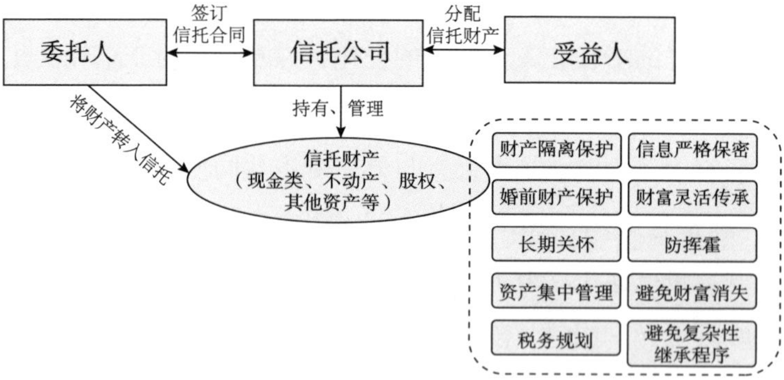

图 5.18　家族信托

资料来源：王道远、周萍、翁两民、贺洋，《信托的逻辑：中国信托公司做什么》。

① 中国信托业协会，《中国信托业发展报告（2018—2019）》。

此外，慈善信托（见图 5.19）作为各国政府大力支持的信托业务类型，尽管在我国仍处于起步阶段，但发展速度很快。2016 年，我国《慈善法》正式实施；2017 年，《慈善信托管理办法》和各地的地方性慈善信托管理办法相继出台；2018 年，慈善信托规模总额累计达 11.17 亿元，同比增长 87.13%；[①]2019 年，光大信托一单规模 5 亿元、期限永续的慈善信托在甘肃省兰州市民政局完成备案。未来随着慈善信托规范体系的更加完善和社会的不断进步，我国的慈善信托将发展得越来越好。

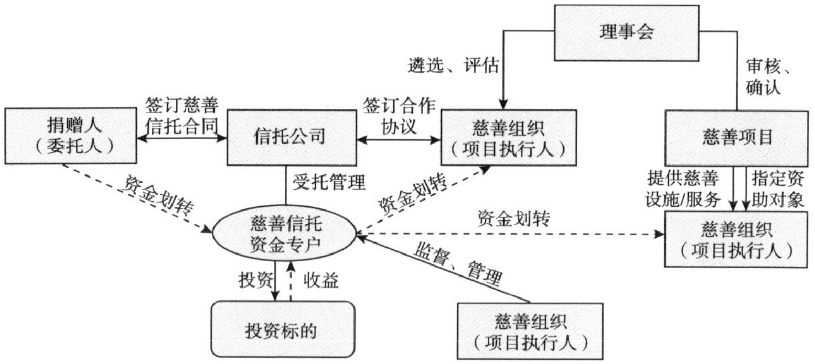

图 5.19　慈善信托

资料来源：王道远、周萍、翁两民、贺洋，《信托的逻辑：中国信托公司做什么》。

（二）信托业务监管导向建议

信托牌照灵活的跨市场资产配置制度优势，为信托业过去 20 年的快速发展和不断创新提供了帮助，但同时也导致了目前信托业务种类多、差异大、监管难等问题。对此，建议按照功能监管原则，对信托业不同类型的业务进行区分和监管。

首先，对于资金信托业务中的集合类融资信托业务，应当予以规

① 中国信托业协会，《中国信托业发展报告（2018—2019）》。

范，避免信托公司同时为买卖双方提供服务。针对私募债券或股权融资的业务，应按照统一的私募证券发行规则管理，进行单独监管，明确区分买方业务与卖方业务；同时要求在信托公司内部设置防火墙，对集合投资计划的买方业务和融资性投行卖方业务进行隔离，进一步消除风险隐患。

其次，对于特色化业务，应按照功能监管原则，通过类牌照的方式进行管理。例如，对于消费金融业务，应由相应监管机构对信托公司进行资格审核，按照具体业务模式进行差异化牌照规范（见表 5.3）。对于单一信托的各类消费金融业务，用信托牌照即可经营。对集合资金的消费金融业务，只要不是信托计划直接对客户发放贷款，则是私募债券发行，应按照私募债券规则管理。用信托计划经营直接面对客户的消费金融业务，其本质是吸收资金发放贷款，应获得消费金融公司牌照，由独立法人经营。对于资产证券化业务，如果是私募发行，则按照私募证券发行规则进行即可；如果是公募发行，则需获得证券公司牌照，以独立法人身份兼营。对于信托业已经实际开展，并具备较长历史经验的业务领域，例如在资产证券化业务中仅担任受托人角色的，可在信托牌照下直接经营。若在资产证券化业务中负责承揽、承做和承销等为融资方服务的业务，应作为私募发行或公募发行获得相应牌照。同时，为减少监管成本，对于实际已在相应牌照范围内开展对应业务的金融机构，可视同已拥有对应牌照直接予以市场准入。

表 5.3　消费金融业务的监管方案建议

业务模式 / 委托人数量	直接对客户发放贷款	不直接对客户发放贷款
单一	信托牌照即可，无须额外申请牌照	
集合	消费金融子公司牌照	适用于私募债券等投行业务相同的规则

再次，制度供给方面，除加快信托财产登记制度等配套法律法规的完善外，对慈善信托、家族信托、养老信托、不动产投资信托受益凭证等监管鼓励的服务信托、公益信托或创新业务，可以参考国际已有经验和标准，予以一定的税收优惠政策，加快信托行业与国际接轨，帮助行业转型。

最后，相信在监管机构和资产管理行业的共同努力下，信托业会发展得越来越好，在防控金融风险、支持实体经济发展方面做出更多贡献。

公募基金篇

一、公募基金行业的发展阶段

（一）1991—1997年：老基金探索阶段

1991年8月，经中国人民银行珠海分行批准，珠海国际信托投资公司发起设立了珠信基金，规模为6 930万元。这可能是有据可查的第一只公募基金。

1992年11月3日，中国人民银行发布《关于设立淄博投资基金管理公司的批复》，批复设立了淄博基金。淄博基金的成立在公募基金的发展历史上具有里程碑意义。1992年是基金早期发展的关键一年，当年共有57只基金获批。各地设立基金的热情很高，但是缺乏制度依据，风险逐步显现。

1993年，第一次全国金融工作会议在京召开，重点就是部署整顿金融秩序，严肃金融纪律。1993年5月，中国人民银行下发了《关于立即制止不规范发行投资基金和信托受益债券做法的紧急通知》，将基金发行的批准权收回至人民银行总行。1994年3月26日，中国人民银行又下发了《关于投资基金有关问题的通知》，重申中国人民银行总行是投资基金的审批、管理机关，要求“对各地未经总行批准设立的投资基金，做好调查摸底，待总行投资基金管理办法下发后，依法进行清理规范，并报总行核准”。1997年11月，第二次全国金融会议在北京召开，此前发行的老基金从此纳入清理整顿范围。1999年3月，国务院办公厅转发了中国证监会《原有投资基金清理规范方案》，清理规范工作于2000年6月底前完成。至此老基金全部退出历史舞台。

据统计，1999年3月前，各地擅自或者越权批设了75只证券投资基金，总资产90多亿元，涉及22个省市、120万投资者。

在各地纷纷探索组建基金的同时，中国人民银行海南分行、深圳分行、上海分行等先后出台了《海南投资基金管理暂行办法》《深圳市投资信托基金管理暂行规定》《上海市人民币证券投资信托基金暂行管理办法》等基金监管规定。这批制度构建了中国最早的公募基金监管制度。从内容上看，这些制度在很多方面都存在不一致，甚至连最基础的基金治理框架体系都存在不同。

例如，深圳的办法规定："投资信托基金业务是以信托契约为基础，至少由三个要素构成：信托人、经理人和投资人。""信托人是基金资产的名义持有人或保管人。""经理人负责投资信托基金的投资与管理。""投资人是受益凭证的受益人和基金资产的实际持有人。"这种基金组建结构与香港地区的单位信托基金非常相似。上海的办法则对基金发起人、基金管理人、基金托管人和投资受益人进行了规定。该办法规定："由本市一家证券经营机构单独发起时，基金发起人可为基金管理人。采用联合发起方式时，发起人必须委任本市一家证券经营机构为基金管理人。""基金托管人，是指受基金发起人或基金管理人的委托，保管各项基金资产、确保投资受益人的权益不受侵犯的银行、投资信托公司及经特许的其他金融机构。"上海的办法与台湾地区的基金治理框架相近，基金管理人既是基金财产的受托人，也是基金托管人的委托人。海南的办法则对基金管理人、基金投资人和基金的监管委员会进行了规定，其中规定监管委员会"由持有一定份额基金券的投资者组成监管委员会，监督管理人经营"。

即使以今天的标准来看，上述三地的立法质量也并不差，而且直接对接了各自引进的境外制度。但是在股票市场发展的早期阶段，在尚不存在《证券法》《信托法》的情况下，以信托法律关系为基础的契约型基金缺乏可实际操作的市场环境，市场主体恐怕也难以准确理解境外制度的真正含义，基金财产的独立性、信息披露、估值和投资监督都难以得到法治约束和保障。各地的基金实践不可避免地偏离法制的轨道，这可能是后来风险由此而生的重要原因。

老基金虽然以清理整顿落幕，但是其经验教训弥足珍贵。老基金的风险主要表现在资产质量不高，缺乏公允的估值和真实的信息披露，部分基金甚至基金管理人和托管人合二为一，基金治理架构形同虚设，内无约束，外无监管，基金沦为基金管理人的融资工具。这个风险表象直指基金存在利益冲突的固有缺陷，基金管理人将自己的利益摆在了投资者的前面。实际上这个问题在美国早期的投资公司发展历程中也很突出，美国因此出台了1940年的《投资公司法》和《投资顾问法》，构建了以受托责任为核心的监管体系，强制规定了公司型基金的独立董事比例，确保基金治理架构有效监督，投资顾问奉行基金持有人利益至上的原则。

另外，老基金对今天的公募基金行业的发展仍具有借鉴意义，很多与国际接轨的探索在今天的制度环境下都难以实施。从募集方式上看，老基金都是公募基金。从组织形式上看，老基金中既有公司型基金，也有契约型基金。从监管部门上看，中国人民银行是无可争议的主管部门。从投向上看，既有上市交易的证券，也有未上市的股权。此外，甚至还有投资实业、房地产和以“其他投资”为名的协议贷款和拆借。从基金的运作形式上看，基本属于封闭式基金，基金份额直接上市交易，或通过地方交易中心与交易所联网上市交易。而且，更加值得深思的是，一些在如今制度体系的束缚和利益格局下存在的争议，在早期阶段显然并不是问题。

（二）1997—2003年：证券投资基金元年和前基金法的初步规范阶段

1997年11月14日国务院证券委员会发布《证券投资基金管理暂行办法》，标志着我国证券投资基金进入规范发展阶段。为有效实施《证券投资基金管理暂行办法》，中国证监会在1997—1999年分别制定并发布了《证券投资基金管理暂行办法》实施准则第一号至第六号，对基金契约、托管协议和招募说明书的内容与格式、基金管理公司章程必备条款、证券投资基金信息披露规则、基金从业人员资格管理等做出细化规定。

《证券投资基金管理暂行办法》规定了申请设立基金管理公司的条件和申请基金托管人资格的条件。对于申请设立基金管理公司的主要发起人限定为证券公司和信托公司，按筹建和开业两个阶段向中国证监会申请批准，并在2001年引入“好人举手”制度。依据上述规定，1998年2月24日，中国工商银行成为第一家经中国人民银行和中国证监会核准取得证券投资基金托管人资格的商业银行。1998年3月5日和3月6日，我国最早的两家基金公司——国泰基金管理有限公司和南方基金管理有限公司分别成立。

1998年3月，我国首批封闭式基金——基金金泰和基金开元成立，两只基金存续期同为15年，并于1998年4月7日分别在上海证券交易所和深圳证券交易所上市。因此，1998年被视为证券投资基金元年。

虽然《证券投资基金管理暂行办法》允许设立封闭式基金和开放式基金，但在2001年9月21日前所设立的34只证券投资基金均为封闭式基金。2000年10月8日，中国证监会发布《开放式证券投资基金试点办法》，拉开了开放式证券投资基金试点的序幕，证券投资基金的运作方式从单一封闭式发展到封闭式与开放式并存。2001年9

月 21 日，华安基金管理有限公司经中国证监会批准，设立了我国第一只开放式证券投资基金——华安创新证券投资基金。此后开放式基金得到迅速发展，截至 2002 年底，开放式基金已经增加到 17 只。

（三）2004—2005 年：《证券投资基金法》与“一法六规”体系初步成形阶段

2001 年 4 月 28 日全国人民代表大会常务委员会通过《信托法》，该法于 2001 年 10 月 1 日起施行。《信托法》的公布为《证券投资基金法》的制定和公布奠定了坚实的法律基础。

《证券投资基金法》从 1999 年 3 月 30 日“投资基金法”起草领导小组、顾问小组和工作小组成立，到全国人民代表大会常务委员会审议通过，历时四年半。2003 年 10 月 28 日，第十届全国人民代表大会常务委员会第五次会议三审通过《证券投资基金法》，这是中国基金业里程碑式的事件。《证券投资基金法》对于法律的设计以信托关系为基础，明确了基金管理人与基金托管人的双受托人的法律地位，坚持了《信托法》下的信托财产独立原则，将基金份额持有人利益保护的原则上升到法律高度，这些基本制度和原则对基金业影响深远，成为 15 年来我国证券投资基金发展的基石性制度。

根据《证券投资基金法》的相关规定，中国证监会在 2004 年先后发布了《证券投资基金行业高级管理人员任职管理办法》《证券投资基金运作管理办法》《证券投资基金销售管理办法》《证券投资基金信息披露管理办法》《证券投资基金管理公司管理办法》《证券投资基金托管资格管理办法》，逐步建立了以“一法六规”为核心的证券投资基金法律法规体系。

“一法六规”在基金公司管理方面，将股东的范围扩大到了证券公司和信托公司之外的其他从事金融资产管理业务的机构，引入了独立董事制度，确立了“督察长”这一基金公司特有的高级管理人员制度。在人员管理方面，明确了基金公司高级管理人员的范围、资格条件和审批程序，以及董事（特别是独立董事）的任职条件。在基金运作方面，明确了基金募集申请条件、开放式基金申购赎回的基本机制、基金的类别和对应的投资风格、基金份额持有人大会的召开机制。在基金销售方面，明确了持牌销售原则，规定了各类基金销售机构准入条件，对基金推介和销售行为提出系统性规范。在信息披露方面，明确了基金信息披露的主体、方式以及各类信息披露的类型和要求，并制定了基金信息披露内容格式准则和信息披露编报规则，使各类信息披露文件的内容、格式、编报和披露都有规可循。在基金托管方面，规定了商业银行可以申请托管资格以及申请条件。通过《证券投资基金法》配套部门规章的制定和发布，“一法六规”的基金监管法律体系基本成形。

（四）2005—2010 年：证券投资基金监管体系的完善阶段

在这一阶段，中国证监会针对基金公司的业务范围、内控及公司治理、风险准备金和固有资金管理、从业人员管理，先后制定了不同的规范。

一是基金公司的业务范围开始逐步多元化。2006 年 2 月 23 日，中国证监会基金部发布《关于基金管理公司向特定对象提供投资咨询服务有关问题的通知》，允许基金公司向特定对象提供投资咨询服务。2007 年 11 月 29 日发布、2008 年 1 月 1 日起施行的《基金管理公司特定客户资产管理业务试点办法》，允许基金公司接受特定客户募集资金，开展包括单一客户特定资产管理业务和多个客户特定资产管理业务在内的私募资产管理业务。2008 年 4 月 8 日，中国证监会发布的《关于证券投资基金管理公司在香港设立机构的规定》允许基金公司在香港设立子公司或者其他形式的分支机构，从事资产管理业务。截至2018年底，已有26家基金公司在香港等地区设立、收购子公司。

二是确立了基金公司高标准的内控治理。基金公司的内部控制规范以《证券投资基金管理公司管理办法》相关规定为基本原则，具体规范主要以2002年的《证券投资基金管理公司内部控制指导意见》为依据。2006年中国证监会制定的《证券投资基金管理公司治理准则（试行）》首次提出了基金公司良好公司治理的主要标准，成为如今基金公司内部治理结构方面的主要标准。

三是人员管理和职业道德不断强化。针对基金公司内控和公司治理中重要的特殊高级管理人员——督察长，中国证监会于2006年5月8日发布了《证券投资基金管理公司督察长管理规定》，该规定界定了督察长的职责，规定了督察长的执业素质和行为规范，明确要求督察长负责组织指导基金公司的监察稽核工作和监督检查基金公司内部的风险控制情况。

四是投资标的逐步丰富。依据《证券投资基金法》的规定，公募基金仅可投资上市交易的股票、债券以及中国证监会规定的其他证券品种。因此，公募基金的投资范围一直采用"白名单"制，除上市交易的股票、债券外，其他证券品种必须取得中国证监会认可后方能投资。2004—2008年，中国证监会通过发布文件先后允许基金投资政策性金融债、权证、资产支持证券、非公开发行股票、分离型可转债、央票等。在2010年后，随着证券期货市场品种的多样化，中国证监会还进一步放开了基金参与股指期货、中期票据、银行存款、中小企业私募债、国债期货、短期公司债券、并购重组私募债、同业存单、股票期权、融资融券及转融通证券出借业务、港股通交易等。2007年6月18日，中国证监会发布《合格境内机构投资者境外证券投资管理试行办法》及相关实施规则，允许申请取得合格境内机构投资者资格和外汇额度的基金公司发行投资于境外证券市场的基金。该办法发布后，2007 年 9 月至 10 月，第一批四只 QDII 基金正式成立并“出海”。

五是基金销售行为规范化，2007—2009 年，中国证监会先后发布了《证券投资基金销售业务信息管理平台管理规定》《证券投资基金销售机构内部控制指导意见》《关于证券投资基金宣传推介材料监管事项的补充规定》《开放式证券投资基金销售费用管理规定》。这些规定对于销售机构完善销售系统功能和内部控制体系、规范宣传推介行为、确立基金销售费用体系，发挥了重要作用。

（五）2010—2015 年：基金法律法规的新一轮修订和创新产品浪潮阶段

从 2004 年起建立的以“一法六规”为核心的相对完善的基金法律法规体系，是 2004 年以来公募基金规范运作和平稳发展的重要保障，但经过多年的发展，较多法律法规已经开始不适应基金业的实际情况。

更重要的是，在这一阶段中，2012 年 12 月 28 日，第十一届全国人民代表大会常务委员会第三十次会议通过了修订后的《证券投资基金法》，修订后的《证券投资基金法》从 2013 年 6 月 1 日起施行。此次基金法修订的主要内容包括，公募基金管理人市场准入、监管和基金运作，将私募证券投资基金纳入《证券投资基金法》，针对基金服务机构做出专门性规定，并确定了证券投资基金行业的自律组织——中国证券投资基金业协会。此次《证券投资基金法》的修订，对于 2012 年以后的公募基金管理人市场准入变化、中国证券投资基金业协会的成立、私募基金管理人登记和私募基金备案管理等产生了深远影响。就公募基金而言，《证券投资基金法》允许符合条件的资产管理机构直接申请公募基金管理人资格，基金公司主要股东的条件也进一步放宽，甚至允许自然人作为基金公司的主要股东，大幅度削减基金公司变更和高级管理人员的行政许可（2015 年《证券投资基金法》再次修改后，全面取消了高级管理人员的行政许可），允许基金从业人员向公司事前申报并经审查通过后进行证券投资，正式将泄露未公开信息和利用未公开信息交易的行为列为《证券投资基金法》禁止行为，鼓励专业人士持股，丰富监管部门的监管措施和支付手段，放宽基金托管人准入限制，使商业银行之外的其他金融机构参与公募基金的托管业务成为可能，增加了基金份额持有人大会的二次召集制度，首度提出“基金合并”概念，基金发行审核制调整为注册制，有条件允许公募基金从事重大关联交易。与上述背景相应的是，自 2010 年开始，基金行业法规开始了新一轮的修改完善。

与此同时，这一时期在“加强监管、放松管制”的思路指导下，创新产品层出不穷。监管机构和相关交易所、登记结算机构也分别发布指引和规则，支持产品创新。首批跨市场 ETF——嘉实沪深 300ETF 和华泰柏瑞沪深 300ETF，首批跨境 ETF——华夏恒生 ETF 和易方达恒生中国企业 ETF，首批黄金 ETF——华安易富黄金 ETF 和国泰黄金 ETF，首只货币 ETF——华宝兴业现金添益交易型货币市场基金，以及短期理财基金、定期开放基金，均是在 2012—2013 年面世的。

基金销售方面，2011 年 6 月修订的《证券投资基金销售管理办法》允许在华外资商业银行申请基金销售资格，修订了各类机构申请基金销售资格的条件，特别是准许独立基金销售机构申请基金销售业务资格，2012 年 2 月诺亚正行（上海）基金销售投资顾问有限公司作为首家独立基金销售机构获得基金销售业务资格。2013 年 3 月经修订的《证券投资基金销售管理办法》公布实施，允许期货公司和保险机构申请基金销售业务资格，适度放宽了申请主体的合规记录条件。同年 6 月，花旗、大华、东亚、恒生、星展、汇丰六家外资银行获得基金销售业务资格。

（六）2015 年至今：防范风险、加强监管的新阶段

由于基金子公司的风险暴露、2015 年“股灾”，以及 2016 年底的货币流动性危机、投资者纠纷和诉讼的数量大幅增加等若干行业性事件，从 2015 年开始，基金业的监管力度明显加强。

在机构管理与治理方面，2017 年 6 月 6 日，中国证监会公布《证券公司和证券投资基金管理公司合规管理办法》，首次提出了“合规创造价值、合规是公司生存基础”的重要合规理念。在基金子公司方面，2016 年 11 月 29 日，中国证监会公布的《基金管理公司子公司管理规定》强化了基金公司对子公司的控制要求，并禁止母公司、子公司同业竞争，规范子公司固有资金管理和运作，禁止子公司再下设机构，加强母公司、子公司人员隔离，禁止子公司股权激励错位，提出母公司全面风险管理的总体性要求，增加专户子公司风险准备金制度，并借鉴证券、信托等机构的监管经验，建立风险控制指标体系。专户子公司的风险控制指标体系具体由同步公布的《基金管理公司特定客户资产管理子公司风险控制指标管理暂行规定》做出规定，核心内容是引入净资本指标和风险资本指标，以建立能够综合反映并有效防范各类业务风险的风险控制指标体系。

基金投资运作方面，2015 年 12 月 17 日，中国证监会公布了《货币市场基金监督管理办法》，在拓展货币市场基金投资品种的同时，加强了货币市场基金投资比例限制，特别是防范流动性风险。2017 年 8 月 31 日，基于过去两年多时间公募基金在信用风险、集中持股、货币市场基金规模无序增长以及定制基金等若干方面所暴露的流动性风险，中国证监会发布了《公开募集开放式证券投资基金流动性风险管理规

定》，对于基金管理人的流动性风险管理内控体系、基金持有流通股的集中度、投资流动性受限资产的比例、逆回购交易风险管理、投资者集中度管理、申购和赎回管控、风险缓释工具的使用做了详尽规定。

基金销售方面，2016 年 12 月 12 日中国证监会公布《证券期货投资者适当性管理办法》，该办法全面适用于基金公司和基金销售机构。相比于《证券投资基金销售适用性指导意见》，该办法新提出了专业投资者与普通投资者的分类，大幅加强了对普通投资者的适当性保护，重新确定了产品风险等级划分的标准，严格要求投资者与产品的风险匹配，并且禁止错配推介，对于网点销售强制“双录”，对于线上销售则要求电子数据留痕。

二、公募基金行业的发展现状

（一）《证券投资基金法》使基金管理人增量步入快车道

首先，《证券投资基金法》与《国务院关于管理公开募集基金的基金管理公司有关问题的批复》正式允许符合条件的专业人士担任基金管理公司的主要股东，五年来，泓德、汇安、鹏扬、凯石、东方阿尔法、恒越、青松（已更名为合煦智远）、博道、蜂巢、睿远、朱雀、博远、达诚等多家专业人士担任主要股东的基金管理公司相继设立。

其次，除证券公司、信托公司、银行、自然人外，《证券投资基金法》也允许符合条件的保险机构、期货公司、私募投资基金管理人凭借其“经营金融业务的良好业绩”担任基金管理公司主要股东，还允许控股金融机构的集团凭借“管理金融机构的良好业绩”担任基金管理公司主要股东。这无疑进一步促进了基金管理公司数量的增长，但迄今为止担任基金管理公司主要股东的私募基金管理人均为股权、创投类私募基金管理人。基金管理公司主要股东背景统计如图 6.1 所示。

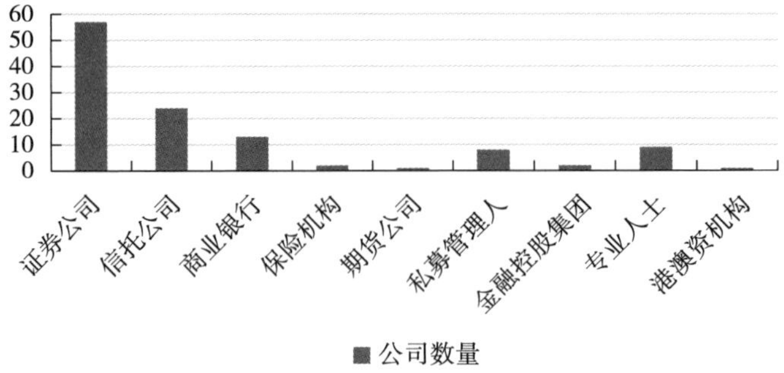

图 6.1　2018 年基金管理公司主要股东背景统计

最后，《证券投资基金法》第十二条规定："公开募集基金的基金管理人，由基金管理公司或者经国务院证券监督管理机构按照规定核准的其他机构担任。"该条规定允许符合条件的证券公司、保险资产管理公司无须设立公募基金管理公司，可申请自行从事公募基金管理业务。截至 2018 年末，已有 15 家证券公司、证券公司资产管理子公司依据《证券投资基金法》及其配套的《资产管理机构开展公募证券投资基金管理业务暂行规定》获得公募基金管理资格，人保资管与泰康资管两家保险资产管理公司据此获得公募基金管理人资格。

在这一阶段，截至 2018 年末，根据《证券投资基金法》及配套规定，中国证监会共计核准设立了 48 家基金管理公司，再加上 17 家获得公募基金管理资格的证券公司、证券公司资产管理子公司、保险资产管理公司——过去 6 年间，公募基金管理人增长 65 家——这已经超过 2004—2013 年 10 年之和。

（二）公募基金产品数量爆发增长

自 2013 年新修订的《证券投资基金法》实施并确定基金产品发行注册制以来，公募基金产品数量实现了爆发式的增长（见图 6.2）。

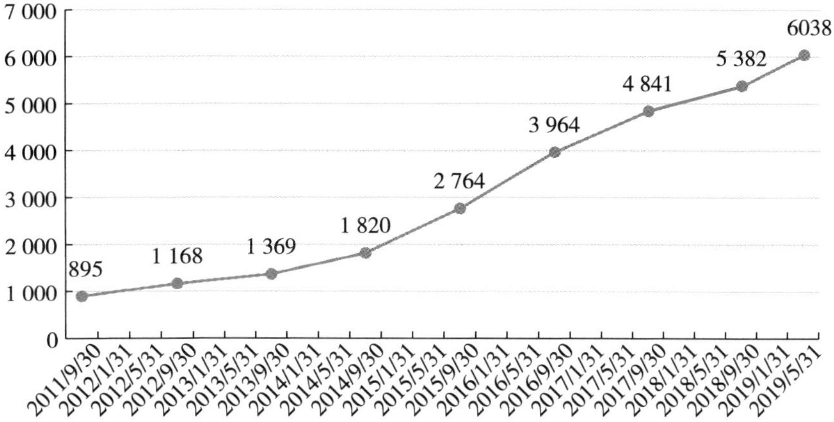

图 6.2　历年公募基金只数走势

在 2013 年以来发行的产品中，不乏一些具有创新性质的产品，例如，2017 年 9 月 6 日，中国证监会公布首批注册的 6 只公募 FoF；2018 年 2 月 11 日，《养老目标证券投资基金指引（试行）》公布，2019 年第一批养老目标基金发行；根据《公开募集证券投资基金运作指引第 1 号——商品期货交易型开放式基金指引》发行的商品基金；2014 年 9 月成立的嘉实元和直投封闭混合型发起式证券投资基金，以及 2015 年 7 月成立的鹏华前海万科 REITs 封闭式混合型发起式证券投资基金，则以非上市公司股权作为主要投资标的。《证券投资基金法》规定基金资产的投资范围包括上市交易的股票、债券与中国证监会规定的其他证券及其衍生品种。嘉实元和直投封闭混合型发起式证券投资基金与鹏华前海万科 REITs 封闭式混合型发起式证券投资基金，通过论证非上市股份公司的股份属于广义的证券范畴，并基于中国证监会的特别批准，将投资标的扩展至非上市公司股权——前者实现了通过 Pre-IPO（上市前首次公开募股）参与国有企业混合所有制改革，而后者将 REITs 资产纳入主要投资范围。

（三）行业对外开放及国际业务的有序发展

一是基金公司股权对外开放提速。2017 年 11 月 10 日，国务院新闻办就中美元首北京会晤经济成果相关情况举行吹风会，财政部副部长朱光耀介绍，为落实中国共产党第十九次全国代表大会关于进一步扩大对外开放的相关部署，中方决定将单个或多个外国投资者直接或间接投资基金管理公司的投资比例限制放宽至 51%，上述措施实施三年后，投资比例不受限制。2019 年，这一开放政策进一步自 2021 年提前到 2020 年实现。

二是 QFII 额度制、试点国家和地区限制取消，拓宽了公募基金资金来源。2019 年 9 月 10 日，国家外汇管理局宣布，经国务院批准，国家外汇管理局决定取消 QFII 和 RQFII（人民币合格境外机构投资者）投资额度限制，同时取消 RQFII 试点国家和地区限制。由于行政审批等成本大幅降低，外国投资者进入中国更加便利，对中国资本市场的国际化开放和基金行业的拓宽资金来源有里程碑意义。

三是互联互通机制、基金互认。目前，沪港通、深港通、沪伦通均已启动，港股通基金与基金互认一道为公募基金投资者投资和公募基金产品设计开辟了新渠道、新领域。其中港股通所占地位尤其重要。2017 年，中国证监会制定了《通过港股通机制参与香港股票市场交易的公募基金注册审核指引》，使参与港股通成为内地权益类公募基金的常态。2018 年，中国证监会发布了《证券基金经营机构使用香港机构证券投资咨询服务暂行规定》，允许证券基金经营机构聘请符合条件的香港机构为其管理的港股通基金提供投资顾问服务。

（四）资管新规统一资产管理行业规则，使公募基金行业进入新的竞争环境

2018 年 4 月 27 日，为规范金融机构资产管理业务，统一同类资

产管理产品监管标准，有效防控金融风险，更好地服务实体经济，中国人民银行、银保监会、证监会、国家外汇管理局联合发布《关于规范金融机构资产管理业务的指导意见》。

资管新规很大程度上参考了公募基金行业过往 20 年的规则体系，统一了资产管理产品的类别和分类标准，重新确定了私募资产管理产品的合格投资者标准，禁止刚性兑付，严格限制摊余成本法估值，统一负债杠杆，禁止多层嵌套和规避监管要求的通道业务，强化非标准化债权、股权及其受（收）益权投资的期限匹配要求，基金公司及专户子公司的私募资产管理业务受到资管新规及其细则的较大冲击，采用摊余成本法的公募货币基金、公募分级基金至此也不再可能新增发行。

作为规范资产管理业务的重要规定，资管新规虽然在多方面影响着公募基金的业态，但遗憾的是，资管新规没能适用和援引《证券投资基金法》的部分核心规则。例如，资管新规第四条关于公开募集的标准并未援引《证券投资基金法》第五十条，也未明确公募基金管理公司以外的其他机构（主要是商业银行）发行公募产品是否需要遵守和适用《证券投资基金法》。因此，以《证券投资基金法》为基石的公募基金公司面临着与其他各类资产管理机构基于不完全统一规则的竞争。

三、公募基金行业发展中的问题

（一）竞争环境：与理财产品存在的规则落差导致不公平竞争

在产品设计、发行和资金募集方面，商业银行公募理财产品与公募基金的主要差异如表 6.1 所示。

表 6.1　商业银行公募理财产品与公募基金的主要差异

	公募理财产品	公募基金
适用法律和法律关系	非基金法、未明确信托关系	《证券投资基金法》、信托关系
基本监管制度	登记制	注册制
登记 / 注册时限	商业银行自主决定发行时间	基金管理人需先获得行政许可才可以发行基金，并且需在注册后 6 个月内发行
管理人和托管人条件	管理人：商业银行或子公司	管理人 / 托管人：具有公募基金业务资格，以及基金经理等人员、合规以及公司治理、经营管理、内控及风险管理、财务状况要求
	商业银行可托管本行（原则上仅限于过渡期内，过渡期结束后子公司仍未能成立的例外）或理财子公司发行的理财产品	基金托管人与基金管理人不得为同一机构，不得相互出资或者持有股份
销售文件	种类：说明书、销售协议书、风险揭示书和投资者权益须知	种类：基金合同、托管协议、招募说明书（含风险揭示）、募集说明书、投资者权益须知
	内容与格式：无要求	法律文件和权益须知均有证监会制定的内容与格式要求
起投金额	商业银行：1 万元 理财子公司：不限	无，管理人或销售机构自定
成立条件和时间	无成立条件	开放式基金：基金募集份额总额不少于两亿份，基金募集金额不少于两亿元，基金份额持有人的人数不少于两百人
变更程序	投资者不接受的，应当允许投资者按照销售文件的约定提前赎回理财产品	实质性调整应向证监会申请变更注册，经批准后方可变更。往往实质性调整在经证监会变更注册后，还需召开基金份额持有人大会审议
投资范围（白名单）	• 标准化证券和证券衍生品 • 其他资产管理产品 • 主要投资于标准化债权类资产以及上市交易的股票	• 标准化证券 • 证券衍生品

对比公募基金和商业银行公募理财这两类面向不特定公众募集资金的资产管理业务，至少可以发现如下规则落差：一是公募理财业务投资范围相比公募基金更广，包含非标准化资产；二是公募理财产品发行比公募基金注册更简便；三是公募理财产品重大变更相比公募基金更简便；四是公募理财产品的托管机制更灵活。此外，公募基金过往 20 年中形成的关于特定投资品种、基金产品流动性的投资限制也并不适用于公募理财产品。

在资管新规允许商业银行设立理财子公司之前，公募理财产品只能投资于固定收益品种，而理财子公司设立并开展权益类资产管理业务后，其与公募基金的投资领域完全相同。众所周知，商业银行发行公募资产管理产品有天然的渠道优势，而这种渠道优势又建立在上述较为宽松的法律规则基础上。由此，公募基金行业在与银行理财，特别是理财子公司的竞争中不可避免地处于不利的地位。

（二）基金销售：从服务基金向服务客户转型任重道远

在当前的公募基金行业中，基金管理人“为渠道打工”的情况日趋严重，即基金销售机构从基金管理人收取的管理费中分取的客户维护费（即尾随佣金）的比例越来越高。2018 年基金年报数据显示，基金公司在 2018 年共获取管理费收入 610.94 亿元，较 2017 年的 550.51 亿元同比增长 10.98%。剔除无客户维护费的基金后，纳入统计的 4 405 只基金，2018 年共向销售机构支付客户维护费 128.22 亿元，同比增长 32.94%，在管理费中的占比上升至 20.99%。中小型基金公司尾随佣金率较高，9 家公司尾随佣金占管理费比例超四成，最高达 65.44%。[①]

① 数据来自《中国证券报》。

造成这一现象的根源是，基金销售机构的定位是“卖基金”，其收入来源包括认购费、赎回费和尾随佣金，取决于销售流量，而不是投资者的财富增量。基金销售机构的利益驱动机制与投资者的财富增值没有有效挂钩。银行、证券公司等主要渠道基金销售业务的考核指标就是基金销量。这一考核机制与其导致的基金销售机构行为以及股市的暴涨暴跌也有深层次关联。

2001 年，基金行业规模为 814 亿元，到 2005 年牛市爆发前夜，基金行业规模为 4 691 亿元。在随后的牛市中，基金销售完全没有显现资产配置的专业作用，爆款基金频现，上投摩根亚太优势基金发行当日，认购资金高达 1 162.61 亿元的纪录至今未破。不断加码的基金销售任务对市场行情起到了火上浇油的作用，到 2007 年底，基金行业规模达到 3.27 万亿元，是 2001 年的 40 倍。大量投资者在高点入市，至今未收回成本，投资体验不佳。

在随后长期的调整行情中，销售渠道仍然是依靠销量赚钱，在老基金业绩不佳、持续营销难度大的情况下，通过新发行的净值为 1 的基金刺激销量，最终导致基金数量不断增加。开放式股票型基金的数量从 2008 年的 162 只，增加到 2018 年的 927 只，但整体份额不升反降，从 2008 年的 10 866 亿份降至 2018 年的 7 717 亿份，单只基金平均规模大幅缩水，“迷你基金”和基金经理“一拖多”的现象相当普遍。“迷你基金”后续难以获得资源，也无法持续营销。基金销售、基金业绩和基金规模出现恶性循环。

打破这一循环的关键就是改变基金销售机构“卖方的代理人”的定位，改变其向基金管理人收取报酬的利益驱动机制，将其收费标准与基金投资者财富的保值增值挂钩，增加其为投资者服务的法定责任，使两者的利益相一致，推动基金销售机构向财富管理行业转型。“卖方的顾问”模式如图 6.3 所示。

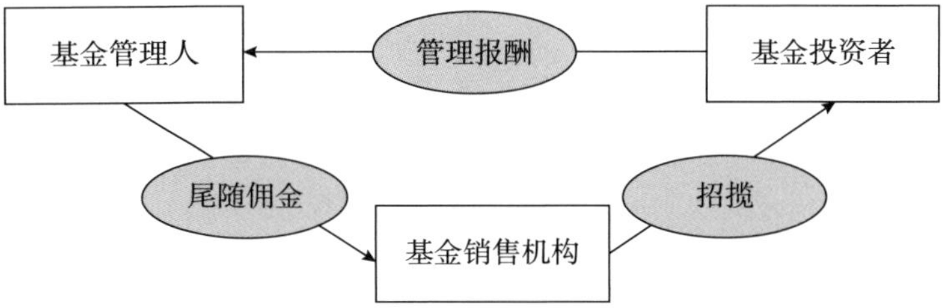

图 6.3 “卖方的顾问”模式

在发展至今已历经21年的公募基金市场，存续基金超过6 000只，其中并不缺乏优质产品。而且，日益积累的居民财富也有相当大的财富管理需求，面对包括公募基金在内的可投产品亟须专业的理财顾问。理财顾问应当结合投资者资产配置的合理考虑以及对长期投顾的实时跟进，专业分析各类热点营销和发行认购的金融产品，提出专业化的投资建议或直接全权受托理财。销售机构转型为“买方的顾问”（见图 6.4）有利于更好地服务投资者，通过让投资者选择适合自身的优质顾问，促进传统销售机构协助更多投资者真正享受包括公募基金带来的投资红利。

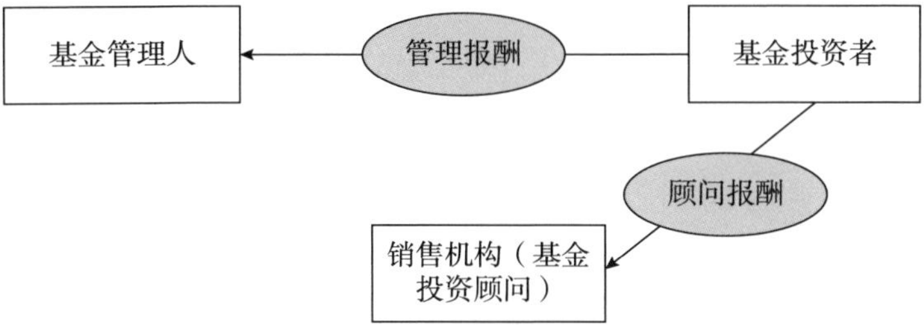

图 6.4 “买方的顾问”模式

目前中国证监会已经开展“买方的顾问”试点。2019 年 6 月，蚂蚁金服与美国先锋领航集团合资成立先锋领航投顾（上海）投资咨询有限公司，二者分别持股 51% 和 49%。在经营范围上，该机构聚焦面向投资者的基金投资咨询服务（包括淡化人力服务的智能投顾）。

当然，这些监管主导的试点能否改弦更张仍然需要观察，特别是要注意更加尊重市场主体的选择，按照投资者的需求，提供基金、股票、债券、理财等全能型的财富管理业务，逐步摆脱局限于基金销售的现有局限，让基金销售业务、证券经纪业务和银行代销业务等一起实现向财富管理行业的转型。不过，要改变近20年形成的固有业态实非一日之功，有赖于更加完善的法律规则支持和市场参与者观念的进步。

（三）监管姓监：厘清监管与市场的关系，把发展的主导权交回市场主体

回顾历史，中国的公募基金行业迈出的每一步（余额宝等是少数例外）都有监管部门的主导和扶持，形成了“先由监管主导试点，再向全行业推广”的中国特色发展模式。中国特色发展模式对中国基金行业的赶超式发展起到了保驾护航的作用，但是在市场进入“大资管”的发展阶段，金融加大对外开放的新格局下，监管代位市场模式的弊端也不断显现。

一是影响了行业的市场化竞争力。在监管主导模式下，创新的方向和边界都是由监管部门判断的，监管部门判断和决策的依据则来自境外先进经验的学习吸收和参与试点的主体反映的利益诉求。因此，市场主体难免把创新的主要精力放到争取试点资格和影响监管部门决策上。基金管理公司的“核心竞争力”到底是服务投资者还是影响监管者呢？由于监管部门并不是真正开展业务的市场主体，不直接面对和承担市场行为的后果，并且监管的属性使其对风险具有厌恶偏好，其决策不可避免地会与真正的市场需求存在差异，所主导的创新业务也未必会受到市场欢迎。另外，在监管主导模式下，监管部门还深入介入基金公司内部的运营管理，基金公司的业务组织架构和业务流程

甚至也千人一面。比如要求每家公司都要设置产品委员会、信息治理委员会，要求每家公司都要配备首席信息官，要求每家公司的合规总监工资不得低于中位数等。高度同质化导致基金行业只有规模大小的区别，缺乏多元化和差异化的经营，极易形成风险共振。持续下去，我国基金管理行业的整体竞争力受到了局限，一旦人民币资本项目下可兑换，将在与离岸市场的竞争中处于不利地位，会对资本的流动方向产生影响。

二是影响了监管部门自身的定位。主导创新、引领行业发展与防范风险和保护投资者合法权益之间有一定的矛盾。监管部门大面积主导创新，就会牵制其有效履行监管职责。这一点在基金打新、基金黑幕、分级基金等事件中不断得到印证。《证券投资基金法》虽然规定了众多行政处罚事项，但公募基金行业成立 21 年来，还没有一家公募基金管理公司因此受到行政处罚。而私募基金行业从 2013 年纳入《证券投资基金法》调整范围以来，已经有多家机构受到行政处罚。监管部门的亲疏关系可见一斑。

因此，厘清监管与市场的关系是基金行业向前发展的关键问题。监管部门应该把拓展创新边界的职责交回市场主体，归位守住保护投资者合法权益和防范系统性风险的底线。从目前公募基金行业的发展看，在“四个敬畏”（敬畏市场、敬畏法治、敬畏专业、敬畏投资者）理念的指导下，发展模式和监管方式正在出现转变的迹象，但需要克服的阻力还有很多。

（四）完善基金治理：确保基金管理人奉行基金持有人至上的受托责任

良好的基金治理和问责、透明的信息披露、每日估值和资产流动性、独立保管、有限杠杆、严控关联交易、组合投资是美国投资公司协会总结的美国共同基金的制度基石。与国际情况对比，我国公募基金的制度标准除基金治理方面外，在各方面都已经达到国际标准。

基金治理和问责体系既包括基金自身的内部治理，也包括监管者、审计师、保管机构的外部治理。其中，基金自身的治理在美国居于首要地位，每个基金都建立了独立的董事会，代表基金进行决策，聘请基金的相关机构。这一结构对美国基金行业的发展起到了重要的作用。例如，正是因为基金董事会不同意基金管理人董事会解聘约翰·博格尔的决定，才使先锋领航脱离威灵顿，开创指数基金等新产品，直至今天达到 5 万亿美元的资产管理规模。

我国基金的自身治理架构以信托法律关系为基础，基金投资者是委托人和受益人，基金管理人和基金托管人是共同受托人，各司其职。与国内其他资产管理产品相比，公募基金的治理架构鹤立鸡群，但是与国际同业相比，则还存在不足。

一是基金持有人的利益缺少代表和体现，难以制衡基金固有的利益冲突。基金份额持有人大会名义上拥有更换、制衡基金管理人的权力，但是类似会议需要由基金管理人安排，基金持有人的分散意志难以得到集中。2013 年《证券投资基金法》修订后规定的基金份额持有人大会日常机构，则由于缺乏法律依据和操作环境而没有实现设想的生命力。其根本原因是，基金合同是基金管理人和基金托管人共同提供的格式合同，而基金管理人和基金托管人并无动力主动设置日常机构以监督自身履职。此外，在现有的基金产品中，就其产品要素而言，并没有一只或一类特殊的产品有比其他基金更充分的理由设置日常机构。2013 年 6 月《证券投资基金法》修订施行以来，共计 4 000 余只公募基金发行成立，但在这些公募基金产品中，并无任何一只基金设有基金份额持有人大会的日常机构。

二是共同受托人职责分工不清，难以履行到位。基金托管人虽然对基金管理人负有投资的监督责任，但根据中国的证券交易结算制度，基金管理人买卖股票和债券的交易指令都已经即时执行，基金托管人无法事前控制，事后只能被动接受，承担共同受托人的责任并不合适。而基金托管人对基金进行独立估值，与基金管理人每日对账，这在全球也是孤例。这不仅增加了操作成本，而且把共同受托的制衡作用降级为对账功能。这种责任划分不清也为这一制度日后引入私募基金行业埋下隐患。从契约型基金制度引进地之一的香港地区的情况看，实行单一的受托人制度，基金管理人由受托人（需要具有信托牌照）委托，基金持有人可以要求受托人更换基金管理人。单一受托职责下的责任划分相对清晰。

基金自身治理的制衡性不足，就会导致利益冲突现象频发。基金黑幕、老鼠仓、分级基金等现象都与此相关。同时，频频发生的利益输送案件，进一步增强了外部监管力量，也反过来弱化了加强基金自身的治理建设。如果行业要实现市场主导的发展，那么监管回归本位，监管姓监，加强和完善基金自身的治理架构是前提条件。

（五）基金产品：同质化竞争、费率竞争占据市场主流

在 2019 年第一季度，有 753 只基金均在指定平台进行不同程度的费率优惠，优惠活动至少持续三个月。不同份额类别分开统计后，公募基金市场上 7 863 只基金中有 6 369 只基金均有不同程度的费率优惠。其中，有 457 只基金已经低至申购零费率。[①] 诚然，基金手续费率降低有益于投资者降低投资成本，但这种大幅降费的本质原因并不是流程优化带来的成本锐减，而是体现了基金管理行业同质产品线的现状。

2019 年 6 月 5 日，证监会副主席李超在讲话中指出，“公募基金

① 数据来自《证券日报》。

的成长之路并不平坦，发展进程中出现过突破行业底线的现象，目前也依然存在不成熟、不规范的问题”。他举例，这些问题包括，“产品同质化比较严重，收益特征、风险特征没有实质区别，自身优势没有体现”。

以 2019 年上半年为例，跟随股票市场热点，短短 6 个月，各基金管理人就先后成立了 11 只消费主题基金，公募基金管理人“跟风”、追短期热点、发行同质化产品的现象可见一斑，这种现象在基金快速核准发行的注册制下尤其明显。基金产品同质化带来的结果是产品风险收益特征趋同，提供给投资者的投资品种没有实质区别；产品的近似性必然使“拼费率”成为常态，结合尾随佣金的压力，基金管理人的生存环境更为艰难。

（六）管理人报酬：浮动费率机制缺位导致权益基金萎缩、管理人核心竞争力下降

在公募基金发展历史上，“旱涝保收”的僵化固定费率机制是广受投资者诟病的问题。这一方面导致基金投资者的投资体验差，缺乏与基金管理人利益的一致性，影响其长期持有基金的意愿；另一方面也导致基金管理人缺乏发行权益类基金和提升投资管理能力的动力。2008 年以来，公募基金持有 A 股总市值的比重持续下降，由历史最高的 7.9% 下降到 2019 年第二季度末的 3.7%。① 公募基金作为资本市场的买方代表的主体地位不断被削弱。因此，在过去的 10 年中，“浮动费率产品”是基金行业始终关注的话题，相应地，也有一批试水这一机制的公募基金应运而生。

2013 年 5 月底，富国目标收益一年期纯债基金发行。该基金在

① 数据来自中国经济网。

收费模式上采用四档阶梯式费率机制，该基金设定为回报率小于等于4% 时不收取管理费，4%~5% 之间收取 0%~0.3% 的管理费，5%~7% 之间收取 0.3%~0.6% 的管理费，7% 以上最高按 0.9% 的费率封顶收取。

2014 年成立的东方红产业升级基金的合同则采取了收益率分档报酬模式：基金合同生效第一年，按照 1.5% 的年费率计算；基金合同满一年后的每个季度，按照基金在该日之前一年（不含该日）的收益率分档计算。

2018 年 8 月，南方瑞合 3 年定期开放混合型发起式证券投资基金首次采用有条件收取管理费的模式。若封闭期收益率为正，则每年收取 1.5% 的固定管理费；若封闭期收益率为负或零，则不收取管理费。

遗憾的是，上述基金产品在 6 000 余只公募基金中仍然是极少数。不过，阶梯式费率机制、区分时间分段计酬机制、有条件收取固定管理费机制已经较为全面地为基金行业浮动管理费机制提供了范例。2019 年 9 月，浮动管理费率基金“批量”上报，目前分两批合计 12 家基金公司试点。

浮动管理费基金不仅有利于驱动基金公司锤炼投资管理能力，提高核心竞争力，也必将推动权益类基金的发展，让权益类基金成为资本市场重要的长期专业投资者。但是，浮动费率基金的市场接受度，乃至浮动机制本身的合理化、科学化，仍然是需要行业长期探讨和改良的课题。

（七）机构监管：箭在弦上的基金管理人分类监管与基金管理人退出机制的思考

2019 年 7 月，证监会主席易会满在证券基金经营机构座谈会中指出，“要实行分类监管，支持有能力的公募基金做大做强，提供综合性服务”。2019 年 9 月施行的《公开募集证券投资基金信息披露管理办法》提到，中国证监会将定期评估基金管理人的信息披露质量，并纳入基金管理人分类监管评价指标体系中。

经过20年的发展，公募基金行业终将面临与证券公司相同的分类监管。

目前，分类监管的标准、结果、用途尚无正式规定，但根据中国证监会下发的机构监管通报，2019年10月起，证券基金机构监管部进一步优化公募基金产品注册机制，“在更大程度落实机构主体合规风控责任的基础上，对诚信及合规风控水平较高、中长期投资业绩突出的基金管理人申报的常规产品实施快速注册，大幅提高注册效率”。

由此可见，基金管理人分类监管的结果至少将影响公募基金产品的注册效率。除此之外，基金管理人分类监管的主要目的是扶优限劣，对于分类监管结果较差的基金管理人，将面临更少的业务资源和更高的募资难度，公募基金管理人的退出机制将成为现实课题（这一课题对于2013年以来诞生的专业人士、核心团队控股的大批基金管理人也有重要意义）。

《证券投资基金法》第二十九条规定：“公开募集基金的基金管理人职责终止的，基金份额持有人大会应当在六个月内选任新基金管理人；新基金管理人产生前，由国务院证券监督管理机构指定临时基金管理人。”也就是说，在这六个月的“过渡期”内，监管机构会为基金指定临时管理人，而基金份额持有人应当在六个月内妥善行使权利，通过基金份额持有人大会机制选任新的基金管理人。而选任继任管理人是一个“两相情愿”的过程——根据《证券投资基金法》第八十条的规定，无论是因为基金份额持有人大会未能形成决议，还是其他基金管理人不愿受托继续管理，如果在六个月内没有新基金管理人承接管理的，基金合同将终止并清算基金财产。

尽管法律已经为基金管理人的淘汰与退出提供了有序的机制，但在这一过程中，仍有细节问题需要思考和构建相应机制：一是监管机构指定临时基金管理人的标准尚不明确，二是基金份额持有人大会选任的基金管理人接受或拒绝继任的程序、期限亦无细化规定。只有预先完善这些细节问题，才能理顺基金管理人的退出路径，并在这一过程中更好地保护投资者权益。

（八）资金来源：公募基金的税收政策红利与公募基金机构“定制”化趋势

《财政部国家税务总局关于开放式证券投资基金有关税收问题的通知》发布以来的十余年间，依托“对投资者（包括个人和机构投资者）从基金分配中取得的收入，暂不征收个人所得税和企业所得税 ”的税制红利，公募基金税对机构投资者保持着天然的吸引力。

相应地，自 2014 年基金产品注册制随《公开募集证券投资基金运作管理办法》落地以来，基金行业中由单一机构（通常为一家银行的自有资金或理财资金）作为最大乃至唯一外部投资者的“定制基金”出现了爆发式的增长。

以 2018 年的年报数据来看，市场存量的 257 只定期开放发起式基金（根据证监会《公开募集开放式证券投资基金流动性风险管理规定》，单一投资者持有基金份额超过 50% 的基金，必须以定期开放发起式运作，并且不得对个人投资者公开发售）总规模为 7 082.33 亿元，在 13.03 万亿元的公募基金总规模中占比为 5.43%。如果扣除 7.62 万亿元的货币基金规模，则定制基金在存量公募基金产品中的总占比超过 13%。[①] 而在 2017 年末，这一比例甚至更高。此外，根据中国证监

---

① 数据来自《中国基金报》。

会公示的基金产品审批进度公示情况，截至 2019 年第一季度末，尚有超过 100 只定制基金待核准注册。

机构资金选择公募基金作为定制平台，虽然其动因不排除部分基金管理人较强的投资管理（特别是债券投资管理）能力，但也必须承认 2002 年发布的《财政部国家税务总局关于开放式证券投资基金有关税收问题的通知》明确、稳定的税收优惠政策的作用。相较之下，后者恐怕是定制基金规模居高不下的更重要原因。

当然，公募基金作为普惠金融工具的属性并不排斥机构投资者的资金，但定制基金发展过程中基金行业累积的风险和弊病也值得关注。一是投资决策权的旁落。《证券投资基金法》总则即规定证券投资基金应由基金管理人进行投资管理，但相当一部分的定制基金由机构投资者掌握多数投资决策中的话语权，尽管中国证监会曾对个别公司“消极管理”的行为采取监管措施，但这并没有根本性地改善上述问题。二是一些基金管理人的管理规模主要来自定制基金，而定制基金的生命力又依附于并不稳定的税制红利，一旦税制红利的基础不复存在则危楼将倾，这对于此类基金管理人的影响将是致命的，基金行业的管理规模也将在短期内跳水。

四、公募基金与公募理财统一监管规则的必要性和可行性

在提出问题以及解决方案之前，先要了解证监会监管的公募基金业务与银保监会监管的公募理财业务目前在监管规则等方面的异同，该等差异导致目前实务操作中的各种疑点、难点，以及统一监管规则的可行性、必要性等问题。

（一）公募基金与公募理财监管规则的异同

1. 产品的组织形式

如果借鉴基金的组织形式常见分类标准——契约型、公司型和合伙型，那么公募理财产品的组织形式是契约型，这跟公募基金的组织形式一致。理财产品的当事人，包括投资者和银行资产管理机构，双方当事人通过以产品说明书、销售协议书等销售文件构建理财产品合同，缔结理财产品合同关系。理财产品本身并非以独立法律主体身份出现的，理财产品的具体指向应是投资者委托银行资产管理机构的理财产品，以及围绕理财产品的发行、投资、运作、申购、赎回、清算所形成的权利义务关系综合体。

由于契约型的理财产品并非独立的法律主体，理财产品的对外投资名义上只能由银行资产管理机构行使，银行资产管理机构需对外行使相关权利和履行相关义务。由此可能会衍生出一系列的待探讨问题，需要法律法规或相关监管规定予以明确。

（1）权益计算与披露

在持股信息披露方面，中国证监会对公募基金有一套比较完善的监管规则。

在理财产品方面，银行资产管理机构是否应当将各理财产品对同一股票的投资合并计算持股比例，并履行信息披露义务？公募理财产品是应该比照公募基金，按照单只理财产品的持股比例履行信息披露义务，而无须将多只理财产品的持股比例合并计算，还是应按照私募基金的要求合并计算？银行理财子公司发行的理财产品与银行系公募基金公司发行的私募资产管理产品共同投资于同一股票是否要合并计算持股比例？在遵守减持限制方面，是否对于各理财产品按一致行动人处理？这些问题可能还需要通过相关法律法规或中国证监会予以规范和说明。

（2）股权及债权投资的确权

由于在投资范围方面，除标准化金融资产外，理财产品相比公募基金还可以参与非标准化的股权投资和债权投资。而契约型的组织形式对于理财产品参与非标准化股权投资和债权投资而言，可能会使其面临某些来自监管政策，甚至现行法律制度的障碍或者限制。例如，契约型资产管理产品直接或者间接参与股权投资，若要通过上市退出，在投资标的企业的公开发行上市审核中可能会面临清理要求。再如，理财产品若进行直接股权投资，因其并非独立法律主体，工商管理部门一般不接受将理财产品登记为股东，从而只能将股权登记到银行资产管理机构名下。这一登记方式，一方面，可能会使银行资产管理机构面临自身关于股权投资的监管限制；另一方面，实际应由理财产品享有权益的股权，因登记在银行资产管理机构名下，可能会因银行资产管理机构自身的债务纠纷，导致被司法机关查封、冻结甚至执行，从而损害理财产品投资者的利益。而对于银行资产管理机构而言，被投资公司的公开披露信息显示银行资产管理机构为其股东，而第三人并不知悉其实际代表理财产品，同时也因被投资公司的银行背景而对其产生信赖，这会产生银行资产管理机构对被投资公司债权人提供隐性背书的风险，也可能会导致银行资产管理机构代理财产品（特别是在产品清算分配完毕后）承担股东责任。直接债权投资也会存在类似的问题，如应收账款登记、抵押质押登记等。这些问题是契约型资产管理产品参与非标准化股权或债权投资的共性问题，需要国家通过立法予以解决。

2. 产品的治理结构

对于一般的契约型基金而言，契约关系的法律性质为信托关系，对于前文所述的因登记而混淆管理人与产品的法律风险，管理人理论上可以用《信托法》和《证券投资基金法》所规定的信托财产独立、破产隔离原则对抗债权人。

对于理财产品而言，组织形式也采用了契约型的法律安排。但其法律基础是委托关系，还是与契约型基金一样是信托关系？

公募基金适用的《证券投资基金法》明确以《信托法》为母法，从而使公募基金以及证券期货经营机构私募资产管理业务的法律关系被界定为信托关系。但《商业银行理财业务监督管理办法》和《商业银行理财子公司管理办法》并未将《信托法》作为上位法，因此会产生理财产品的民商事法律关系是否为信托法律关系的疑问。

尽管《商业银行理财业务监督管理办法》中也规定了与《信托法》相似的涉及破产隔离和对抗第三方债权人的规定，但由于《商业银行理财业务监督管理办法》是作为部门规章设立的，如果理财产品的法律关系不能被认定属于信托法律关系，那么这些规定能否在司法实践中得到认可存在不确定性。从对理财产品的定义来看，《商业银行理财业务监督管理办法》（以“商业银行接受投资者委托”为基础，商业银行履行“代人理财职责”）和《商业银行理财子公司管理办法》（“银行理财子公司接受投资者委托，按照与投资者事先约定的投资策略、风险承担和收益分配方式，对受托的投资者财产进行投资和管理的金融服务”）中的规定，也不能准确界定理财产品的法律关系是委托关系还是信托关系。

中国银保监会有关部门负责人就《商业银行理财子公司管理办法》的相关问题回答了记者提问。银保监会指出，“商业银行和银行理财子公司发行的理财产品依据信托法律关系设立”，明确了理财业务的法律关系为信托法律关系。于 2019 年 9 月 11 日经最高人民法院审判委员会民事行政专业委员会第 319 次会议原则通过的《全国法院民商事审判工作会议纪要》（简称《会议纪要》）提出，根据资管新规的规定，其他金融机构开展的资产管理业务构成信托关系的，当事人之间的纠纷适用《信托法》及其他有关规定处理。但问题是，资管新规并没有规定哪种资产管理产品的法律关系是信托法律关系。而且，最高院也说明："纪要不是司法解释，不能作为裁判依据进行援引。《会议纪要》发布后，人民法院尚未审结的一审、二审案件，在裁判文书'本院认为'部分具体分析法律适用的理由时，可以根据《会议纪要》的相关规定进行说理。"那么，在此情况下，公募理财产品的法律关系能否仅根据银保监会答记者问中的说法就认定为信托法律关系，恐怕存在疑问。尤其是2005年，当时的银监会相关负责人也明确表述,《商业银行个人理财业务管理暂行办法》和《商业银行个人理财业务风险管理指引》明确界定了个人理财业务是建立在委托代理关系基础之上的银行服务。既然公募理财业务的上位法没有发生任何变化，那为何法律关系发生了变化，在相关的案件中，恐怕需要法院进行更进一步的详细说明。

理财产品信托法律关系的当事人包括投资者和管理人（即商业银行）。资管新规提出了第三方机构独立托管的要求，但在资管新规的过渡期内，商业银行可以托管本行理财产品，并且在过渡期结束后，"因子公司尚未成立而达不到第三方独立托管要求的"，存量理财产品仍可豁免第三方独立托管的要求。因此，第三方独立托管是理财产品的原则要求，但因过渡期而存在部分例外。另外，从托管人的法律地位来说，采用信托结构的公募基金、私募资产管理产品以及契约型私募基金，托管人与管理人是信托的共同受托人，与投资者作为委托人/受益人互为信托关系的相对方，但资管新规和《商业银行理财业务监督管理办法》并未明确或解决托管机构与投资者的法律关系问题。例如,《商业银行理财业务监督管理办法》第五十条规定："商业银行应当选择具有证券投资基金托管业务资格的金融机构、银行业理财登记托管机构或者国务院银行业监督管理机构认可的其他机构托管所发行的理财产品。”其中“选择”的法律意义是商业银行委托托管机构，还是确定托管机构后共同接受投资者的委托并不明确。但从《商业银行理财业务监督管理办法》第三条对于理财业务法律关系的基本描述来看，理财业务的信托法律关系当事方只有商业银行和投资者两方。因此，理财产品托管机构的法律地位，是接受商业银行委托提供托管服务的机构，与理财产品投资者之间并无直接的信托法律关系。理财产品托管机构的法律地位与契约型基金托管人作为受托人的法律地位有本质的区别。

3. 产品的治理机制

治理机制一般包括激励机制和约束机制两个方面。

（1）激励机制

在管理人内部激励方面，虽然《商业银行理财业务监督管理办法》没有直接规定，但《商业银行理财子公司管理办法》明确提出了银行理财子公司应当建立激励约束合理的公司治理结构。在理财产品层面，管理人的激励机制以物质激励为主，管理人通过收取相应的管理报酬获得物质激励。《商业银行理财业务监督管理办法》和《商业银行理财子公司管理办法》并未对管理人报酬的具体收费方式做出规定，目前允许银行资产管理机构自主决定理财产品的收费模式和费率标准。实践中，银行资产管理机构的收费以固定管理费和浮动管理费两种方式为主。浮动管理费常见收费模式为，收取超出业绩比较基准的收益部分，类似业绩报酬。在资管新规发布后，新发行的理财产品也仍然较多保留了这种收费模式。

对于净值化管理的资产管理产品来说，业绩报酬具有激励管理人的积极作用，公募基金在这一方面可以借鉴理财产品的监管思路，允许更多类型的基金产品收取业绩报酬。但是，资管新规以及《商业银行理财业务监督管理办法》《商业银行理财子公司管理办法》提出打破刚性兑付的要求后，绝大多数的理财产品仍然披露其“业绩比较基准”作为确定收益率，银行资产管理机构收取全部超额收益作为浮动管理费，这一收费方式理论上使投资者的风险收益并不对等，即投资收益以固定投资收益为上限，但承担的风险将覆盖全部本金，并未真正享受到净值化管理带来的增益。相比之下，公募基金的业绩报酬机制虽然尚未普及，但其收取机制、比例更为合理。

（2）约束机制

在约束机制方面，理财产品管理人的约束机制至少可以包括法律法规约束与合同约束、托管人约束、控制结构约束、信息披露约束五个方面。

在法律法规约束与合同约束方面，资管新规统一各类资产管理产品的监管标准，中国银保监会发布《商业银行理财业务监督管理办法》和《商业银行理财子公司管理办法》，制定理财产品的统一监管规范。《商业银行理财业务监督管理办法》《商业银行理财子公司管理办法》，以及中国银保监会作为银行资产管理机构理财业务监管机构在未来制定的其他规范，会为银行资产管理机构提供从内部管理到投资运作、销售规范等全面的法律法规约束。同时，理财产品的合同（以产品说明书条款为主）对于产品的投资运作、认购和赎回进行的自主约定，也构成了对管理人的有效约束。

在托管人约束方面，理财产品应当采用第三方独立托管，该等托管职责与契约型基金托管人的主要职责无实质性差异（差异较大的是在契约型基金份额持有人大会程序中托管人的辅助义务，但银行理财产品无基金份额持有人大会机制）。但由于理财产品托管人并不禁止与管理人存在相互持股的关联关系，例如商业银行理财子公司的理财产品可以由商业银行托管，并且托管机构的法律地位是受银行资产管理机构委托而非投资者委托办理托管业务，托管机构的选任、职责终止和更换由银行资产管理机构行使决策权，托管机构相对于管理人的独立性明显弱于契约型公募基金。

在控制结构约束方面，契约型公募基金对于管理人的控制结构约束通常主要包括基金份额持有人大会机制和赎回机制。基金份额持有人大会是《证券投资基金法》强制规定公募基金应当具有的基金份额持有人组织。由于公募基金持有人数量众多，涉及基金运作的重大变更事项，采用普通合同变更程序中当事人一致同意的协商机制并不现实。但如果单方面赋予管理人变更权限，而无须变更事项的直接利益相关方——基金份额持有人的同意，无疑也会将基金份额持有人的利益置于被管理人可能做出的不当决定侵害的风险之下。基金份额持有人大会机制通过多数决的民主机制，解决了基金份额持有人对基金变更事项的权利行使难题，是基金份额持有人行使权利的重要机制。而理财产品并无基金份额持有人大会的机制，理财产品投资者主要的意见表达方式为“用脚投票”，投资者缺乏主动提出对管理人具有约束力的诉求和主张的机制。对不属于《商业银行理财业务监督管理办法》第三十七条第三款规定范围的事项，并且理财产品又处于封闭期的，投资者甚至无法行使“用脚投票”的权利，例如对于明显侵害投资者利益的管理人、托管人更换事项。

在信息披露约束方面，《商业银行理财业务监督管理办法》重新规范了理财产品的信息披露规则，对于信息披露的信息类型、披露方式、披露时间都进行了规定，通过“及时、准确、完整”的信息披露，对银行资产管理机构进行有效约束。

4. 产品的治理环境

在资管新规和《商业银行理财业务监督管理办法》《商业银行理财子公司管理办法》的推动下，理财产品的法律环境已经得到较大改善，特别是在主要的规则、规范方面，与监管较严的公募基金开始趋同。但由于监管机构的不同、具体配套规则的差异，理财产品以及在中国证监会监管下的基金，特别是目标客户和金融功能地位相似的公募基金，并不处在完全平等的市场地位，充分市场竞争的条件尚有欠缺。二者亦各有其制度红利，例如公募基金的注册发行、投资监管明显严于公募理财产品，但也享有公募理财产品不具有的分红税收优惠政策。除此之外，公募理财产品开始规范化运作的时间较短，第三方评价、评级机制也有待建立，通过对理财产品、管理人和投资经理的公开、客观、中立、科学的第三方评价，也将为管理人提供有效的非物质激励和约束。

此外，银行理财子公司与银行系基金公司受同一商业银行控股，开展的公募业务和私募业务相似，将存在较大程度的同业竞争，甚至在客户构成上也将存在较大重叠。因此，银行理财子公司与银行系基金公司之间如何防范利益冲突也是一个值得探讨的问题。

（二）证监会和银保监会财富管理业务规则的异同

与公募基金、公募理财产品相关的财富管理业务，证监会监管体系中除了资产管理类业务以外，主要涉及2019年开始试点的公募基金投顾业务、基金代销业务以及证券投资咨询业务等；银保监会体系中除了资产管理业务以外，主要涉及商业银行及理财子公司的理财顾问业务及基金代销业务等。

1. 证监会体系的公募基金投顾业务

2019年10月24日，中国证券监督管理委员会机构部发布了《关于做好公开募集证券投资基金投资顾问业务试点工作的通知》，开展国内公募基金投顾业务的试点工作。

（1）试点资格

公募机构投顾业务将按照“试点先行、稳步推开”的步骤实施，为防范市场风险，证监会对进入试点机构的要求较为严格，具有下列条件的机构，经中国证监会备案，可以从事基金投资顾问业务。第一，具有资产管理、基金销售等业务资格。第二，有一定的市场竞争力和客户基础。证券公司、基金管理公司或其销售子公司申请的，应具有较强的合规风控及投资者服务能力；基金销售机构申请的，非货币资金保有量不低于100亿元。第三，合规记录良好。第四，具有高品质的基金产品研究团队，与业务开展相匹配的投资顾问人员，以及与其拟从事业务相适应的信息技术能力。第五，业务方案完备，业务制度健全，能够确保客户利益优先原则，有效防范利益冲突和防控各类风险。第六，支持业务开展的其他必要条件。符合第一项至第三项且客户数量达到1亿人的机构，可设立子公司开展基金投资顾问业务试点，该子公司应当符合第三项至第六项的条件。

（2）仅限于推荐公募基金产品

试点机构可以接受客户委托，按照协议约定向其提供基金投资组合策略建议，并直接或者间接获取经济利益。基金投资组合策略建议的标的不得超过公募基金或者经中国证监会认可的同类产品的范畴（例如，应当包括已经对标公募基金的券商大集合产品）。

（3）投顾可以有决策权

根据与客户协议约定的投资组合策略，管理型基金投资顾问可以代客户做出具体投资基金品种、数量和买卖时机的决策，并代客户执行基金产品申购、赎回、转换等交易申请。也就是说，投资顾问可以拥有决策权。

（4）选基策略

试点机构投资组合策略有以下分散投资的要求。第一，管理型基金投资顾问服务的单个客户持有单只基金的市值不得高于客户账户资产净值的20%，货币市场基金、指数基金不受此限。第二，单一基金投资组合策略下所有客户持有单只基金的总和不得超过该基金总份额的20%，持有指数基金的份额总和不得超过该基金总份额的30%。第三，不得向客户建议结构复杂的基金，包括分级基金场内份额和监管部门认定的其他基金。第四，建议客户投资于封闭运作基金、定期开放基金等流通受限基金的，应当制定专门的风险管理制度，向客户特别提示风险；向普通投资者建议投资流通受限基金的，应当事先取得客户同意，并且确认流通受限基金的投资期限与客户的目标投资期限不存在冲突。因证券市场波动、基金规模变动等基金投资组合策略之外的因素导致不符合上述要求的，应在3个月内调整，经监管部门认可的情形除外。

（5）费用收取模式

试点机构应当向客户充分揭示收费项目和方式，与客户书面约定基金投资顾问服务费的收取标准和方式。基金投资顾问的服务费年化标准不得高于客户账户资产净值的5%，以年费、会员费等方式收取费用且每年不超过1 000元的除外。管理型基金投资顾问服务费可以按约定从客户的授权账户收取。

需要注意的是，为了避免特定情形下的利益冲突，证监会要求试点机构同时开展基金销售业务的，应当对基金销售费用的收取做出合理安排。向基金管理人收取客户维护费的，应当以客户维护费抵扣投资顾问费等方式避免利益冲突。

经过基金投顾业务近半年、多批机构获得资格的试点后，2020年4月，中国证监会公布了《证券基金投资咨询业务管理办法（征求意见稿）》向社会公开征求意见。《证券基金投资咨询业务管理办法（征求意见稿）》将涵盖证券、基金的投资咨询服务，在中国证监会监管的体系内初步整合形成统一的规则体系，并允许不同类型的金融机构申请基金投顾的业务资格。基金投顾将成为《证券基金投资咨询业务管理办法（征求意见稿）》统辖的咨询业务之一，预计未来将由作为《证券基金投资咨询业务管理办法（征求意见稿）》细则的新规范性文件承接《关于做好公开募集证券投资基金投资顾问业务试点工作的通知》，这将为公募基金投资顾问业务领域公平竞争和健康发展提供完整有序的制度保障。

2. 银保监会体系的理财顾问业务

已经废止的《商业银行个人理财业务管理暂行办法》规定，商业银行个人理财业务按照管理运作方式不同，分为综合理财业务和理财顾问服务。其中，综合理财业务，通俗理解就是，发行并向投资者销售理财产品的业务。而理财顾问服务是指，商业银行向客户提供的财务分析与规划、投资建议、个人投资产品推介等专业化服务。在理财顾问服务活动中，客户根据商业银行提供的理财顾问服务管理和运用资金，并承担由此产生的收益和风险。

现行有效的《商业银行理财子公司管理办法》规定，银行理财子公司可以申请经营下列部分或者全部业务：第一，面向不特定社会公众公开发行理财产品，对受托的投资者财产进行投资和管理；第二，面向合格投资者非公开发行理财产品，对受托的投资者财产进行投资和管理；第三，理财顾问和咨询服务；第四，经国务院银行业监督管理机构批准的其他业务。同样，理财顾问业务也包括在内。

《商业银行理财业务监督管理办法》和《商业银行理财子公司管理办法》施行以后，以前的理财业务相关规则基本都已经被废止，这种情况下，关于理财顾问业务的相关监管规则暂时存在缺位的情况。可以理解为，在实践中，目前的理财顾问业务仍然参照以前的相关业务规则操作。

与基于《关于做好公开募集证券投资基金投资顾问业务试点工作的通知》的证监会体系下公募基金投顾业务相比，银保监会体系下的理财顾问业务有以下特点。

（1）决策权

与公募基金投顾业务中的投资顾问可以拥有决策权相比，理财顾问业务中的商业银行没有决策权。理财顾问服务类似于欧盟监管体系下无投资决策权的投资顾问业务。[①]

（2）资格获得

相较于证监会体系下的公募基金投顾业务刚开始试点不久，目前仅有三批机构获得试点资格［第一批包括易方达基金、南方基金、华夏财富、嘉实财富和中欧钱滚滚，第二批包括腾安基金销售有限公司、珠海盈米基金销售有限公司、蚂蚁（杭州）基金销售有限公司，第三批包括工商银行、招商银行、平安银行三家银行，以及国泰君安证券、华泰证券、申万宏源证券、中信建投证券、银河证券、中金公司、国联证券七家券商］。理财顾问业务则开展已久，而且是大面积开展。

（3）可向客户推荐的产品类型众多

相较于证监会体系下的公募基金投顾业务仅限于推荐公募基金，理财顾问业务可推荐的产品类型多样，不但包括公募基金，也包括信托产品、私募资产管理产品、银行理财产品等。未来条件成熟时，证监会体系下的基金投资顾问业务也可以借鉴银保监会体系，逐步拓展到其他资产管理产品。

（4）收费模式

按照已经废止的《商业银行个人理财业务管理暂行办法》，商业银行开展个人理财业务，可根据相关规定向客户收取适当的费用，收费标准和收费方式应在与客户签订的合同中明示。

实践中，对于普通客户，当银行通过代销公募基金或其他资产管理产品已经收取代销费、认购费、客户服务费等费用时，一般不再就

---

① 张雷，《银行理财产品的法律载体和依据是什么？》。

理财顾问服务专门收取费用。在对私人银行客户及机构客户提供相关定制化的理财顾问服务时，视情况按照合同约定收取相关的理财顾问服务费用。

（三）统一监管规则的必要性

1. 解决不公平竞争

监管标准不一致引发的监管套利将会导致市场出现不公平竞争。具体来说，在中国不同的监管体系下，存在不同类型金融机构从事资产管理业务，并且设计各自的资产管理产品。虽然该等资产管理产品的性质可能相同，但由于其分属于不同监管机构监管，因此所适用的法律法规和监管标准并不一致，进而可能导致资产管理业务市场出现不公平竞争。就公募基金与公募银行理财产品而言，在当前资管新规项下，两者都具有相同的公开募集资产管理产品属性，但在具体监管规则层面仍存在显著差异，公募基金在产品设立、投资运作、信息披露、费用安排等事项上所需遵守的监管规则整体要明显严于银行理财产品。

在成熟的资产管理行业体系中，不应当存在该等不公平待遇和不公平竞争。我国的资产管理行业需要尽快调整，与国际成熟市场的监管规则接轨。值得注意的是，2019 年末银保监会已经出台《关于规范现金管理类理财产品管理有关事项的通知（征求意见稿）》，拟全面对标货币市场基金约束体量庞大的现金管理类理财产品，这是监管政策相向而行、消除不公平竞争的重要里程碑之一。

2. 消除监管套利

2018 年资管新规的出台目的之一就是消除监管套利。根据中国人民银行相关答记者问，资管新规重点针对资产管理业务的多层嵌套、杠杆不清、套利严重、投机频繁等问题，设定统一的监管标准。但是从资管新规及相关实施细则中，我们可以发现，资管新规的出台在很大程度上统一了私募类的资产管理产品的监管规则，但是在公募类业务的监管规则上却没有预期目的。公募基金与公募理财产品在监管规则上存在的差异，实际上创造了套利空间。

根治监管套利，就应当打破资产管理业务监管分割的局面，统一资产管理业务的定义和监管标准。因此，需要在资管新规的基础上，加速推进公募资产管理行业的监管标准统一，消除监管套利。在这一过程中，除了银行理财业务的监管需要借鉴公募基金行业依托《证券投资基金法》长期规范发展的经验之外，公募基金行业的监管也可以在一定程度上借鉴理财业务的监管思路，从而形成监管“相向而行”的良性态势。

3. 金融行业对外开放的需要

为继续坚定落实我国对外开放的总体部署，积极推进中国资产管理市场对外开放进程，为境外机构参与中国资产管理市场打造一个公平、一致、稳定、可预期的市场环境，近年来证监会、银保监会等相关监管机构推出了多项措施或者做出了诸多的政策表态。

一系列的金融行业、资产管理行业对外开放措施的出台，充分证明了中国积极对外开放的态度。目前，已经有多家知名的全球性资产管理机构有意在中国投资设立全资控股的公募基金管理公司，并已经向中国证监会提交了申请，或有意与境内商业银行合资设立理财子公司（境外机构参股），亦有境外机构对于金融委办公室发布的十一条金融改革措施项下提及的外资控股的理财公司表现出了相当大的兴趣（例如，东方汇理和中国银行合资设立理财公司的申请已经获得银保监会批准）。近期中国与美国相关贸易协议的签署，亦将大大推动中国资产管理市场的对外开放。

但与此同时，我们也注意到，境外机构在充分了解中国资产管理市场后，对于中国资产管理市场的监管等方面仍有诸多疑虑。在中国资产管理市场扩大对外开放的今天，中国资产管理市场的所有参与者（包括监管机构等政策制定者，也包括相关行业从业人员以及专家学者）都应当对此有所关注，努力推动相关问题的解决。此举并非只是为了迎合境外机构的需求，也是我们引入境外机构的初衷之一，即学习境外的先进理念，反思并促进中国资产管理市场的发展。

一方面，我们应当认识到，当前中国很多的监管政策选择都是基于现状约束条件下的最优解，短期内可能确实无法达到完全的监管标准统一；但另一方面，我们需要向市场外界传递一个坚定的政策导向，那就是走向统一的监管标准乃至牌照管理、消除监管套利是大势所趋，是监管政策不断努力、推进的方向。

在此前提下，相信境外机构在进入中国资产管理市场的过程中，会逐步消除对于短期监管标准不统一的顾虑，真正回归以其整体商业布局及发挥其专业特长为根本出发点。

4. 厘清资产管理与财富管理

资产管理和财富管理，从业务属性来看，还是存在本质区别的。对于资产管理而言，其更多属于买方业务，属于“受人之托、代客理财”；对于财富管理而言，其更多属于卖方业务，向投资人提供资产配置方面的投资顾问或投资咨询服务。如果把这两个专有名词映射到监管当中，其实应该是两块牌照，一块是资产管理的牌照，一块是投资咨询或投资顾问的牌照。正是基于前述涉及业务属性的本质差别，建议我国应当明确厘清资产管理与财富管理这两类业务的边界，具体在后续监管层面，同样应当在牌照管理、业务监管方面做进一步梳理和厘清。

针对资产管理领域，资管新规已经做了一定程度的统一。在更大范围内的财富管理行业，目前则存在各种差异化的发展，没有完善监管规则的情形。甚至于，现行的法律法规及监管规则中，关于财富管理行业本身即缺乏明确的定义和界定，更遑论相关监管规则的制定与统一。

因此，在财富管理领域，亦有必要尽快厘清相关概念，制定标准统一的监管规则。

（四）统一监管规则的可行性

1. 资管新规的铺垫

早在 2013 年，根据《国务院关于同意建立金融监管协调部际联席会议制度的批复》，为进一步加强金融监管协调，保障金融业稳健运行，经国务院同意，建立金融监管协调部际联席会议（以下简称联席会议）制度。联席会议由中国人民银行牵头，成员单位包括银监会、证监会、保监会、国家外汇管理局。联席会议的职责和任务包括：第一，货币政策与金融监管政策之间的协调；第二，金融监管政策、法律法规之间的协调；第三，维护金融稳定和防范化解区域性、系统性金融风险的协调；第四，交叉性金融产品、跨市场金融创新的协调；第五，金融信息共享和金融业综合统计体系的协调；第六，国务院交办的其他事项。联席会议办公室设在中国人民银行，承担金融监管协调日常工作。

2018 年，中国人民银行主导的资管新规发布，使统一资产管理业务的监管规则迈出了坚实的第一步。资管新规的顺利发布和施行，为进一步统一资产管理业务的监管规则做了充分的铺垫。在总结前期经验的基础之上，后续进一步统一业务规则可望更加顺利。

2.《证券法》的授权

《中华人民共和国证券法》已由第十三届全国人民代表大会常务委员会第十五次会议于 2019 年 12 月 28 日修订通过，并自 2020 年 3 月 1 日起施行。根据修订后的《证券法》，资产支持证券和资产管理产品发行、交易的管理办法，由国务院依照《证券法》的原则规定。

这一方面是委托给国务院的立法任务，另一方面是对国务院的授权。因此，国务院应当根据《证券法》的授权，制定具体的资产管理产品发行和交易管理办法。

3. 各类资产管理产品均已适用信托法律关系

以往，各类理财产品、资产管理产品的法律关系不同，制定统一的监管规则比较困难。例如，根据2005年银监会负责人的答记者问，理财产品的法律关系为委托代理，而公募基金的法律关系为信托关系。

而如今，正如前文所述，在现行监管环境之下，金融监管部门已经明确认定各类理财产品、资产管理产品（包括公募理财产品与公募基金）管理人与投资者之间的法律关系均为信托关系，那么制定统一的监管规则将会更加合理、可行。

（1）根据《中华人民共和国证券投资基金法释义》（2012年修改），《证券投资基金法》以信托原理为基础，而构成信托法律关系的当事人主要是与信托活动有直接关系的委托人、受托人、受益人。

（2）根据银保监会有关部门负责人2018年就《商业银行理财子公司管理办法》答记者问，商业银行和银行理财子公司发行的理财产品依据信托法律关系设立。

（3）根据银保监会相关部门负责人在2019年关于《保险资产管理产品管理暂行办法》征求意见稿的说明，保险资产管理产品是保险资产管理公司发行的私募资产管理产品，按照信托原理“受人之托、代客理财”进行投资管理，属于保险资产管理公司的表外业务，不保本保收益。

五、理财产品的基金属性

（一）理财产品发行与管理业务属于资产管理业务

商业银行及理财子公司的资产管理业务，虽然历来均称为“理财业务”，但实际上就是资产管理业务，这在相关法律法规中均可找到充分的依据，因此不能以商业银行及理财子公司的资产管理业务与其他资产管理业务不同为由排斥相关规则的适用。

1.《商业银行个人理财业务管理暂行办法》（已废止）

本办法所称的个人理财业务，是指商业银行为个人客户提供的财务分析、财务规划、投资顾问、资产管理等专业化服务活动。

在综合理财服务活动中，客户授权银行代表客户按照合同约定的投资方向和方式，进行投资和资产管理，投资收益与风险由客户或客户与银行按照约定方式承担。

2.《关于完善银行理财业务组织管理体系有关事项的通知》

理财业务与信贷业务相分离是指理财产品的资金来源和资金运用相对应，独立于银行信贷业务；本行信贷资金不得为本行理财产品提供融资和担保；理财业务应回归资产管理业务的本质。

3.《关于规范金融机构资产管理业务的指导意见》

资产管理业务是指银行、信托、证券、基金、期货、保险资产管理机构，以及金融资产投资公司等金融机构接受投资者委托，对受托的投资者财产进行投资和管理的金融服务。

资产管理产品包括但不限于人民币或外币形式的银行非保本理财产品，资金信托、证券公司、证券公司子公司、基金管理公司、基金管理公司子公司、期货公司、期货公司子公司、保险资产管理机构、金融资产投资公司发行的资产管理产品等。

4. 银保监会有关部门负责人就《商业银行理财业务监督管理办法》答记者问

为推动银行理财业务规范健康发展，促进统一资产管理产品监管标准，有效防范金融风险，银保监会公布实施《商业银行理财业务监督管理办法》。

结构性存款在国际上普遍存在，在法律关系、业务实质、管理模式、会计处理、风险隔离等方面，与非保本理财产品“代客理财”的资产管理属性存在本质差异。

（二）理财产品符合《证券投资基金法》关于基金的定义

《证券投资基金法》第二条规定，在中华人民共和国境内，公开或者非公开募集资金设立证券投资基金，由基金管理人管理，基金托管人托管，为基金份额持有人的利益，进行证券投资活动，适用本法；本法未规定的，适用《中华人民共和国信托法》《中华人民共和国证券法》和其他有关法律、行政法规的规定。

银行理财产品在中国境内发行，区分公募和私募，由管理人管理，也有托管人托管，同样是为了投资者的利益进行证券投资。所以，理财产品完全符合《证券投资基金法》关于基金的定义。这种情况下，理财产品适用《证券投资基金法》理所应当。

银保监会和证监会应当加强合作，在取长补短的基础上，按照功能监管和机构监管相结合的原则，以《证券投资基金法》为基础统一公募资产管理业务的监管规则。

六、制定公募业务统一规则的障碍

（一）监管机构及规则制定者

目前，在资管新规的基础之上，证监会和银保监会分别制定相关资产管理行业的监管规则。但在银保监会的监管体系内，商业银行的理财业务、信托公司的信托业务以及保险资产管理公司的资产管理业务还是分别适用其自成体系的一套监管规则。与之相对的是，在证监会体系内，券商大集合产品已开始按照证监会的监管规则进行公募基金化整改。

正如“总论”中提出的，银保监会和证监会应当加强合作，以《证券投资基金法》为基础，统一公募资产管理业务的监管规则。监管规则统一后，银行理财子公司的理财业务资质，应当转为基金管理公司的基金业务资质，新增公募业务以及符合条件的存量公募银行理财产品，应当按照《证券投资基金法》的要求注册为公募基金。

1.《基金法》关于基金投资范围的限制

关于公募基金的投资范围，《证券投资基金法》规定，基金财产应当用于下列投资：第一，上市交易的股票、债券；第二，国务院证券监督管理机构规定的其他证券及其衍生品种。

而根据资管新规、《商业银行理财业务监督管理办法》和《商业银行理财子公司管理办法》等规定，公募理财产品可以适当投资非标债权，并且也为投资未上市企业股权留了口子。

与之相关的矛盾点主要有两点。

一是《证券投资基金法》系《证券法》的特别法，按照《证券法》的定义（即在中华人民共和国境内，股票、公司债券、存托凭证和国务院依法认定的其他证券的发行和交易，适用本法……），除非国务院对“证券”的范围另有补充认定，证券的范围不包括非标债权资产，亦不包括未上市有限责任公司的股权。

因此，如果公募理财适用《证券投资基金法》，并且拟包括非标资产（乃至未上市企业股权）的投资可能性，那么需要国务院首先补充认定其为“证券”。

二是《证券投资基金法》关于公募基金投资范围的兜底规定是证监会规定的其他证券，排除了其他金融监管部门补充规定公募基金可以投资的证券种类的可能性。

在此基础上，如果《证券投资基金法》不修改，只能由证监会规定（而不能由银保监会规定）公募理财产品可投资的证券种类。

2. 现行监管规则的其他不一致

关于监管规则的差异，前文做了比较详细的介绍，此处不再赘述。鉴于该等监管规则的差异，国务院的行政法规出台以后，无论是证监会统一监管公募业务，还是由证监会、银保监会分别监管公募基金和公募理财业务，都会面临共同的问题，那就是如果要统一规则，是以现行证监会制定的监管规则为范本，还是以现行银保监会制定的监管规则为范本，抑或是博采两套规则之长，这需要根据实际情况思量一番。

七、稳妥推进公募业务统一规则与统一监管

银保监会、证监会当前应在各自监管领域和职权内，主动解决已经具备解决条件的问题，为全面统一公募资产管理产品监管的长期目标奠定基础。

（一）取长补短完善公募基金相关规则

银行理财注册为公募基金并不是简单地把现行公募基金的规则作为公募资产管理业务的规则。公募基金的业务规则需要结合银行理财的情况进行适度修改，一方面使更多的银行理财产品有序注册为新规范下的公募基金，另一方面在银行理财与公募基金的基础上取长补短，共同构成未来公募资产管理业务的制度基础。

在产品发行方面，在整合银行理财的备案模式和公募基金的注册发行制度的基础上，进一步按照市场化、法治化的原则简化公募资产管理产品的注册程序，探索储架发行制度，最大限度减少对公募资产管理产品的设立目的和发行时机的行政干预，把判断权交给市场主体和投资者。

在投资标的方面，银行公募理财产品可以投资一定比例的非标产品，同时起点要求在 5 万元以上并有一定风险承受能力的投资人才能投资。这些产品满足了市场部分投资人的需求。例如，考虑到底层投资标的仍然符合《证券投资基金法》的规定，证监会可以借鉴理财产品投资非标的思路，根据《证券投资基金法》第七十三条的授权扩展基金的投资范围，允许公募基金投资一定比例的私募证券基金等投资于标准化工具的资产管理产品，并对此类公募基金设定一定的投资门槛。另外，《商业银行理财业务监督管理办法》以列举方式规范了理财产品的主要投资范围，相比中国证监会通过分散的规范性文件逐个开辟“公募基金投资白名单”而尚无统一标的清单的现状，也更有利于管理人理解和执行。

在费用结构方面，理财产品在资管新规实施后的净值化管理过程中，几乎是第一时间推出了浮动管理费的理财产品。2018 年 7 月起，工商银行新发行的几款理财子公司理财产品，投资范围为 100% 且为固定收益品种，并超过业绩比较基准收取 80% 的浮动管理费。公募基金经过 20 年的发展，自 2018 年才逐步实现业绩报酬（浮动管理费）的试点，并且试点的产品仅限于偏股类。中国证监会可以在现有的试点基础上，对于收取浮动管理费的产品类别、收费模式采取更为宽松的监管口径。

在产品营销宣传方面，《商业银行理财业务监督管理办法》汲取了公募基金 20 年的实践精华，并在宽严相济的思路基础上对公募理财产品的宣传推介规范进行了完善。例如，理财产品的宣传推介中，要求登载该理财产品或者本行同类理财产品的过往平均业绩和最好、最差业绩，这相比公募基金要求老基金宣传推介完整披露 10 年业绩、原则上禁止以同类产品业绩类比营销等规范显得更为合理。

在信息披露方面，公募理财产品尚不具备公募基金高度范式化的披露规则，但《商业银行理财业务监督管理办法》在临时信息披露的透明度方面，亦有值得公募基金借鉴的内容。例如理财产品投资被动超比例且可能对理财产品收益产生重大影响的，需要进行临时披露等。

（二）推进公募资产管理产品监管规则的全面统一

在税收方面，公募基金在买卖股票、债券、转让未上市股权等方面实现的价差收入可免征增值税，而其他资产管理机构均需按 3% 征收，这赋予了公募基金独有的交易优势。

在净资本管理方面，公募基金管理公司不适用净资本监管，而理财子公司适用。投资来源方面，公募基金可以吸收的资金来源更广。例如，根据《全国社会保障基金投资管理暂行办法》，社保基金投资的范围限于银行存款、买卖国债和其他具有良好流动性的金融工具，包括上市流通的证券投资基金、股票、信用等级在投资级以上的企业债、金融债等有价证券。银行理财产品并不包括在内，这类未将银行理财产品纳入投资考虑的情况，在其他机构投资者的相关规章中也很常见。

在产品类型方面，公募基金可以做成 ETF、LOF（上市型开放式基金）等产品形式，但是公募理财产品则没有相对应的产品类型，没有公开进行二级市场交易的途径，产品份额的流动性受到限制。

在以上产品要素和环节上，公募基金的市场接受度、规则优势远超公募理财产品，其中又牵涉到不同立法机关的规则。因此，公募资产管理产品规则的统一，需要银保监会、证监会乃至其他相关立法机关长期共同协作。

（三）监管机构的统一是核心的长期目标

1. 按照功能监管的原则，资产管理产品应由证监会监管

《证券法》的授权。2019 年 12 月修订后的《证券法》第二条规

定，资产支持证券、资产管理产品发行、交易的管理办法，由国务院依照本法的原则规定。《证券法》第七条规定，证监会依法对全国证券市场实行集中统一监督管理。因此，由证监会统一监管更符合《证券法》的原则。

《证券投资基金法》的授权。各类集合资产管理产品的本质是基金，应适用《证券投资基金法》，按目前的《证券投资基金法》，公募基金业务的监管机构同样为证监会。《证券法》和作为其特殊法的《证券投资基金法》项下，监管机构均为证监会，并且国务院发布的《中国证券监督管理委员会机构编制方案》，规定了证监会的12项职能，其中有10项都和证券紧密相关，第一条就规定“根据国务院和证券委授权，起草证券、期货法规，拟定证券、期货市场的管理规则和实施细则”，也就是说，与证券相关的业务均应由证监会监管。

2. 统一财富管理概念及规则，由证监会统一监管

中国的财富管理行业起步晚，发展滞后，财富管理经验积累不足。在规划财富管理行业的监管规则之前，应当先统一认识，并通过相关法规界定财富管理业务，区分财富管理业务与资产管理业务。

中国的财富管理业务模式多停留在代销阶段。有研究报告表明，著名的瑞银财富管理57%的收入来自固定管理费，即按照管理资产的总规模收费，不会随着交易佣金大幅波动。而国内财富管理机构，很多都沦为产品销售机构，依靠销售佣金或经纪收入，此种商业模式下存在天然的利益冲突，顾问倾向于给客户推荐佣金高的产品，而不一定是适合客户的产品。未来随着银行理财子公司和外资资产管理公司进入市场，国内财富管理机构将面临更严峻的竞争。在（公募）资产管理业务规则和监管机构统一的基础上，财富管理业务规则与监管机构的统一同样非常必要。

私募基金篇

一、私募投资基金的起源与监管历程

私募投资基金，指以非公开方式向特定投资者募集设立，由专业机构或团队进行受托管理和投资活动的投资载体。

私募投资基金在中国的发展已经有三十余年的时间，但真正进入公众视野可能不足十年。三十年间私募投资基金在中国取得了跨越式的发展，尤其是在2014年统一监管后，在管理资金规模、对外投资规模、从业机构及人员数量上，都呈现出高速发展的趋势，成为中国资产管理行业中的重要一员。2014年末—2019年7月底私募基金的发展情况如图7.1所示。不同机构类型私募基金管理人登记情况如图7.2所示。

目前私募投资基金在中国的发展，根据投资对象的不同可以区分为私募股权投资基金（含创业投资基金）、私募证券投资基金、其他类私募投资基金和私募资产配置基金。

其实投资基金这个概念在中国最早出现时，并没有对投资对象做出区分。比如最早在中国人民银行管辖下的"老基金"就可以从事各种领域的投资活动，尽管各方曾寻求对这类投资基金进行统一立法和监管，但最终这一模式的效果并不理想，加上叠加了亚洲金融风暴的时代背景，出现了不小的风险事件。以《证券投资基金管理暂行办法》

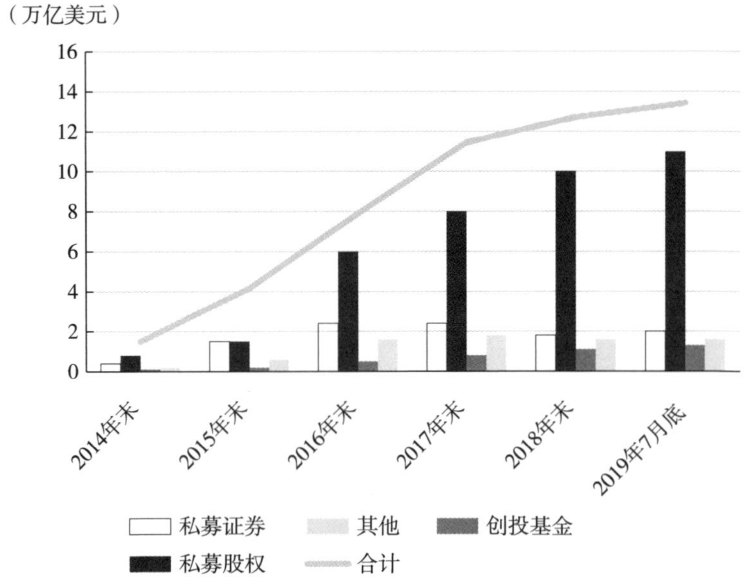

图 7.1　2014 年末—2019 年 7 月底私募基金发展情况

资料来源：中国证券投资基金业协会。

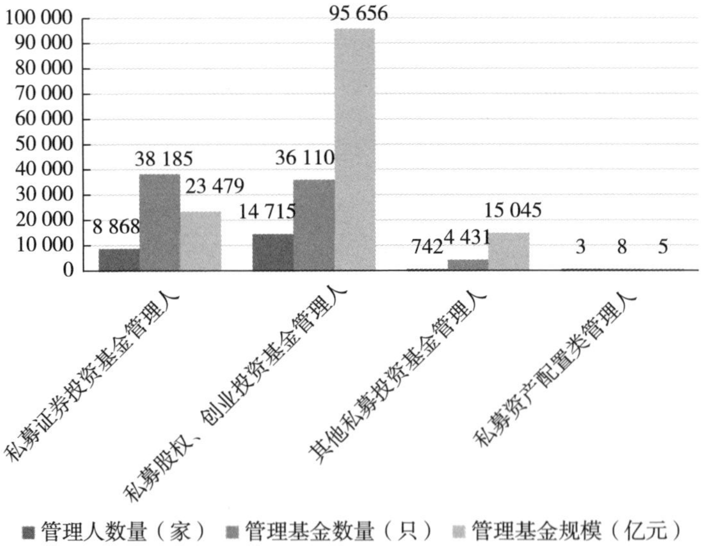

图 7.2　不同机构类型私募基金管理人登记情况

资料来源：中国证券投资基金业协会。

颁布为标志，老基金时代宣告结束后，证券投资基金应运而生，和同时代的产业投资基金、风险投资（创业投资）基金有着不同的发展历史和监管历史，逐渐在各自的领域演变出典型意义上的私募投资基金。最后，在2013—2014年，各类私募投资基金归拢到中国证监会进行统一监管，并随着分类登记和监管制度的确立，逐渐形成了目前股权类、证券类、其他类和配置类私募投资基金的分类格局。

（一）私募股权投资基金（含创业投资）的监管历史（1998—2011年）

私募股权投资基金，指以非公开方式向特定投资者募集设立，由专业机构或团队进行受托管理，以非公开发行和交易的股权为投资对象进行投资活动的投资载体。其中，针对创业企业进行早期股权投资的私募股权投资基金，又被称为“创业投资基金”。广义的私募股权投资基金，还包括并购投资基金、不动产投资基金、基础设施投资基金、定增基金等，均是从狭义的股权投资中衍生而来的。

回顾我国私募股权投资行业的发展历史，又可以从“风险投资”和“创业投资”两种理念在中国普及和流行开始说起。“风险投资”和“创业投资”实际上均是英文“Venture Capital”的中文翻译，但却体现了不同的理念背景。

改革开放吹响了中国经济腾飞的号角，政策实施后，国家派出了大批学者去境外考察，国内不少专家学者开始注意到美国的Venture Capital在推动高新技术产业化当中发挥的积极作用，试图将Venture Capital的概念和机制引入中国。

最早在国内引入Venture Capital这一概念的是当时国家科学技术委员会直属的中国科学技术促进发展研究中心，该中心与英国一所大学联合开展关于技术转移的政策研究，英国专家建议可以借助引进创业投资机制促进科技成果转化。经过国家科委的努力，在中共中央

1985年3月发布的《关于科学技术体制改革的决定》中提出“对于变化迅速、风险较大的高技术开发工作，可以设立创业投资给以支持”。这一决定标志着中国创业投资事业的开端。1985年9月，在国家科委、财政部等部门的共同发起下，经国务院批准，中国新技术创业投资公司正式成立，成为中国境内第一家专营创业投资的全国性金融机构。国家科委在1986年的科学技术白皮书中也首次提出了发展中国创业投资事业的战略方针。同一时期，以成思危先生为代表的一批专家学者也在呼吁引入Venture Capital的概念，通过赴美考察学习，将概念和制度逐渐引入中国并将其翻译为“风险投资”，意指对风险较高的高科技行业的投资活动，我们可以称之为“科技范式”的Venture Capital。鉴于当时重视科学技术发展的时代背景，风险投资的概念逐渐更为流行而被市场所广泛接受。

从20世纪90年代初开始，境外投资者设立的一些中国投资基金也开始在中国境内进行投资活动，如IDG（美国国际数据集团）、华登国际中国基金等。

这一阶段境内风险投资的主力并非我们现在意义上的股权投资基金，而是以国家意志为导向成立的风险投资机构。但随着这些投资活动的开展，加上中国互联网等高科技行业的快速发展，带动了境外成熟基金在境内投资活动的日趋频繁，中国股权投资市场的土壤逐渐肥沃。1993年底，国务院《关于金融体制改革的决定》出台后，我国金融管理机制发生根本变化，变国有专业银行为国有商业银行，按市场化模式自主管理。科技贷款因为风险较高，各银行开始逐年减少规模。面对这种情况，如何开辟新的资金渠道发展高新技术产业，成为政府急需破解的难题。

民建中央在1998年3月全国政协九届一次会议上提出《关于加快发展我国风险投资事业的几点意见》的提案被列为大会的“一号提

案”，正式掀起了中国风险投资事业发展的热潮。

科学技术部提出将创业投资作为政策突破口，时任科学技术部副部长邓楠通过组织对美国风险投资概况的研究，于1999年向朱镕基总理提交了《关于建立我国科技创业投资机制的报告》，朱镕基总理很快做出批示，责成科学技术部牵头组织相关部委就创业投资的政策提出建议。1999年12月30日，《关于建立风险投资机制的若干建议》正式发布，这是中国创业投资发展史上里程碑式的文件，对创业投资做了非常准确的定义，从创业投资机制的原理、投资主体、退出机制等方面做了翔实论述，提出了依靠行业协会形成自律机制、开展培训和国际合作的设想，文件的核心是提出制定创业投资机构的管理办法，制定优惠财税和金融政策，在上交所和深交所设立“高新技术企业板块”，借助境外资本市场促进高新技术产业发展等。《关于建立风险投资机制的若干建议》所确立的机制框架影响至今。

几乎在同一时间，国家发展计划委员会（前身为国家计划委员会，后改组为国家发展和改革委员会）作为产业投资的宏观管理部门，也在改革开放的浪潮中逐步认识到 Venture Capital 对经济发展的重要作用，特别是从台湾地区的经验中观察到了其对产业升级的结构调整作用。国家发展改革委体系对 Venture Capital 的理解也借鉴了台湾地区的做法，沿用了“创业投资”的名称和相应的范式，我们可以称之为“创业范式”的 Venture Capital。

1996年，国家计委开始探索针对支持创业投资单独立法，并向国务院上报了《关于发展产业投资基金的现实意义、可行性分析与对策建议》，提出“借鉴创业投资基金运作机制，发展有中国特色的产业投资基金”的设想，从支持产业发展的角度制定《产业投资基金管理办法》。该办法虽仅形成草案，最终并未实施，但为后来的私募股权投资基金政策的推出打下了坚实基础。

于是这段时间内，中国境内出现了“风险投资基金”、“产业（创业）投资基金”和“证券投资基金”，各类投资基金的概念已经有了一定程度的普及，也有了一些实操经验，各方开始探索对投资基金进行统一立法和监管。1999年初，《证券投资基金法》正式列入全国人大常委会立法工作计划，并在3月成立了立法领导小组、顾问组和工作组。除当时分管证券投资基金的证监会外，主管风险投资基金的科学技术部和主管产业投资基金的国家计委，以及理论界人士，对于《证券投资基金法》的立法都很积极，希望起草一部《投资基金法》，以此推动各类投资基金的发展。

但由于各类基金的实际操作经验不足，立法经验也不足，对于如何协调统一出台一部法律，各方分歧很大，三类基金的主管部门本身就没有形成统一意见，将三类基金单独成篇但放在一起，造成了整个体系紊乱、逻辑不清，尤其难写的是立法宗旨，统一的《投资基金法》的起草工作异常艰难。再加上当时的国内政策环境和市场环境尚不成熟，缺乏足够的专业基金管理人和机构投资者，对于各类投资基金如何统一归口管理也莫衷一是，最后这部《投资基金法》以局限为《证券投资基金法》而告终。

在谋求统一立法的尝试失败后，各类基金开始了自谋发展之路。

在风险投资领域，科学技术部积极响应成思危先生的倡议，科学技术部火炬高技术产业开发中心于2000年在中国科技金融促进会下设了二级委员会——风险投资专业委员会，从科技成果转化的角度推动风险投资的发展。经国务院同意，民建中央还组织会员企业家设立了中国风险投资有限责任公司。各地政府也逐步在科技厅（委）主管下设立地方风投协会。在风险投资发展的早期阶段，中央和各地的科技成果经费是风险投资机构的重要资金来源，同时成为相关协会会员也为相关风险投资机构向社会募集资金提供了合法性保障，科学技术部体系的风险投资管理体制逐步形成。

而在创业投资领域，为了满足外资 PE 机构先行先试的需求，2002 年 10 月 31 日对外贸易经济合作部发布了《外商投资创业投资企业管理规定》，首先在外商投资领域取得了突破，并且首次提出了“非法人企业”的概念，大体相当于现在的有限合伙企业，为外资机构在中国的投资活动提供了政策支持。

2005 年国家发展改革委等十部委联合颁布了《创业投资企业管理暂行办法》，给创业投资企业的注册备案、投资运作方式提供了指导。该文明确要求，创业投资企业要到国务院或省级政府“有关管理部门”备案，“未遵照本办法规定完成备案程序的创业投资企业，不受创业投资企业管理部门的监管，不享受政策扶持”。由此，国家发展改革委体系的备案成为创业投资企业的合法性保障和申请政府引导基金的前置条件。各类私募创业基金和股权投资基金纷纷到国家发展改革委体系进行备案。

2006 年，全国人大修订《合伙企业法》，引入“有限合伙企业”制度。有限合伙企业制度的推出，极大地弥补了彼时《公司法》对股权投资基金的诸多限制，如较短的承诺出资期限（2005 年《公司法》要求有限公司必须在两年内、投资公司在五年内缴足注册资本），对外投资额度限制（2004 年《公司法》要求公司累计投资额不得超过本公司净资产的 50%），限制知识产权出资比例（2005 年《公司法》要求非货币出资不得超过 70%）等，为有限合伙型股权投资基金在中国的大力发展打下了政策基础。

2008 年 6 月，国家发展改革委经国务院批准，参照《创业投资企业管理暂行办法》的有关内容，先后在天津滨海新区和北京中关村科技园区开展了股权投资企业备案管理的先行先试工作。其后在 2009 年又扩展至武汉东湖新技术产业开发区和长江三角洲地区。2008 年

8 月，国家发展改革委打算重启《产业投资基金管理办法》的出台工作，并将其修改为《股权投资基金管理办法》，拟为股权投资基金的注册备案、投资运作方式等提供纲领性指导，但该办法最终也未得到国务院批准。

随着改革开放逐渐深入，中国经济开始腾飞，私募股权投资基金在中国也取得了飞速发展，各种以公司、有限合伙等形式设立的股权投资企业数量迅速增长。但是，在投资运作过程中也存在一些问题。比较突出的问题如下。第一，资本募集不规范。由于股权投资是一种风险相对较高的投资方式，股权投资企业的资本通常只能以私募方式向特定对象募集，以确保只有具备较高风险鉴别能力和风险承受能力的机构投资者及高净值个人才能参与。但是，目前我国一些股权投资企业通过举办论坛和变相广告的方式进行募集，一些不具备基本风险鉴别能力和风险承受能力的公众投资者也被卷入其中。第二，管理运营不规范。股权投资作为一种长期投资方式，需要建立业绩激励机制和风险约束机制，以激励管理团队勤奋敬业，并保障投资者权益。但是，目前股权投资企业的业绩激励机制和风险约束机制普遍不够健全。第三，投资运作不规范。股权投资是一种主要以未上市企业股权作为投资对象，并需要为所投资企业提供提升企业价值的管理服务的专业化投资方式。但是，一些股权投资企业介入了证券投资和房地产投资，蕴含了一定的风险，有的甚至以变相贷款的方式开展业务。

上述问题的存在，与缺乏股权投资企业的相关监管规范有一定关系。国家发展改革委结合在前述部分地区试行股权投资企业备案管理的经验，在 2011 年发布了《关于进一步规范试点地区股权投资企业发展和备案管理工作的通知》（以下简称《PE 备案规则》），将股权投资企业备案工作拓展到全国，要求股权投资企业在资金募集、投资方向、风险控制等方面进行规范化管理，行业监管趋严。

在这一阶段，私募股权投资基金主要接受国家发展改革委的监管。国家发展改革委对私募股权投资基金的监管方式，从最开始的“不扶持、不监管、不立法”，到针对创投基金“特别扶持、特别监管、特别立法”，再到“统一监管，统一立法，适度监管，特别扶持创投”的过程，基本和国际社会对私募行业的监管理念相一致。

统一监管、统一立法体现在，通过2005年的《创业投资企业管理暂行办法》及2011年的《PE备案规则》，为股权投资基金、创业投资基金的登记备案和投资运作提供了指导性意见和监管的基本准则。

适度监管则体现在如下方面。第一，不对股权投资企业实行审批制，而是事后备案管理。事后备案管理注重发挥行业自律的作用，主要是通过投资者与管理者之间的协议约定，来发挥投资者对股权投资企业管理团队或受托管理机构的监督作用，以及“由投资者共享收益、共担风险”市场机制的约束作用。备案管理部门的监管重点：一是股权投资企业的募资方式和募资对象，防范其以不规范方式和向不合格投资者募资导致乱集资的社会风险；二是股权投资企业的投资运作，避免其从事股票炒作等公开交易股权投资和非法借贷活动，蜕化为私募证券投资基金和贷款公司。第二，对监管对象按照“抓大放小”原则进行必要性区分。体现在参照2008年金融危机后各国均要求超过一定规模的私募基金必须接受统一监管（如美国要求基金规模在1.5亿美元以上的，必须在美国证券交易委员会进行注册）的经验，要求管理规模在5亿元以上的股权投资基金必须进行备案，5亿元以下的可以豁免备案义务，但仍然应当按照规定进行规范运作。第三，区分股权投资基金和一般性投资公司。对一般性投资公司，如果只是由单个投资者及其全资子机构出资设立，则并不具有“集合投资”的本质特点，通常也不向社会合格投资者募集资本，因而属于非基金类股权投资企业，豁免备案监管。

在监管模式的选择上，国家发展改革委对待私募股权投资基金是“企业思路”，认为股权投资基金以公司和有限合伙等形式设立时，其本身即独立或相对独立的法律主体，可以相应行使民事权利并承担责任，故并不单纯体现为管理人所创设的金融产品。特别是在发展初期，一些公司型和有限合伙型股权投资企业甚至通过自聘管理团队实行自我管理，而无须外聘管理机构。因此，《PE 备案规则》采取了“以股权投资企业备案作为切入点；股权投资企业采取委托管理方式的，受托管理机构也应附带备案”的管理模式。采取这种备案管理模式，一是有利于对各种基金类股权投资企业实行全面监管；二是只有当受托管理机构成功募集设立了股权投资企业之后方可申请附带备案，因而可以避免一些缺乏资质和资信的机构，假借已经在管理部门备案的增信作用，忽悠投资者；三是在对各种基金类股权投资企业实行有效监管的同时，还可对其受托管理机构实行附带监管。

在是否进行强制监管的选择上，《创业投资企业管理暂行办法》提出的是“鼓励备案。未经备案，不受创投监管部门监管，不能享受政策扶持”的宽松态度。而《PE 备案规则》则采用了“除经豁免，股权投资基金（企业）应当备案”的原则。监管机构敦促股权投资基金进行备案，并将应备未备的股权投资基金按照“规避备案监管股权投资企业和受托管理机构”向社会进行公告。

综上可见，在 2013 年以前，主要由国家发展改革委以“创业投资企业”作为切入点，对整个私募股权投资基金行业实行备案制管理。国家发展改革委对私募股权投资基金的监管态度，也随着国内和国际监管理念与监管环境的变化而不断更新，逐渐形成了一套合乎逻辑、鼓励行业发展、总体相对宽松的监管体系。

不过，一方面，因为《PE 备案规则》的效力层级并不高，所以未能引起社会广泛关注；另一方面，国家层面一直有意推动将各类投资基金进行统一监管，疏通监管格局，因而这套成型的监管体系并未能行之有效地在全社会、全行业进行推广，在私募行业监管职能调整为中国证监会统一监管以后，其逐渐淡出历史舞台，《创业投资企业管理暂行办法》等支持创投行业发展的政策则仍然被保留了下来。

（二）私募证券投资基金的监管历史（20 世纪 90 年代—2013 年）

私募证券投资基金，指以非公开方式向特定投资者募集设立，由专业机构或团队进行受托管理，以公开交易的股票、债券、期货、期权、基金份额以及中国证监会规定的其他证券及其衍生品为投资对象进行投资活动的投资载体。

证券投资基金有公募证券投资基金和私募证券投资基金之分。对证券投资基金的监管，国内最早可以追溯到 1997 年由当时的国务院证券委员会颁布的《证券投资基金管理暂行办法》和随后的新基金试点工作的开展。而在开展新基金试点工作之前，中国已经在全国各地共设立基金 75 只，基金类凭证 47 个，总募集规模 73 亿元，历史上称之为“老基金”。

老基金当时归口于中国人民银行统一管理，由中国人民银行总行和各级分行审批后发行。1991 年珠信基金和武汉基金的成立标志着中国诞生了最早的一批投资基金，这批投资基金最大的特点是几乎没有投资领域的限制。根据调查，老基金投资股票比例较低，大多不到 20%，大多数会涉及债券市场投资和实业投资，还有一半以上的老基金存在“其他投资”，其实就是“协议贷款”“资金拆借”。

珠信基金和武汉基金成立后，恰逢 1992 年春天，邓小平发表南方谈话，明确股份制和股票市场不仅姓“资”，也可以姓“社”，允许大胆干、大胆试。于是仅 1992 年就有 57 只基金设立，其中最知名的莫过于 1992 年 11 月 11 日，第一家由中国人民银行总行批准的基金——淄博乡镇企业投资基金（见图 7.3）。1992 年因而也被称为基金发行年。

图 7.3　淄博乡镇企业投资基金公司基金证券持有证

不过，由于这一阶段中国其实缺乏对投资基金的相关立法和监管经验，因而老基金的发展过程中也暴露出了许多问题，如各地分行越级审批情况严重，而又缺乏有效监管；基金治理结构不完善，缺乏专业机构管理；投资活动混乱，除证券外还涉足房地产、实业企业，甚至从事贷款、资金拆借等。

为了整治乱象，中国人民银行总行于 1993 年 5 月 19 日和 1994 年 3 月 26 日分别下发了《关于立即制止不规范发行投资基金和信托受益债券做法的紧急通知》和《关于投资基金有关问题的通知》，要求省级分行立即制止不规范发行投资基金和信托受益凭证的做法，上收审批权限，并要求对此前已违规发行的投资基金和信托受益凭证进行清理整顿。自此，老基金的发行基本停止，进入清理和整顿期。

待到《证券投资基金管理暂行办法》颁布，明确中国证监会作为证券投资基金的监管机关，并在证监会的监管下对老基金按照新办法的要求进行清理或整改后，中国人民银行基本退出了国内证券投资基金业的管理，老基金的时代也基本宣告结束。

《证券投资基金管理暂行办法》颁布后，1998 年 3 月 5 日，经中国证监会批准，第一批两家基金管理公司——国泰基金管理有限公司和南方基金管理有限公司分别在上海和深圳成立；1998 年 3 月 23 日，第一批两只规范的封闭式证券投资基金——基金金泰和基金开元获准发行，从而标志着我国规范的证券投资基金元年的到来。2000 年 10 月，《开放式证券投资基金试点办法》出台。2001 年 9 月，随着首只开放式证券投资基金华安创新的设立，中国开放式证券投资基金时代也正式拉开序幕。证监会监管下的证券投资基金发展蒸蒸日上，与风险投资基金、产业投资基金共同寻求统一立法的呼声也越来越强。

1999—2002 年，统一的《投资基金法》立法尝试遭遇重重阻碍。到 2002 年，为了避免更大范围的争议，同时也为了给已经有一定发展经验并初具雏形的证券投资基金市场提供指导性文件，在北京皇城工商宾馆会议上最终确定率先对证券投资基金单独立法。2003 年 10 月 28 日，《证券投资基金法》最终经第十届全国人大常委会第五次会议评审通过。但在 2003 年的《证券投资基金法》当中，并不包括对私募证券投资基金进行必要监管，原因之一在于传统的私募监管理念认为，就私募基金而言，由于投资者均为具有风险识别能力和风险承受能力的合格投资者，因而在作为金融机构的私募投资基金管理人与作为金融客户的投资者之间，并不存在信息不对称性和权利义务不对称性。所以，对私募投资基金，政府不宜再以行政监管方式介入，而是应当完全交由市场，通过投资者与基金管理人之间的契约自治，明确双方的权利、义务、责任和解决争议的原则与程序。当时中国已经有了《信托法》和《合同法》，私募部分完全可以适用其他法律，不必纳入《证券投资基金法》中进行监管。

2003 年的《证券投资基金法》放弃了将私募证券投资基金纳入统一监管的安排，也使私募证券投资基金的从业者们没有官方背景的证明，因而无法取得投资者的信任，市场失去了一次得到官方指引的机会，只能够自己探索发展的道路。结合当时既存的政策土壤，诞生出了“阳光私募”这一特殊的私募证券投资基金的形式。

所谓“阳光私募”，是资产管理公司（或者投资公司）通过信托机构，向特定投资人发行证券投资集合资金信托计划，由信托公司作为受托人，银行作为托管人，资产管理公司作为投资顾问，进行证券投资活动。与一般意义上的（当时依照《信托法》《合同法》而成立的）私募证券投资基金不同的是，“阳光私募”的“阳光”主要体现在其运作的规范化和透明化上，它的设立要经过监管机构备案（指集合信托计划在银监会的备案），资金实行第三方银行托管，投资者的资金安全能得到很大保障，因而获得了投资者的青睐和信任。“阳光私募”在资本市场的发展历史上发挥了重要的作用，丰富了社会资金的投资渠道。

但随着经济结构调整和居民财富管理需求增长，公募证券投资基金和“阳光私募”越来越无法满足民众日益增长的投资需求，相对地，私募证券投资基金却得到了快速发展，规模越来越大，发挥的作用也越来越重要。但私募证券投资基金的设立和运作缺乏法律依据，导致资金募集和投资行为不规范，容易损害投资者权益，也滋生了不少借私募之名进行乱集资等社会问题，市场上呼吁对私募证券投资基金进行统一立法的声音越来越强。

2012 年 12 月 28 日，《证券投资基金法》正式修订，用独立的一个章节正式将非公开募集基金，也就是私募证券投资基金纳入监管范围。2012 年的《证券投资基金法》针对私募证券投资基金做出了建立非公开募集基金备案制度、确立合格投资者制度、规定承担无限连带责任的基金份额持有人机制等监管设计，同时修订扩大了“证券投资”的定义，为未来中国证监会将私募股权投资基金（含创业投资）统一纳入监管体系内打下了基础。

（三）双线合并：统一监管时代下的私募投资基金（2014—2016年）

自1999年《证券投资基金法》立法工作开展以来，以私募股权投资基金作为切入点，以“企业思路”为监管模式的国家发展改革委，和以私募证券投资基金作为切入点，以“管理人+产品思路”为监管模式的中国证监会，均期望将“投资基金”进行统一立法，实施统一监管。但两者的机构职责范围和监管理念差异较大，因此在推动统一监管的过程中磕绊前行。双方的矛盾在2012年《证券投资基金法》修订，将私募证券投资基金纳入中国证监会进行有序监管以后达到了顶峰，市场对于私募投资基金的监管归属亦感到非常疑惑和为难，亟须更高层进行协调统一。

因为私募投资基金作为中国多层次资本市场中的重要一员分量越来越重，加上从国际监管经验来看，多由证券监督管理部门对私募投资基金行业实行统一监管，证监会也一直致力于将私募股权投资基金纳入监管范围当中。有鉴于对私募股权投资基金领域可能产生的非法集资等风险，实施有效监管需要强大的稽查能力，国家发展改革委作为宏观政策制定机构，不具备金融监管的职能和覆盖全国的金融稽查队伍这一现实能力，因此在这场监管职责的归属划分中，国家发展改革委最终选择退出，作为中国资本市场守门员的中国证监会略胜一筹。

2013年6月，中央编办印发《关于私募股权基金管理职责分工的通知》。此通知明确了证监会负责私募股权基金的监督管理，实行适度监管，以保护投资者权益；国家发展改革委负责组织拟订促进私募股权基金发展的政策措施，会同有关部门研究制定政府对私募股权基金出资的标准和规范；两部门要建立协调配合机制，实现信息共享。2014 年 2 月，中央编办综合司发布《关于创业投资基金管理职责问题意见的函》，进一步明确了创业投资基金也归属证监会进行监督管理。

至此，私募股权投资基金（含创业投资）及私募证券投资基金两条路线交汇合流，统一归属于中国证监会实施行业监管，负责组织制定监管政策、标准和规范等。中央编办的文件发布后，中国证券投资基金业协会在 2014 年 1 月率先发布了《私募投资基金管理人登记和基金备案办法（试行）》，开始推行全口径登记备案制度，同样也未采用审批制的思路，实行备案制管理。同时，中国证监会根据授权，于 2014 年初草拟了《私募投资基金监督管理暂行办法》报国务院法制办。2014 年 5 月，国务院发布的《关于进一步促进资本市场健康发展的若干意见》中明确提出发展私募投资基金，并要求按照功能监管、适度监管的原则，完善股权投资基金、私募资产管理计划、私募集合理财产品、集合资金信托计划等各类私募投资基金产品的监管标准。考虑到政策条例的出台会有一个过程，为适应私募证券基金和私募股权基金的监管需要，促进各类私募基金健康规范发展，落实《关于进一步促进资本市场健康发展的若干意见》的要求，2014 年 7 月 11 日，中国证监会发布了《私募投资基金监督管理暂行办法（征求意见稿）》，向社会公众公开征求意见。

经过一个月的公开征求意见，中国证监会于 2014 年 8 月 21 日正式发布《私募投资基金监督管理暂行办法》，中国私募基金历史上第一部纲领性文件最终以部门规章的形式问世。

《私募投资基金监督管理暂行办法》确立了针对私募投资基金的九项制度安排：第一，全口径登记备案制度；第二，合格投资者标准；第三，资金募集规则；第四，投资运作的基本原则和规则；第五，信息披露相关制度；第六，行业自律相关制度；第七，行政监管相关制度；第八，对创投基金的特别规则；第九，相关处罚规定。

《私募投资基金监督管理暂行办法》确立了私募投资基金统一的登记备案规则，采用了“全口径登记备案”的监管理念，并将监管模式的选择由国家发展改革委的“企业思路”转化为“管理人＋产品思路”，即将监管对象区分为“私募基金管理人”和“私募基金产品”两类，要求私募基金管理人必须在中国证券投资基金业协会进行登记管理，私募基金产品必须在中国证券投资基金业协会进行备案管理。

《私募投资基金监督管理暂行办法》同时确立了适度监管的监管理念，由中国证监会授权中国证券投资基金业协会对私募投资基金行业实行自律管理。中国证券投资基金业协会根据中国证监会的授权，出台了一系列自律规则，引导行业走向规范化发展。

同时，配合《私募投资基金监督管理暂行办法》所确立的全口径登记备案制度，证监会及全国股份转让业务系统通过2015年的三项监管解答——《关于与发行监管工作相关的私募投资基金备案问题的解答》《关于与并购重组行政许可审核相关的私募投资基金备案的问题与解答》《关于加强参与全国股转系统业务的私募投资基金备案管理的监管问答函》，将私募投资基金及其管理人的登记备案和证券发行、并购重组及新三板挂牌业务直接挂钩，市场机构开始纷纷在中国证券投资基金业协会进行私募基金管理人登记和私募基金产品备案。

（四）监管升级：私募“跑路”事件背景下的监管变化（2016—2017年）

《私募投资基金监督管理暂行办法》颁布之初，恰逢国内深化多层次资本市场建设与改革，以及鼓励“大众创业、万众创新”的双创浪潮。私募投资基金作为中国多层次资本市场和鼓励创新创业的重要组成部分，中国证监会推出行业的第一部纲领性文件旨在统一监管，确立基本登记备案规则及投资运作基本原则，因而在《私募投资基金监督管理暂行办法》中并未设置严格的行业门槛，以期达到鼓励行业发展的目的。

办法颁布后，在短短的两年内，私募投资基金果然取得了迅猛的发展，仅 2015 年全年，登记的私募基金管理人数量就达到了 19 669 家，截至 2015 年末，登记的私募基金管理人总量达到 24 669 家，2015 年年度备案的私募基金数量达到 25 680 只。

但高速发展的背后也有隐忧，2016 年初以“中晋系”案件为典型爆发了多起私募基金“跑路”事件，拉开了私募基金从严治理的序幕。

“中晋系”能够在短时间内非法吸收巨额资金，其操作手段就是假借“私募”之名，运用“私募投资基金管理人登记资格”和“私募投资基金备案”作为宣传手段为自己增信，行非法吸收公众资金之实，突破了《私募投资基金监督管理暂行办法》所确立的合规募集、合格投资者制度和运作管理的专业化经营基本原则。根据媒体报道，截至 2016 年 4 月 1 日，中晋一期基金共募集资金 52.6 亿元，通过 217 个合伙制基金向 11 608 名投资人发起募集，每个合伙基金按 48 人限额募集（伞形结构中通常还有一名普通合伙人和一名由 SPV 担任的有限合伙人），超员 1 192 人。

以“中晋系”为典型，以往其他在市场上从事融资服务的，如 P2P、众筹乃至从事贸易的机构和人员，也都假借“私募”之名进行活动，登记为私募基金管理人，发行私募产品，导致“明股实债”“明基实贷”大行其道，不法分子利用基金在治理机制上的缺陷，大搞“非法集资”和“利益输送”。

为扭转乱象局面，2016 年 2 月 5 日，中国证券投资基金业协会发布《关于进一步规范私募基金管理人登记若干事项的公告》，针对私募乱象提出了进一步规范管理人登记的要求。

第一，取消私募基金管理人的登记证明。不再提供登记证明的纸质证明和电子证明文件，以避免被不法分子用于误导宣传。

第二，加强信息报送要求，确立了异常状态公示制度。对违反信息报送义务的机构，将其作为异常状态机构进行公示，并要求进行整改。整改期间将暂停受理该机构的私募基金产品备案申请。

第三，对新登记的私募基金管理人，要求提交法律意见书。在法律意见书中，要求律师事务所对拟登记私募基金管理人的股东结构、高管人员及从业人员、办公场所、组织架构、内部制度、诚信信息等是否满足专业化经营基本原则的要求出具结论性意见，从而大大提高了行业准入门槛。

第四，高管从业资格要求。对担任私募基金管理人高级管理人员的人士，要求需要通过基金从业资格考试，并满足后期每年 15 课时学习的持续培训要求。

《关于进一步规范私募基金管理人登记若干事项的公告》实施以后，由于引入登记法律意见书，从严管理人登记程序，私募基金管理人的登记由狂热逐渐转向冷静，2016 年一方面收紧了新登记机构的申请，另一方面加强了异常机构的清理，截至 2016 年底，私募基金管理人登记数量下降至 17 432 家，取得了阶段性成果。但私募行业的乱象并未得到根治，受股市震荡等外部因素的刺激，私募基金“跑路”的事件并未止步，风险事件仍然高频发生。

中国证券投资基金业协会在此背景下只能不断以“公告”“问答”“办法”等方式推出和更新自律规则，为达到整治乱象的目的，还借鉴了不少公募基金的监管规则，引入私募基金的监管当中。

过于频繁的政策变动、不够透明的审核机制和私募监管公募化的监管理念，给市场带来了不小的困扰，引发了一些微词。

从最开始《私募投资基金监督管理暂行办法》并未对私募基金管理人的资质提出实质性要求，到通过《关于进一步规范私募基金管理人登记若干事项的公告》和《私募基金管理人登记须知》变相提高了行业准入门槛，监管方式也从备案制开始向变相审批转变。

从开始的不对私募基金管理人进行分类登记，到 2017 年 3 月 31 日以《私募基金登记备案相关问题解答（十三）》的方式，要求对私募基金管理人按照“证券投资类”、“股权 / 创投类”和“其他类”三种不同类型［后问答（十五）又增设了“资产配置类”，目前为四类］进行分类登记、分类监管，私募基金管理人自此不能兼营多类业务。

结合《关于进一步规范私募基金管理人登记若干事项的公告》的要求，2016 年陆续通过《私募基金登记备案相关问题解答（九）》、《私募基金登记备案相关问题解答（十一）》及《私募基金登记备案相关问题解答（十二）》确立了基金从业人员资格要求，推行从业人员考试。

2016 年开始陆续发布《私募投资基金管理人内部控制指引》《私募投资基金信息披露管理办法》《私募投资基金募集行为管理办法》《私募基金管理人登记须知》《私募投资基金备案须知》等，建立起全方位的自律监管机制，并同时通过各类公告、问答及窗口意见，逐步引入了公募基金监管的一些理念及措施，监管方式更加趋向于变相审核。

（五）严峻挑战：资管新规后，私募监管路在何方（2017 年至今）

2017 年 7 月，第五次全国性金融工作会议在北京召开。会议提出金融工作四项原则，即回归本源、结构优化、强化监管和市场导向；以及三项任务，即服务实体经济、防控金融风险和深化金融改革。总体而言，这次会议为以后的政府金融工作明确了新的主旋律，即从严监管，防范金融风险。在此背景下，2018 年 4 月，《关于规范金融机构资产管理业务的指导意见》正式发布，资产管理业务迎来统一监管的新契机，同时带来的是“强监管，控风险”的监管理念的转变。

资管新规发布以后，受资产管理业务统一监管原则的要求，私募投资基金的监管也需适应新的监管要求。打破刚性兑付，禁止“通道业务”、“资金池运作”和“多层嵌套”，严格控制资金杠杆，禁止期限错配等，极大地限制了银行资金流入私募投资基金行业，直接影响了持牌机构的私募业务和市场化母基金等机构投资者的资金来源。具体的各项监管指标在落实到私募投资基金行业的过程中，也因行业差异而形成了一定困难，如在股权投资基金领域落实净值化管理、在股权投资基金领域如何界定多层嵌套限制等。

资管新规后，中国证券投资基金业协会对私募投资基金的监管力度仍然在不断加码，市场机构有苦难言，但私募风险事件仍颇有些“按下葫芦浮起瓢”的窘况，形成了监管、市场、投资者均非常难受的局面。

中国私募投资基金的监管，未来路在何方？

二、私募投资基金的发展现状

（一）私募基金从 2014 年以来快速发展

私募投资基金自 2014 年收归中国证监会统一进行监管以来，各类私募投资基金均统一在中国证券投资基金业协会进行备案，通过资产管理业务综合报送平台（AMBERS 系统），行业有了统一的数据统计工作。

从图 7.4 可以看到，自 2015—2018 年，私募投资基金行业从 3 万亿元的规模攀升至超过 12 万亿元，规模增长的主力是私募股权、创业基金，而私募证券投资基金相对增长缓慢，在私募基金中的整体占比呈现出下降态势。

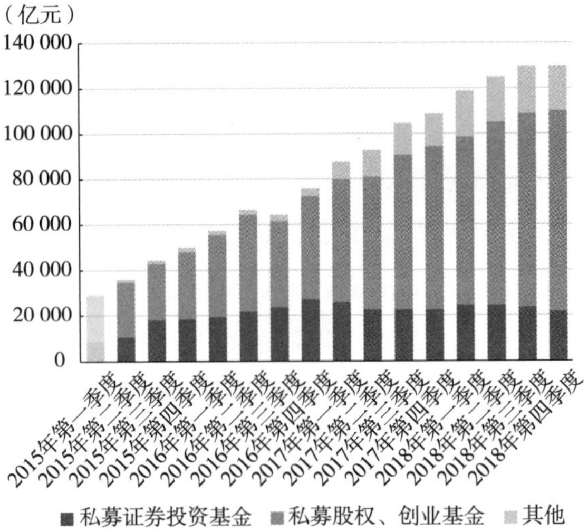

图 7.4　私募基金规模结构分布

资料来源：中国证券投资基金业协会。

资管新规发布后，按照公募基金、公募专户、券商 / 期货资管、信托、银行理财、保险资管、私募基金进行全品类统计，资产管理产品的总量规模出现小幅收缩。其中，私募基金的总规模及在资产管理行业中的占比在逐年上升（见图 7.5）。

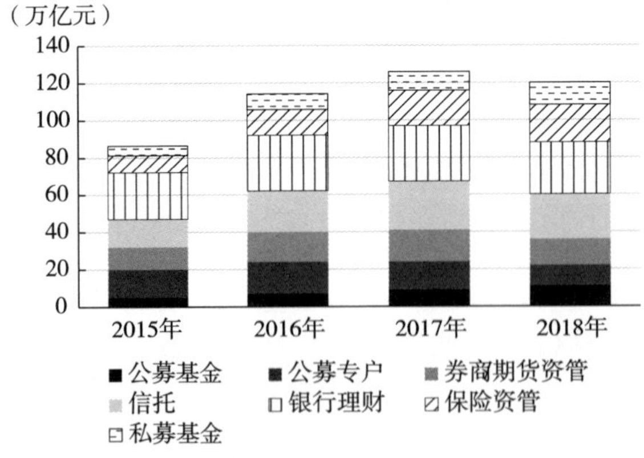

图 7.5　私募基金规模对比其他资产管理产品

资料来源：中国证券投资基金业协会。

（二）私募股权投资基金支持实体经济

私募股权投资基金作为我国直接融资体系中重要的有生力量，截至 2018 年末，存量规模达 8.71 万亿元，相当于社会融资存量规模的 4.34%，较 2017 年末增长 0.39 个百分点，为服务实体经济提供了宝贵的资本金（见图 7.6）。

图 7.6　私募股权投资基金存量规模对比社会融资规模存量

资料来源：中国人民银行，中国证券投资基金业协会 AMBERS 系统。

2016—2018 年，我国 GDP 增速放缓，私募股权基金规模有序增长，占 GDP 比重不断提升（见图 7.7），在现代金融体系和服务实体经济高质量发展中的作用日益增强。

截至 2018 年末，私募基金累计投资于境内未上市未挂牌企业股权、新三板企业股权和再融资项目数量达 10.01 万个，为实体经济形成股权资本金 5.57 万亿元。2018 年，私募基金投向境内未上市未挂牌企业股权本金新增 1.22 万亿元，相当于同期新增社会融资规模的 6.3%，为丰富直接融资体系做出重要贡献。

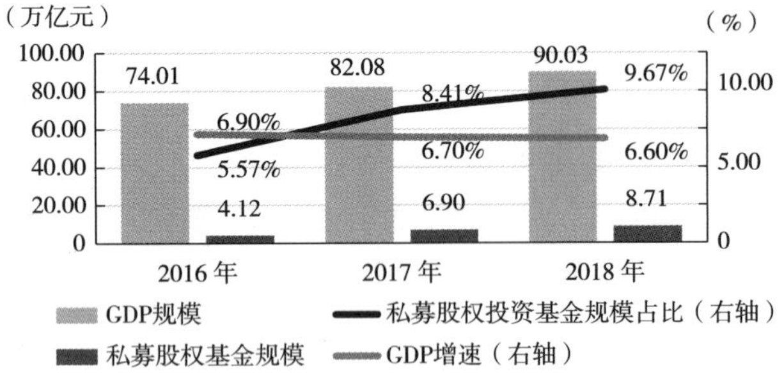

图 7.7　我国私募股权投资基金占 GDP 比重及年度变化

资料来源：国家统计局，中国证券投资基金业协会 AMBERS 系统。

私募股权基金是中小企业发展的助推器，极大地支持了新兴产业发展和经济转型。截至 2018 年末，在中国证券投资基金业协会备案的私募股权与创业投资基金在投项目中，中小企业项目数量达 5.53 万个，在投本金为 1.94 万亿元；在投种子期与起步期项目 3.96 万个，在投本金 1.90 万亿元；互联网等计算机运用、机械制造等工业资本品、原材料、医药生物、医疗器械与服务等产业升级和新经济代表领域，在投项目 4.89 万个，在投本金 2.51 万亿元。2019 年科创板推出后，截至 2019 年 5 月底，在科创板股票发行上市审核系统提交上市申请的 113 家科技创新企业中，得到私募股权投资的企业数量达到 92 家，占比达 81.4%。私募基金积极培育新产业、新业态、新动能，为实体经济与资本市场协调发展打下了良好根基。

（三）私募投资基金业务即将迎来国际化竞争

美国东部时间 2020 年 1 月 15 日，中美双方在美国华盛顿签署《中华人民共和国政府和美利坚合众国政府经济贸易协议》。协议第四章专章约定了双方在“金融服务”领域的合作，其中第 4.7 条约定了在“证券、基金管理和期货服务”领域的合作内容，第五项直接指向私募基金业务，提出“双方应确保不存在针对对方私募基金管理人的歧视性限制。中国应确保不存在对美国私募基金管理人投资H股（即在港交所上市的中国内地企业的股票）的限制，合格的美资控股私募基金管理人应可基于个案处理方式获批提供投资咨询服务”。

根据“私募汇”上的数据，目前在中国证券投资基金业协会登记的外资私募基金管理人共有230家，其中中外合资企业102家，外商独资企业188家，合计占比1.19%。其中不乏瑞银、贝莱德等知名老牌机构，但从管理规模上来看仍然不高，以贝莱德为例，在“贝莱德海外投资基金管理（上海）有限公司”名下，仅有两只产品。随着对外开放举措的进一步落实，过往外资私募基金管理人在境内开展活动的相关限制会逐步解除，中国在私募投资基金行业的监管理念和监管模式也会更加国际化，本土的私募基金管理人将直面激烈的国际化竞争。

三、私募股权投资基金发展中的问题

（一）募资渠道及资金来源

从国际上看，Preqin的调查研究显示，目前国际市场上美元基金的主要投资者为机构投资者，以2019年为例，总体占到了出资总额的86%，其中公共养老基金占比35%，主权财富基金占比12%，保险公司占比12%，私人养老金占比11%，各类捐赠计划占比6%（见图7.8）。

而根据中国证券投资基金业协会的《中国私募投资基金行业发展报告2019》，我国私募股权投资基金的资金来源广泛，出资人包括机构投资者和个人投资者。其中机构投资者主要是企业、政府资金、境外资金、养老金、社会基金、资管计划，个人投资者主要是境内居民。

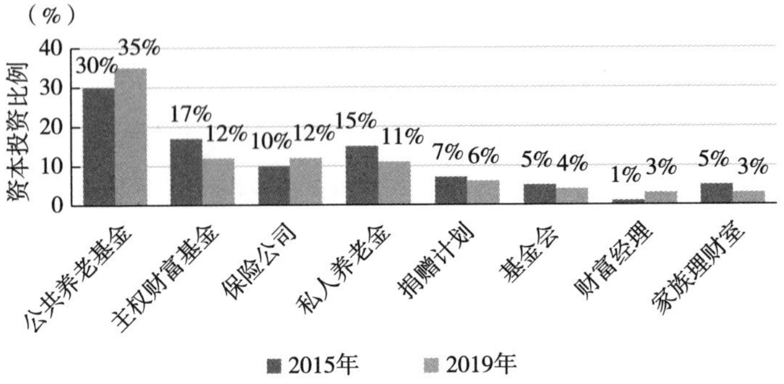

图 7.8　私募股权投资基金投资者构成

资料来源：Preqin。

截至 2018 年末，从数量上来讲，私募股权投资基金的居民投资者数量最多，占到 80.71%；其次是企业投资者，占 15.47%（见图 7.9）。从出资金额讲，企业投资者出资金额最高，占 51.17%；其次是各类资管计划，占 32.81%。居民投资者出资占比 12.45%，政府资金占比 2.77%，养老和社会基金占比仅为 0.51%，显示长期资金明显不足。

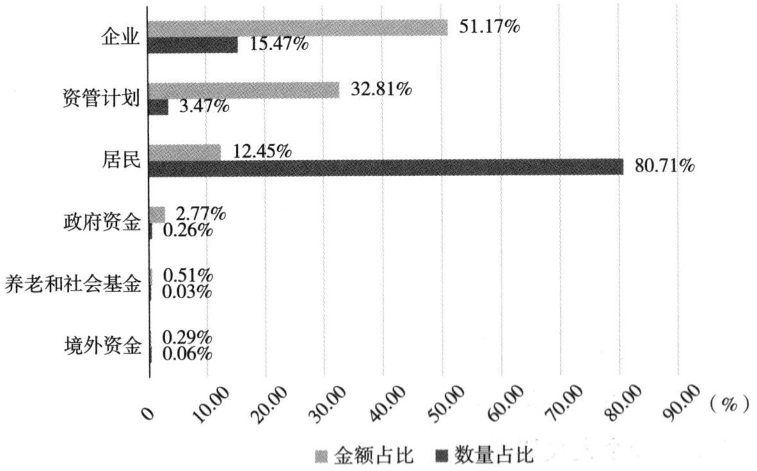

图 7.9　私募股权投资基金各类出资人占比结构

资料来源：中国证券投资基金业协会 AMBERS 系统。

与国际市场的投资人构成相比，中国市场呈现出如下特点。

第一，企业、居民投资者在出资总额和出资数量上都占有较高的比例，专业的机构投资者群体与国际市场相比在数量和出资能力上仍有较大差距。

第二，企业、居民投资者的资金大多进行直接投资，或通过各类资管计划（主要是转变为银行理财资金）进行间接投资，未能通过具有税收递延等优势的养老和社会基金转化为长期资本，在资金久期上耐性不足。

第三，受国内宏观经济影响，从2018年新备案的基金来看，企业和居民投资者出资金额和占比较2017年均有所下降，各类资管计划出资金额也在减少。企业出资额下降与企业投资者自身债务风险、股票质押风险上升有关，居民投资者出资额下降与未来预期不明有关。政府资金出资额增幅较大，达到75.99%，占比提高2.85个百分点。由此可见，在市场总体出现“资金荒”的情形下，财政及政府引导基金承担了主要角色，成为私募股权基金募资的重要来源。

上述特点要求我国的私募投资基金监管需要更加注意对普通投资者的保护，以及培育专业机构投资者群体的形成。

我们将私募股权投资市场的主要资金来源，区分为金融机构、政府引导基金（含财政资金）、市场化母基金、社会资本（含自然人居民和企业居民）、长期资本等几大类型。

1. 金融机构

以银行理财为主的金融机构资金是私募股权投资基金行业的重要资金来源。

（1）商业银行

资管新规发布之前，银行理财资金往往通过“银行理财＋资管计划＋股权投资基金”的方式投向股权投资市场。在股权投资基金层面，银行理财产品作为资金来源，往往需要通过券商、信托、基金子公司等通道嵌套资管计划或信托计划。

借用该模式，银行理财资金可以通过资管计划、信托计划等通道，从事其不得直接投资的私募投资基金领域（见图7.10）。这种多层嵌套的结构使理财资金可以出表，投资于银行在表内投资范围受限或利率受限的社会融资需求，最终通过私募投资基金，为场外配资、上市公司股权质押、房地产、地方政府隐性负债、过剩产能、现金贷等难以从银行表内融资的领域提供主要的资金。

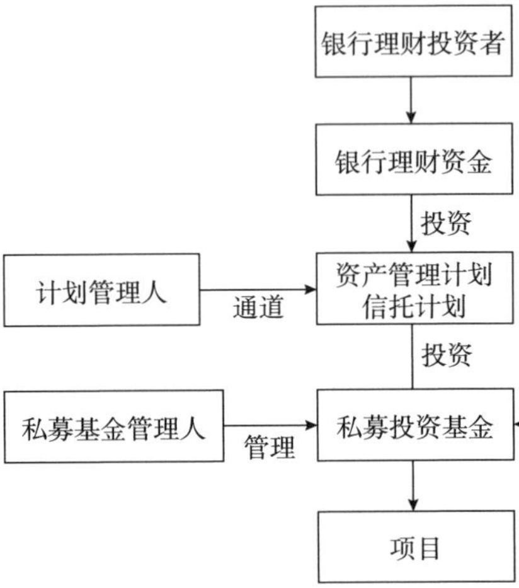

图7.10　银行理财资金参与私募投资基金模式

因为无法有效监管，资管新规一方面明确对多层嵌套结构进行了限制，使得该资金通道不再合规；另一方面禁止银行通过理财产品开展资金池业务，不允许期限错配，也大大降低了银行资金投入私募投资基金领域的积极性。

（2）保险公司

保险公司是私募投资基金的机构投资者之一，保险资金具有长期、稳定的独特优势，是构成私募行业长期资金的重要来源之一。保险资金参与私募投资基金的模式见图 7.11。

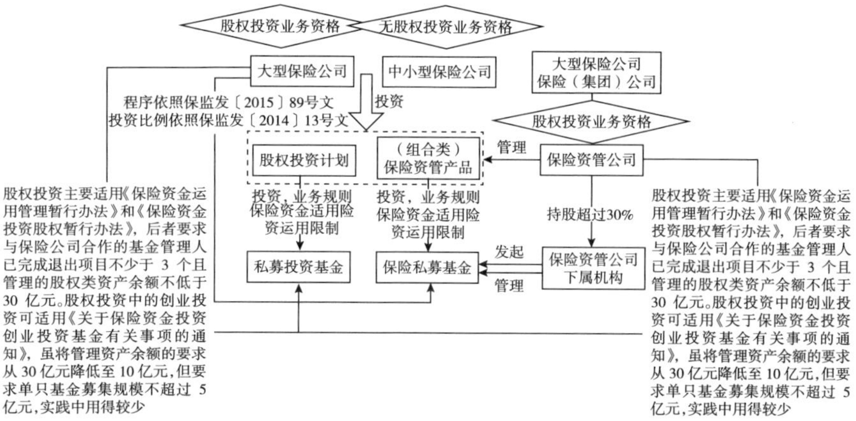

图 7.11　保险资金参与私募投资基金模式

在《国务院关于促进创业投资持续健康发展的若干意见》中，鼓励保险公司在风险可控、安全流动的前提下投资创业投资企业和创业投资母基金，应国家鼓励保险服务实体经济的号召，私募股权投资基金已逐渐成为保险公司资产配置的重要领域。

目前，保险资金主要通过保险公司或保险资产管理公司进行保险资金运用的方式，以股权投资的形式投入私募股权投资基金当中。

中国保险资产管理业协会的数据显示，32%的保险公司已投资私募股权基金（不含保险系私募股权基金），合计占总投资资产的 1.5%；23%的保险公司已投资保险系私募股权基金，合计占总投资资产的 0.4%。截至 2018 年末，保险公司已与 206 家私募基金管理人开展合作。

（3）证券公司

在国际上，证券公司作为机构投资者投资私募基金并不罕见。早在 1987 年，日本排名第二的日兴证券就参与投资了黑石的首期基金，共 1 亿美元。在日兴证券投资后，其幕后的大客户，如三菱集团等也先后对黑石进行投资，奠定了黑石首期基金募集成功的基础。

国内证券公司大多具有强大的股东背景和客户资源，在资金募集方面有得天独厚的优势。不过目前国内证券公司大多数愿意自己做GP（普通合伙人），而不安于担任LP（有限合伙人），头部券商纷纷开始利用多种方式组建自身的买方团队，设立私募子公司，涉足母基金或直接投资等私募业务。在团队方面，投资银行业务本身训练了一批专业的卖方团队和行研能手，近年来随着业务竞争的加剧，头部券商的私募子公司也加快了由卖方角色向买方角色转变的步伐，在这一背景下，"券商母基金"应运而生。国内头部券商，如中金公司、华泰证券、国泰君安、申万宏源、国都证券等，都发行了由自己管理的私募股权投资基金或"券商母基金"，一部分通过参股市场化私募股权投资基金的方式，利用私募机构的力量，加强自身在直接投资领域的业务能力，加速自身转型；另一部分则谋求转型为专业的市场化母基金管理团队，成为专业的机构投资者之一。

2. 政府引导基金

自1984年我国开始由政府推动创业投资发展开始，之后的三十多年，各级政府积极探索和寻找国有资本与股权投资行业结合的运作模式与方式。时至今日，以政府引导基金为代表的国有资本已成为我国股权投资行业重要的推动力。经过多年发展，我国政府引导基金经历了探索起步、逐步试点、规范化运作、全面发展四个阶段（见图7.12），已步入存量引导基金规范化高质量发展阶段。

根据清科研究中心的数据，截至2019上半年，国内共设立1 686只政府引导基金，基金目标总规模为10.12万亿元，已到位资金规模为4.13万亿元，主要以母基金形式为主，占比达到了47.9%。在金融机构受资管新规限制，大幅减少对私募股权投资基金行业的投资后，以政府引导基金为代表的政府资金成了私募股权投资基金募资市场的主要资金来源之一。

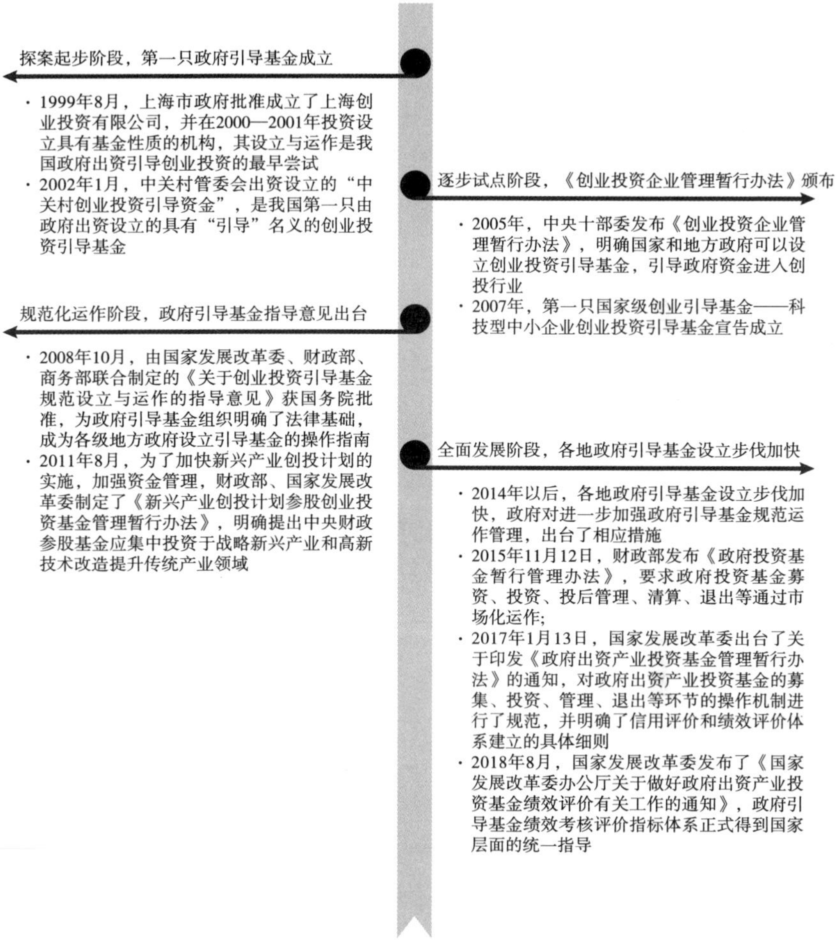

图 7.12　政府引导基金发展历程

资料来源：清科研究中心根据公开信息整理。

政府引导基金在快速发展的过程中也暴露出一些困难和问题。

在资金方面，政府引导基金层面本身并非由财政 100% 出资，而是通过在政府引导基金层面募集其他资金来放大财政杠杆比例，比如过往政府引导基金层面能够最高通过 1∶4 的杠杆使用银行资金，目前这一模式也为资管新规所限制，政府引导基金本身存在募集困难。

在运作管理方面，政府引导基金目前有多重运营管理模式，包括委托地方政府平台公司负责、委托地方国有创投企业负责、委托外部市场化专业机构负责、成立独立事业法人负责、成立引导基金管理公司负责、成立公司型引导基金自行组建团队负责等六种主要模式（见图 7.13）。在各种模式中，对政府和市场的边界界定不清晰等问题，往往导致运作方式行政化，效率较低。权责不清，监管机制不完善，缺乏合理有效的绩效评价机制和市场化薪酬等激励措施，导致政府引导基金往往无法组建专业化的团队进行长期管理。

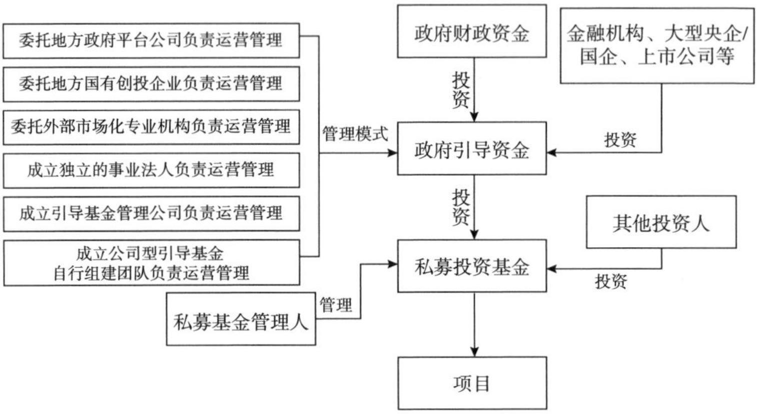

图 7.13　政府引导基金参与私募投资基金模式

在投资方面，受限于财政资金，尤其是地方财政资金的属性，政府引导基金本身往往带有招商引资的浓厚色彩，这给投资活动带来了较大的限制，可能无法与优秀的市场化私募投资基金管理人进行深度合作，投资效率较低。

在退出方面，受限于国有资产保值增值及国有资产审计等方面的有关规定，政府引导基金往往寻求更优于其他社会出资人的退出路径。例如，出现合作基金未能够将足额资金投入指定产业 / 领域、合作基金未达到特定募集规模、合作基金出现重大风险等违规事件时，政府引导基金将优于其他社会出资人先行退出。这些安排在一定程度上扰乱了正常的市场关系。

政府引导基金目前面临的困境主要有以下几点。

第一，自身定位不够清晰，在政策引导与市场逐利之间徘徊。一方面，政府引导基金要求参与的私募基金必须要为地方经济做出贡献，落实返投要求。实际上是将私募基金中的社会资金当成资金杠杆使用，但政府引导基金并未足额填补社会资金需要承担的风险（这部分目前主要通过政府让利来实现）。另一方面，政府引导基金出于国有资本风险控制的高要求，对于风险的容忍能力往往低于社会资金，因而在投资收益端和其他社会资金方面要求同股同权，但在投资方向、投资形式、投后管理等方面较社会资金有更多限制，一定程度上妨碍了基金的正常市场化运作。种种情况使市场化机构一旦募集了政府引导基金的资金，将很难再进行市场化募集。

第二，自身运作不市场化，机制不健全，考核不科学。政府引导基金运作模式往往带有较为浓厚的行政色彩，通常都由一级政府官员担任政府引导基金的实际决策者，导致运作方式行政化，效率较低。运作本身并不属于市场化，基金的权责关系模糊，也没有办法根据基金业务的特点制定合理有效的绩效评价机制和市场化薪酬等激励措施，导致政府引导基金往往无法组建专业化的团队进行长期管理。考核方面也带有浓厚的行政色彩，比如按年度进行考核，缺乏长期综合考核机制；投资项目“投十赚九”，但仍然对“亏一”过度问责，缺乏“容错机制”的考核理念等，都与私募基金业务不相匹配。

建议政府引导基金应当真正向市场化运作转型，从理念上打破行政化色彩，将管理权真正交由专业机构。制定科学有效的运作机制和考核机制，留住专业人才。让财政资金的角色回归“投资”“平等”“引导”的定位，财政资金进入政府引导基金中是投资行为而非行政行为，地位应和其他投资者平等而非强势方，带有一定的引导性质而不强制，通过加强和提高行政服务能力、健全和完善地方整体政策环境等方式来吸引社会资本，提高政府引导基金的综合服务能力。

3. 市场化母基金

我国母基金行业主要以政府引导基金为发展主线，继而伴随着国有企业参与设立的市场化母基金和民营资本的市场化母基金的兴起。随着私募股权投资基金行业快速发展，大量政府引导基金和民营母基金成立，母基金行业迎来大发展时期，逐渐成长壮大的母基金已经成为私募股权投资市场不可或缺的组成部分，对支持实体经济发展发挥着日益重要的作用。

我国母基金管理人数量及管理基金规模整体保持增长，2017—2018 年实现翻倍增长，2018 年第三季度以来增速有所放缓。截至 2018 年末，在中国证券投资基金业协会登记的母基金管理人数量为 915 家，管理的母基金规模为 8 673.39 亿元。2018 年第三季度以来，受市场多方面因素影响，母基金管理人数量增幅相对 2017 年各季度有所放缓。民营控股母基金管理人数量占比居于第一，但国有控股母基金管理人在资金集聚方面优势更为明显，20% 左右的国有控股管理人管理着规模近 50% 的母基金。

2018 年 5 月以来，新募集母基金规模同比大幅下降，第三季度以来新增备案母基金规模同比均下降。2018 年 4 月 27 日《关于规范金融机构资产管理业务的指导意见》发布后，由于母基金产品天然带有两层结构，所以受规定影响更显著。从 2018 年 5 月开始，各月募集完成的母基金规模和数量均低于 2017 年同期，并且骤降至 2017 年同期一半以下。此外，2018 年第三、第四季度协会新增备案的母基金规模及数量，与 2017 年同期相比也出现大幅下降，下降幅度超过 50%。

整体来看，2018 年母基金市场资金流入增幅显著下滑，行业募资形势较为严峻。2018 年新募集母基金数量增长率及规模增长率情况如图 7.14 所示。

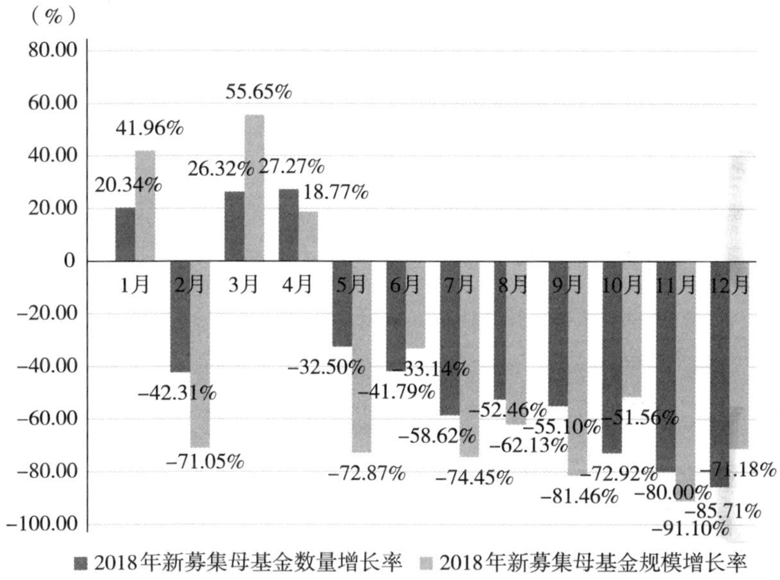

图 7.14　2018 年新募集母基金数量增长率及规模增长率

资料来源：中国证券投资基金业协会 AMBERS 系统。

母基金在服务实体经济方面有很多天然优势。

一是撬动社会资本，促进金融资源高效配置。母基金通过投资参股若干子基金，撬动各类社会资本支持实体经济发展，最大化释放社会资本与政府财政资金的引导效应。对于政府引导基金而言，其通过与市场化的基金管理人合作，改革财政资金使用方式，变“专项资金”为“引导基金”，建立市场化运作机制，设立专项基金，实现专业投资管理团队、资金与企业在市场机制下的合作，吸引资金投入市场上的实体企业，以此促进金融资源高效配置。专业的市场化母基金管理机构也是解决政府引导基金运作机制的方案之一。

二是扶持中小微企业，激发企业创业创新。由于创业投资风险高于一般的股权投资，并且单只创业投资基金覆盖的企业有限，因此母基金作为专业机构投资者，可以筛选出市场优质的创业投资基金，加大社会资本参与创新创业投资力度，并将金融资源融入实体经济，更大范围地扶持中小微企业，激发创业创新。

三是聚焦战略性新兴产业，优化产业布局。作为金融业的重要组成部分，母基金通过投资最具创新和成长潜力的新兴产业领域的子基金，可以获取未来战略性新兴产业大发展带来的投资回报，同时也促进了金融与实业的相互结合，不断培育出新产业，进而增强资本的活力。

四是借助资本力量，推动高新技术产业做大做强。高新技术行业作为战略性新兴产业重要的一部分，是一项高投入、高产出、高风险的工程，需要周期长、能够忍受风险的资本进入。而母基金投资周期偏长，与其他类型的基金相比更能“承受”高新技术发展的长周期，同时具有分散投资风险的优势。

五是聚合社会资源，带动区域转型发展。随着政府产业发展诉求从“招商引资”转向“招才引智”，脱胎于政府引导基金的市场化母基金开始出现。这些市场化母基金以政府引导基金来撬动和融合社会资本，产生资金放大效应，并通过聚合资本、人才和信息资源，投向政府重点扶持产业与地域特色产业，为区域经济注入新动能，推动区域转型升级。

4. 社会资本

以高 / 超高净值个人及企业为代表的社会资本，是保持私募投资行业活力的重要资金来源之一。在国家鼓励创新创业活动的宏观政策支持背景下，创业板 / 中小板制度的推出成就了一批早期创业者，而随后的移动互联网时代更是造就了 BAT（百度、阿里巴巴、腾讯）的财富神话，加上各类从业者从中鼓吹宣传，带动社会资本快速进入私募投资基金行业，引发了全民 PE 狂欢。

全民 PE 狂欢过后，剩下的是一地鸡毛。前有“阜兴系”“中晋系”等假借私募为名，行非法集资、金融诈骗活动之实，给大量社会投资者造成了巨额财产损失；后有 2015 年末股市震荡带来的一系列连锁反应，大量私募基金蒙受重创，退出时点也是遥遥无期，极大地损害了社会资本对私募投资基金的认知形象和投资意愿。

5. 长期资本

以美国市场为例，公共养老基金、企业养老金等长期资金目前已经成为美国创投基金的主要资金来源，支撑了美国创投行业长期支持企业创新和科技创新。

目前，我国的企业年金、养老金、慈善组织等长期机构投资者还在早期发展阶段，需要国家政策的进一步引导和培育。

现有的长期资本投资者中，保险资金、社保基金、大型央企 / 国企、政府财政等，其内部的绩效考核主要以自然年为单位，缺乏长期投资考核基准，造成一线工作人员支持长期投资的动力不足，国家相关支持性政策在“最后一公里”上落实不到位。

对社会资本而言，缺乏对长期投资有效的延税和减免税负的政策，也是造成社会资本的长期投资动力不足的原因之一。

（二）资金运作

1. 伪私募问题

私募投资基金行业在 2014 年收归于中国证监会监管后，恰逢国家鼓励创新创业的宏观政策背景，在私募基金管理人登记方面几乎并未设置任何门槛，私募投资基金的发行也是以鼓励为主，限制较少。私募投资基金采用统一备案体系和备案标准后，容易让社会公众误认为取得私募投资基金管理人登记资格的机构属于国家特别许可设立的金融机构，类似于证券公司或信托公司，以及取得备案证明的私募基金和证券期货经营机构的私募资产管理产品具有相近的风险水平。事实上，私募基金管理人数量上百倍于证券期货经营机构，前者主要接受自律管理，准入门槛由自律组织具体把握。后者在中国证监会及其派出机构的行政监管之下，准入门槛较高而且标准化、透明化，两者受到监管的力度和风险程度不可相提并论。

通过成立私募基金管理人就可以取得类似于成立证券期货经营机构的效果，可以合法开展资产管理业务，向社会募集资金开展投资活动。这一较低成本的操作方式立刻被过往从事民间高利贷、场外配资、集团资金自融等金融活动的逐利集团所利用，通过虚假宣传和承诺超高收益大量吸纳民间低成本资金，并将私募基金操作成连接投资者和前述金融活动之间的桥梁，大量从事间接融资活动，实质上违背了私募投资基金的投资本质，不仅使大量资金未能通过私募投资基金形成直接融资资本，同时因吸纳资金往往需要不断滚动垫付超高的承诺收益，极易变相进行资金池操作，所以最终滑向庞氏骗局。

2. 业务开展受限问题

私募投资基金行业在收归中国证监会进行统一监管后，在《私募投资基金监督管理暂行办法》中对私募基金管理人提出了“专业化经营”的原则要求。中国证券投资基金业协会在 2016 年 9 月更新 AMBERS 系统时首次提出了落实“专业化经营”的举措，将“专业化经营”原则进一步解释为，将私募基金管理人按照机构类型和业务类型进行分类监管，并于 2017 年 3 月通过《私募基金登记备案相关问题解答（十三）》予以正式明确：为了防范不同市场间进行内部交易和利益输送，人为将私募投资基金管理人按照不同业务区分为私募证券、私募股权、其他私募三个类型，到 2018 年 8 月推出私募资产配置类，形成了目前的四大机构类型。要求每一个管理人只能申请其中一个机构类型，运作一类私募投资基金，不得分别运作不同类别的私募投资基金。除私募资产配置类别可以跨资产类别进行投资外，其他三类基金都只能在自身的投资范围内进行投资。

这种内部进行分类监管的方式，会导致私募投资基金和其他资产管理机构所发行的产品，如公募与私募通吃的银行理财子公司发行的理财产品，以及开放了投资范围以后的保险资产管理产品，在监管规则、投资范围等方面有非常大的差异，极易因监管不对等带来竞争上的不公。分类监管造成大量机构不得不通过多设主体分别申请业务资格的方式来满足业务需求，人为增加了监管成本和市场成本，实际上也使得防范不同市场间进行内部交易和利益输送的初衷的效果大打折扣。

3. 退出问题

私募投资基金，尤其是私募股权投资基金的底层资产通常是流动性非常差的非上市公司股权，基金期限本身较长。受限于宏观经济的影响，可能基金期限到期，底层资产也无法顺利进行处置，从而形成积压，造成了大量的争议和纠纷，也让投资者对投资该类基金望而却步。

（三）监管问题

1. 将备案与发行等行政审批挂钩，逐渐变相审批化

私募投资基金本身不属于行政许可的范畴，《私募投资基金监督管理暂行办法》及《私募投资基金管理暂行条例（征求意见稿）》均对私募基金管理人和私募投资基金提出了“登记管理”和“备案管理”的原则要求。

但证监会随后将私募投资基金及其管理人的登记备案，与证券发

行、并购重组及新三板挂牌业务等行政许可直接挂钩，未通过登记备案将直接影响到前述行政许可的审批，变相使私募投资基金及其管理人的登记备案成为必需的选择。

然后伴随着私募基金“跑路”事件背景下的监管升级，证监会及中国证券投资基金业协会一改过往对私募基金管理人近乎零门槛的登记要求，提出私募基金管理人登记应当提交法律意见书，协会依据法律意见书中的内容对私募基金管理人的登记进行实质性审核。在私募投资基金方面，为落实私募投资基金的备案制度，强调私募投资基金应当“先备案，再投资”，在私募投资基金的备案环节往往对私募投资基金的架构设计、结构化安排、投资方向、投资模式、托管与否等问题上过分关注，致使私募投资基金通常无法在法定的 5 个工作日内实现备案，进而可能影响投资活动的正常开展，使得“备案”也逐渐变成了变相审批。

2. 不断引入公募监管规则，监管方式逐渐公募化

私募基金和公募基金最大的区别在于，私募基金是通过合格投资者制度、非公开募集和适当性管理制度来区分出具有相当的风险识别能力和风险承受能力的投资者的，这也就意味着监管无须投入类似于公募基金的强监管规则。

但伴随着私募基金“跑路”事件背景下的监管升级，为了遏制行业风险的进一步积聚和爆发，证监会及中国证券投资基金业协会不断将过往管理公募基金及公募基金管理公司的规则和经验，引入私募基金当中。如对私募基金管理人也提出了内控标准要求，设置类似于“首席风控官”的“风控负责人”，要求高管不得进行兼职等，直接提高了行业准入门槛，对遏制私募基金管理人的泡沫性登记增长取得了一定成果，但也大大提高了行业运营的成本，打击了行业活力。

监管方式逐渐公募化还存在其他隐忧，对私募基金及其管理人适

用公募基金监管规则，也容易让投资者误以为私募基金是如同公募基金一般受到严格监管的金融主体，从而变相使私募基金管理人登记和私募基金备案产生了额外的增信作用，让投资者误以为私募基金的风险和其他金融机构开展的资产管理业务的风险大体一致。这种异化的监管安排，会让原本无法适应私募基金这一高风险投资工具的投资者进入这个市场，并在发生金融风险后，又不得不为了保护这些投资者而出台更激进的监管措施，最终使监管成本和市场运营成本日益增高，但问题仍然得不到有效解决。

3. 缺乏对创业投资基金的准确定义和差异化监管的有效方式

创业投资基金是实现技术、资本、人才、管理等创新要素与实体经济有效结合的投融资方式，是推动经济高质量发展的重要资本力量，对于保持补短板力度，持续激发民间投资活力意义重大。

《国务院关于促进创业投资持续健康发展的若干意见》提出了对创业投资基金的多项鼓励政策举措，其中就包括对创业投资企业和创业投资管理企业实行差异化监管和行业自律。创业投资基金的监管政策目前主要受到国家发展改革委和中国证监会的双重影响，截至目前，监管和市场对于何为“创业投资基金”，如何对创业投资基金进行差异化监管，莫衷一是。目前对创业投资基金的定义散见于国家发展改革委、中国证监会出台的多个不同的规则当中，不但并非严格一致，而且存在一定差异。最权威的定义则见于由国家发展改革委、中国人民银行、财政部、银保监会、证监会、国家外汇管理局六部委联合发布的《关于进一步明确规范金融机构资产管理产品投资创业投资基金和政府出资产业投资基金有关事项的通知》：创业投资基金，是指向处于创建或重建过程中的未上市成长性创业企业进行股权投资，以期所投资创业企业发育成熟或相对成熟后，主要通过股权转让获取资本增值收益的股权投资基金。这是目前对创业投资基金最官方、最权威的定义，也比较符合学术界和市场的理解。不过除对创业投资基金进行正面定义之外，在具体监管上可能还需要通过其他定义方式来进行完善，譬如应当对创业投资基金和运用杠杆的股权投资基金进行区分，应当对创业投资基金和一般的投资性企业进行区分等。不过，受当年“科技范式”下风险投资理念的影响，直至今日仍有不少观点认为，创业投资基金应当是从事高风险、高科技行业的投资。因此过往在设计针对创业投资基金的相关政策时受到该理念的影响，给创业投资基金预设了需要满足特定比例投资于中小企业、高新技术企业等限制，使优惠政策的覆盖效果有所不足。

缺乏对创业投资基金的准确定义，直接影响了相关创投优惠政策出台后的执行效果。缺乏对创业投资基金进行差异化监管的有效方法，也使创业投资基金在以防控风险为主题的监管升级中受到波及，行业活力受到严重影响，不利于创投行业支持实体经济的发展。

（四）税负及优惠政策问题

1. 不同组织形式间税负差异过大，影响市场选择

根据中国证券投资基金业协会数据统计口径，基金组织形式分为公司型基金、契约型基金、合伙型基金和其他类型基金。以创业投资基金为例，设立创业投资基金类型主要以合伙型基金为主。截至 2018 年底，合伙型基金数量 5 331 只，占比 81.9%，基金规模 7 087.18 亿元，占比 77.93%，可以看出合伙型基金无论是从数量还是规模上，都远超其他类型基金（见图 7.15）。相较于其他两种类型的基金，合伙型基金确实具有项目决策效率高、激励机制有效、收益分配灵活、综合税负较低等优势，其中税收优势是合伙型基金成为主流基金类型的重要因素，合伙型基金不作为纳税主体，税收机制更为灵活。

而《公司法》作为目前我国实施时间最长，法律制定最完善，相

应配套政策最齐全，监管、市场、司法理解最深入的企业组织法，从建立现代化基金治理机制，切实保护投资者利益的角度出发，公司型基金原本应该也是最适合私募投资基金的组织形式之一。但在目前的实践中，受制于公司型私募基金的税负过重，市场采用公司这一组织形式的私募投资基金非常少。

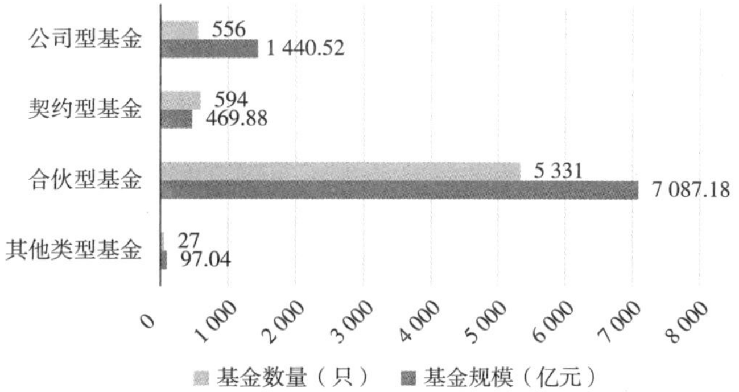

图 7.15　不同组织形式基金募资规模及数量

2. 合伙型私募基金及契约型私募基金的税制完善

公司型基金作为企业法人，公司相应的企业所得税税制非常完善。而合伙型私募基金和契约型私募基金作为非法人形式，其税制相较于公司而言仍有较大差距。

合伙型私募基金目前是私募股权投资基金和创业投资基金所采用的主流组织形式，目前我国对合伙企业统一采用的是根据 2008 年颁布实施的《财政部国家税务总局关于合伙企业合伙人所得税问题的通知》所确立的“准实体课税”模式。对合伙企业不征企业所得税，对合伙企业的合伙人征收个人所得税及企业所得税。其中对个人从合伙企业获得的所得，按照“生产经营所得”征收 5%~35% 的累进制个人所得税。这种课税方式并不完全适应“投资基金”的特点。市场中不少人士认为，个人投资私募基金应当按照“财产所得”征收 20% 的个人所得税。税制的不完善、税收政策的推广和普及的不足导致税收征管和市场理解产生了极大的争议，同时，一些地方政府出台的超出税法原则的地方性税收优惠政策也进一步加剧了这一冲突，引发了不少行业争议。合伙型税收政策亟须进行统一和完善。

契约型这一组织形式，目前也得到一定程度的应用。契约型基金作为非企业型的组织形式，其本身不存在所得税，也无须管理机构代扣代缴，往往由投资者自行纳税，存在较大的税收漏洞。如何进行税制上的完善，也需要进行研究。

3. 创投优惠政策的落地

目前我国已经出台了三部主要与创投相关的优惠政策，其中包括《关于创业投资企业和天使投资个人有关税收政策的通知》《关于创业投资企业个人合伙人所得税政策问题的通知》两部税收优惠政策，以及《上市公司创业投资基金股东减持股份的特别规定》这一减持优惠政策。

上述优惠政策在落地执行的“最后一公里”上，都面临着难以界定“符合条件的创业投资企业（基金）”的问题。一方面是缺乏对“创业投资企业（基金）”的统一理解；另一方面是政策出台过程中受到多方影响，享受政策的创业投资基金还得“符合特定条件”，设置的“特定条件”如限定为必须对中小企业和高新技术企业投资到特定比例，在政策落地执行过程中往往难以量化，最终导致政策难以落地，优惠力度大打折扣。

2020 年 3 月 6 日，《上市公司创业投资基金股东减持股份的特别规定》取消了创业投资基金必须对中小企业和高新技术企业投资到特定比例的要求，很大程度上解决了政策落地的“最后一公里”问题。

4. 长期投资优惠政策

《国务院关于促进创业投资持续健康发展的若干意见》提出要研究鼓励长期投资的政策措施。倡导长期投资和价值投资理念，研究对专注于长期投资和价值投资的创业投资企业在企业债券发行、引导基金扶持、政府项目对接、市场化退出等方面给予必要的政策支持。研究建立所投资企业上市解禁期与上市前投资期限长短反向挂钩的制度安排。

目前各项长期投资优惠政策的出台进度有所滞后。

四、完善私募基金发展的建议

（一）拓宽募资渠道，有条件放松各类机构投资者对私募股权投资基金的投资限制，鼓励各类专业机构投资私募股权投资基金，鼓励长期投资

1. 有条件地允许商业银行继续通过资产管理产品投资私募股权投资基金，支持实体经济

受到去杠杆及防控金融风险，尤其是商业银行理财产品风险的政策环境影响，商业银行通过资金池运作方式发行的银行理财产品，不再适宜大举进入私募股权投资基金市场。资管新规中对创业投资基金和政府出资产业投资基金这两类与实体经济密切相关的私募基金类型进行了豁免，也出台了相应的细则，允许商业银行继续支持符合条件的两类基金。目前从政策发布后的效果来看仍然不甚明显，金融机构对于能否继续支持私募股权投资基金存有较大疑虑。为了避免资金供给断崖式下跌，造成实体经济“休克”，建议有条件地允许商业银行资产管理产品在可控范围内继续投资私募基金，支持实体经济。除及时进行政策的解读、宣讲和细化，推进现行政策的落实和完

善外，可以进一步允许银行理财产品在可控范围内通过投资私募股权投资母基金的方式间接支持私募股权投资基金的发展。比如，允许私募股权投资母基金在不超过基金总规模 10%~20% 的比例内滚动发行一年期以上的份额融资，以解决银行理财产品与股权投资的期限错配问题。

2. 引导保险资金等长期资金投资于私募股权投资母基金

从国际经验来看，保险资金是私募股权投资基金的重要资金来源渠道，私募股权投资基金也是保险资金的重要配置对象。目前根据我国关于保险资金运用的有关规则，保险资金和私募股权投资基金的合作标准还是太高。管理人需要达到注册资本 1 亿元，管理余额 30 亿元的双高条件，绝大部分机构均无法满足。而能够达到要求的机构，其所发行的产品大多也因单笔投资金额较大，风险偏好更保守，投资阶段更靠后，而无法真正支持早期创业投资活动。此外，保险公司内部在进行考核评价时是按照年度进行考核的，而投资于私募股权投资基金通常是长达 5 年以上的总体性评价。按照现有的考核体系，私募股权投资基金的“J 曲线效应”反而会导致在保险资金实现投资的前几年的考核业绩较差，这也直接影响了大量保险公司及一线工作人员对参与私募股权投资基金的积极性。

根据中国保险资产管理业协会的数据，32%的保险公司已投资私募股权基金（不含保险系私募股权基金），合计占总投资资产的1.5%；23%的保险公司已投资保险系私募股权基金，合计占总投资资产的0.4%。截至 2018 年末，保险公司已与 206 家私募基金管理人开展合作。从上述数据可以看出，私募资产占保险资金的总投资额还不到2%，而且主要以投资中后期的股权投资机构为主，创业投资机构较少，所以合作空间应该更大。

建议鼓励保险资金与市场化运作的私募股权投资母基金合作，豁免股权投资母基金作为资产管理产品而受到多层嵌套限制的影响，保险资金可以通过股权投资母基金间接实现对创业投资活动的支持。建议完善保险资金投资于私募股权投资基金等长期资产的考核评价体系，鼓励保险公司和一线工作人员投资私募股权基金。

3. 建立健全养老金、企业年金、慈善基金会等长期资本形成的政策体系

养老金、企业年金、慈善基金会本身的资金具备长期性的特点，私募资产也是其重点配置领域之一。在我国，上述资金在私募基金领域还没有形成规模的主要原因在于，这类资金目前自身发展还不够强壮，因而无法实现对私募基金进行成规模、成体系的投资。今后应在建立健全相应政策体系，鼓励养老金、企业年金和慈善基金会高速发展的过程中，积极探索引导这些资金投资于私募行业。

4. 促进政府引导基金向市场化运作母基金转型，大力发展市场化母基金，为专业机构投资者群体的形成创造条件和储备人才

目前政府引导基金的自身定位、运作机制、管理方式等都离市场化运作有相当大的距离，政府资金以效率较低的方式参与股权投资反而干扰了市场的正常运转。建议政府引导基金应当逐步转型为市场化运作的母基金，由专业的市场化团队来进行管理和运作，以专业母基金的方式间接支持私募股权投资基金在国内的发展。

考虑到私募股权投资母基金在当前阶段的历史作用，建议在未来出台针对私募股权投资母基金的相关支持性政策，如（1）明确母基金不视为嵌套的一层资产管理产品，不受资管新规中多层嵌套限制的影响；（2）符合条件的创业投资母基金能够享受相关的创投税收优惠政策；（3）鼓励保险资金、证券公司、企业年金、慈善基金会、养老金等长期资本投资私募股权投资母基金，与私募股权投资母基金合作间接支持实体经济等。

（二）加强投资者利益保护的各项举措，弱化对私募基金管理人的业务开展限制，强化利用信义义务激发行业正向选择

1. 加强投资者利益保护

进一步完善合格投资者制度和适当性管理制度，加强投资者利益保护。鼓励公司型基金的发展。发挥托管机构在基金治理结构中的重要作用，安全保管基金资产，监督基金管理人的投资运作活动，切实维护投资者利益。建立健全以行业协会为主导的投资者利益保护和投资者纠纷解决机制，发挥行业协会作为行业自律组织的优势，在司法力量介入前妥善解决一部分投资者纠纷。加强投资者教育，去除对投资者的过度保护，让“买者自负，卖者尽责”的理念深入人心，引导投资者投资理念健康发展。

2. 弱化管理人业务范围限制，强化私募基金专业化运作经营

目前中国证监会基于防范利益冲突和内幕交易的考虑，对私募投资基金管理人提出“专业化经营”的要求，实施按照不同业务类型的分类监管。这一监管理念和模式大大压抑了市场活力，使具备相应管理能力的机构不得不人为开设多家公司，组织不同团队，凭空增加了市场运营成本，同时也增加了监管部门的监管压力。其实从事实上来看，这一分类业务限制也无法阻拦真正有心从事内幕交易及违背防范利益冲突原则的不法分子。

私募基金管理人同时经营证券投资、股权投资及其他投资业务，并不意味着一定会产生利益冲突交易或内幕交易，取决于机构内部的治理规范和从业人员的职业操守。

建议监管部门可以对私募投资基金的产品进行分类监管，但不需要对私募基金管理人的业务类型进行限制，同一私募基金管理人在遵循“防火墙”制度的基础上，可以发行不同种类的私募投资基金。监管机构应当加强事中、事后对私募基金管理人在不同市场之间进行利

益冲突交易及内幕交易行为的监测与处罚，而不应采用以牺牲行业活力为代价的事前防范措施。

3. 为行业树立信义义务的理念和要求

信义义务是私募基金行业健康发展的基石。在政策宣传、规则制定、司法裁判等多个环节，丰富对私募基金管理人“诚实信用、勤勉尽责”的信义义务的内涵尤为重要。信义义务又可以具体细分为忠实义务和注意义务两大方面。忠实义务要求受托人不得从事与委托人利益冲突的行为，不得利用信托财产为自己或第三人牟利。注意义务要求受托人以善良管理人的标准管理信托财产，做到审慎决策、亲自管理、分别核算、保存记录、信托清算等。建议监管部门以信义义务为切入点，从投资者最佳利益的角度出发，建立对私募基金管理人行为监管的标准，从而引导行业正向选择。

（三）明确创业投资基金的定义，研究有效差异化监管方案和鼓励措施

建议统一目前在各部委、多文件中对“创业投资基金”有不同定义的局面，在国务院政策文件或《私募投资基金监督管理暂行办法》中正式对“创业投资基金”进行定义，从支持鼓励创新创业的“创业范式”理念和防止结构化运作引发外部性风险的金融监管理念出发，原则上符合主要对未上市成长性创业企业进行股权投资、不进行杠杆运作、主要通过股权转让获取资本增值收益这三个基本特征的股权投资基金，即创业投资基金，同时取消 3 000 万元最低规模的限制。

在对创业投资基金进行统一定义的基础上，进一步探索对创业投资基金进行差异化监管的方式，如简化创业投资基金的备案材料要求，建立快速备案通道等。

除此之外，对于投资于符合国家政策鼓励和支持的行业或产业满足特定比例，或投资于早期、中小、高新技术企业达到特定比例，满

足长期投资、组合投资要求的创业投资基金，可以进一步出台税收优惠等相应的支持性政策。

（四）完善多层次资本市场建设，丰富退出渠道

为妥善解决目前私募投资基金面临的退出难题，需要多层次资本市场建设的进一步完善。

进一步完善主板、创业板、中小板、科创板等股票发行规则，适时推出股票发行注册制，鼓励优秀的创业企业上市，实现私募投资基金的退出。

进一步完善新三板股票发行规则，积极探索支持优秀的新三板挂牌企业有条件地向场内市场转板的合理机制。

（五）建立私募基金统一登记规则和登记平台

进一步完善私募投资基金与其他私募资产管理产品的统一登记工作。

统一登记注册平台的核心目的在于：第一，统一监管数据口径；第二，明确市场预期，减轻市场信息披露负担；第三，在统一登记注册的基础上，加强监管机构之间的数据沟通；第四，在统一登记注册的基础上，由各行业协会针对各行业进行自律管理和提供服务。

统一登记注册平台的建立可以分步实施。

第一阶段，梳理目前所有资产管理产品登记平台的相关登记规则，尽可能做到相关规则、数据口径按照资管新规的要求大体一致。

第二阶段，尝试逐渐在各金融监管部门内部进行登记平台的统一，如证监会管理的资产管理产品统一在资产管理业务综合报送平台进行登记，各类资产管理产品的登记规则大体一致。

第三阶段，尝试将各金融监管部门的登记平台的数据接口和要求

统一到一个登记注册平台，避免重复登记。各金融监管部门可在自身监管权责范围内使用登记平台进行监管。

实现统一登记后，可以有条件地探索通过证券公司柜台交易进行私募股权投资基金份额的流转。

（六）推动统一的投资基金税收政策的出台

目前各类组织形式的投资基金税收政策差异较大，单独为某一特定组织类型的投资基金制定相应的税收优惠政策则受到相应的上位法约束，如因《公司法》《合伙企业法》《企业所得税法》《个人所得税法》的影响，难以制定能够切实落地符合行业发展需求的政策。建议私募股权投资基金，无论其组织形态是公司型、合伙型还是契约型，均按照“投资管道穿透”的原则设计税收政策。即任意组织形式的基金在取得投资基金的备案后，基金本身不承担纳税义务，其投资人可以根据“投资管道穿透”原则按投资所得直接缴纳企业所得税或个人所得税。

改善公司型基金目前面临双重征税的税负劣势，为发挥公司型基金的制度优势创造税收条件。

（七）推出系列鼓励长期投资的优惠政策

建议从多个政策优惠角度入手鼓励长期投资。

第一，创业投资基金所投资的企业上市后，减持节奏与锁定期和投资期限反向挂钩。

建议逐步放宽乃至取消现行对创业投资基金所投资企业上市后创投基金可能受到的减持比例限制和时间限制，并探索在股票发行环节将创业投资基金所投资企业上市后所持股票的锁定期与创业投资基金投资该企业的投资期限反向挂钩的机制。

第二，推出个人或企业通过股权投资基金进行长期投资行为的优惠措施。

对于个人或企业通过股权投资基金进行长期投资，个人所得税 / 企业所得税可实行亏损金额在以后年度抵扣的政策，投资三年期以上的所得按 20% 的财产所得征收所得税。豁免创业投资基金及其个人投资人或企业投资人在一级市场投资获得股权，在二级市场转让股票后应当缴纳的增值税等。

第三，在个人所得税实行综合税率后，应取消个人转让股票所得暂时豁免征收个人所得税的优惠政策。

中国的股票市场应当越来越依靠专业机构的力量，减少个人的投机性投资行为，对于非专业的个人可以通过投资基金来参与股票投资。在个人投资股票市场的所得纳入综合所得实行综合纳税后，可考虑取消个人转让股票所得继续暂免征收个人所得税的优惠政策，一方面可以有效引导个人直接投资于包括私募基金在内的各类资产管理产品，由专业机构代其理财；另一方面也可以打破目前个人参与基金投资，与个人直接进行股票投资之间存在巨大税收差异的怪异局面。

附　录

附录一

遵循规律，坚守底线，做勇于担当的金融人①

——关于规范资产管理市场的几点思考

1997年国务院证券委员会发布了《证券投资基金管理暂行办法》，揭开了我国资产管理行业发展的序幕。2002年中国人民银行颁布了《信托投资公司资金信托管理暂行办法》，办法明确信托公司应回归代客理财的本源，开展私募资金管理业务，自此开启了多种金融机构共同参与的资产管理市场发展进程。2003年证监会发布《证券公司客户资产管理业务试行办法》，推动了证券公司资产管理业务的有序规范发展。同年，中国人保资产管理股份有限公司成立，开创了我国保险资金专业化运作的先例。2004年银行通过理财产品开始介入资产管理市场。2012年《证券投资基金法》的修订，使私募证券投资基金获得了合法参与资产管理市场的地位，从而最终形成了银行、证券公司、保险资产管理机构、信托公司、公募基金管理公司、私募基金管理人等机构共同参与的市场格局。这些机构共同推动了中国“大资产”管理市场的壮大和发展，业务规模由2012年底的19.99万亿元发展到

① 吴晓灵，2020年1月15日。

2017 年的 111.35 万亿元（未扣除重复计算）。

中国资产管理市场迅猛发展的原因，一方面是实体经济的强劲融资需求拉动，另一方面是金融机构自身谋求发展、修复资产负债表和获取利润的推动。资产管理市场服务实体经济融资、促进经济发展，然而，直接融资渠道不畅和监管分割等，造成了运作的不规范和扭曲，从而埋下了金融风险的隐患。监管当局意识到这个问题，持续对资产管理业务进行规范。2018 年 4 月《关于规范金融机构资产管理业务的指导意见》颁布实施，资产管理业务逐渐回归本源，市场秩序逐渐好转，金融风险得到有效防控。

我国“大资管”市场的形成和壮大，顺应了居民对财富保值增值的需求，顺应了市场主体对便利融资的需求，对促进国民经济发展起到了非常重要的作用。资产管理业务中的不规范和扭曲是市场因融资渠道不畅而产生的变通安排，我们应当扬长避短、趋利避害，正确认识加快金融创新和加强金融监管的关系，切实防控资产管理业务的各类风险，推动我国资产管理市场归于规范和统一。

2019 年 12 月 28 日新修订的《证券法》将资产管理产品纳入证券范围，授权国务院按《证券法》的原则制定其发行和交易管理办法，此举为在证券的基础上规范资产管理市场和统一监管创造了条件。我们应当抓住新修《证券法》的契机，转变监管理念，划清市场与监管的边界，正确处理机构监管与功能监管的关系，规范牌照管制，解除金融压抑，疏通直接融资渠道，同时应当实现新老资产管理产品和监管职能的平稳过渡，实现资产管理市场的统一监管。

一、转变监管理念

一是监管当局要划清市场与监管的边界，降低市场经营主体的展业和合规成本。

资产管理产品是直接融资的工具，监管者的监管重点是投资者与资产风险适配、信息披露和投资范围合规等。对于普通公众及小投资人，由于其风险识别和承受能力较为有限，对面向这些投资者发行的公募产品应实行注册管理，要严厉打击欺诈行为。对于合格投资者，其风险识别和承受能力相对较高，因此面向这些群体的私募产品发行，应尊重当事双方的意愿，以合同约定为主，稳妥把握监管重点与力度。

证监会以往对公募基金产品实行核准制，核准过程较长。银保监会对公募产品实行备案制，给了发行人很大的便利，但银行理财产品的信息披露和风险收益责任未按代客理财的本质和公募产品的本质严格管理，致使银行理财产品存在隐性刚兑、资金池和期限错配等问题。新修《证券法》对公开发行的股票、债券实行注册制，公募基金也应向此看齐，实行注册制储架发行，提高公募基金发行效率。

对于私募基金监管的重点不应是产品的投资方向，投资方向是委托人与受托人的意思自治，应由双方合同约定。私募基金监管的重点是不能向非合格投资者发行，不能变相公开宣传。协会的管理人登记、产品备案只是在监管豁免条件下的自律管理。对于管理人登记，协会的职责是在持续自律管理中剔除违反自律规则的机构和从业人员，而产品备案只是为了便利统计，让监管当局掌握整体投资的去向和趋势。私募管理人主要管理哪类产品，发起哪种投资方向的产品，是私募证券投资基金还是私募股权投资基金，抑或是创业投资基金，理论上都是管理人与投资人之间的协商与选择。监管层可以对产品进行分类监测，对不同类别的基金制定不同的报送内容和标准，让管理人分类报告，但基金的类别不是管理人的类别，监管层不应当按产品投向对管理人进行分类监管。

当前，中国私募基金市场乱象频发，假借私募基金名义开展非法融资和利益输送的案例很多，协会不得不对基金管理人的登记设定门槛，对基金管理人按产品进行分类。但这些做法应当通过监管制度的完善、登记备案技术的改进和诚信制度的建立逐步改变，给予基金管理人发起设立各类产品的自由空间，降低私募基金的展业和合规成本。也希望监管当局与相关部门一起进一步合理界定创业投资基金内涵和范围，让国家鼓励创业的优惠政策低成本、精准地落实到位。

从功能监管的理念出发，证监会的机构设置应该是公募基金与私募基金同归于一个部门监管，这有利于对基金业监管规则进行统筹和协同。监管豁免之外的机构和私募产品由协会自律管理。监管边界的合理界定有利于市场效率的提高。

二是正确处理机构监管与功能监管的关系。

资产管理市场已经成为银行、证券、保险、信托、基金、期货各类金融机构共同参与的市场。实行统一的功能监管要转变单纯机构监管的理念，从市场准入为主的监管思路转向“机构监管＋功能监管”的持续监管理念。

金融业是风险外溢性很强的行业，机构的市场准入是必需的，但机构进入后的合规经营更加重要，行为监管就是持续性的业务合规监管。无论是经营者还是各参与方，从事同样法律关系的金融活动要遵守同样的规则，并由一个监管当局执行，这既是行为监管，也是功能监管。机构监管与功能监管、行为监管相结合是金融发展的必然趋势。机构监管体现为法人机构的进入、整体风险控制和退出，功能监管和行为监管体现为业务的牌照管理和业务合规的持续监管。

在中国，监管当局的定位不仅仅是市场纪律的监督者，它还承担了市场发展的责任。在行业发展和风险防控的双重考核要求下，监管当局的“地盘意识”难以避免，公平对待所有市场主体难以做到。我们应该改变对监管的职责划分，优化问责机制，将业务创新和持续发展的责任还给金融机构的股东，监管当局的责任是维护自己批准的持牌业务的市场纪律，惩罚和有序清退不合规经营的机构，打击非持牌机构的违法经营行为。只有这种分工才能破除“地盘意识”，实现市场的统一监管。

国际上资产管理机构无论其股东是哪类金融机构，监管的规则都是统一的。资产管理机构管理的产品会有侧重，有些机构同时发行和管理公募和私募产品，有些只做公募或某类私募，这体现了管理人的偏好和能力，但同类产品的监管规则是统一的，因而资产管理市场有按产品细分的市场，没有按股东属性细分的市场。在外资金融机构扩大进入中国的背景下，不调整职责分工，不实行功能监管，银行理财子公司和基金管理公司的公募产品规则不一致，会使外资股东无所适从，也会引起不公平竞争和市场混乱。银行和保险机构是中国金融市场的主要资金来源，同类资产管理产品不同的规则和不同的监管主体会割裂中国的金融市场，削弱中国金融业的竞争力。

三是厘清牌照内涵，解除金融压抑，疏通直接融资渠道。

资产管理市场的无序扩张和扭曲发展主要体现在三大类业务上：一是表外信贷业务，这是银行为了规避资本占用和信贷规模控制而开展的业务；二是银行、信托公司、保险资产管理机构以资产管理名义开展的私募债权融资和私募股权融资业务；三是规避监管的各类通道业务。直接融资渠道不畅，对银行信贷过度依赖和金融业务牌照管制过严是市场行为扭曲的重要原因。

资产管理业务的特性是集合资金，由管理人为了投资人（委托人）的利益进行组合投资和资产配置。资产管理业务是为投资人理财、为投资人服务的业务，而银行、保险、信托等机构为特定项目融资而向投资人按份额或比例筹集资金的活动，是为融资方服务的投行业务，本质是私募证券发行。但由于我们的证券范围狭窄，这些产品未按证券发行管理。资金管理人在融资类业务中，同时承担为客户的理财组合投资的责任和为融资方发行私募证券的保荐责任，这势必存在职责不清的问题，也容易引起利益冲突。在缺乏多层次资本市场的背景下，银行、信托和保险资产管理机构利用客户资源优势开发了私募证券发行业务，切实解决了一些企业的融资问题，但职责不清和利益冲突下的行为扭曲埋下了风险隐患。我们应该制定统一的规则，让银行、信托、保险等机构在开展此项业务时，按照统一规则实行自律监管，在法人内部做好风险隔离，维护市场纪律。同时，我们也应该积极推动多层次资本市场的建设，发展非公开业务的发行和交易市场（场外市场），疏通直接融资渠道，给企业融资提供更多的选择。

二、实现新老资产管理产品和监管职能的平稳过渡

资管新规发布后，各金融机构陆续开展过渡期内老产品消化和新产品发行等工作，目前普遍面临着存量产品消化进度缓慢与新产品市场接受度不够、接续困难的问题。我们既要面对不规范存量产品退出的阵痛，也要面对防范化解风险导致经济下行的质疑。

中国经济进入调整期，既是国际环境的影响，更是我国经济自身发展转型与政策调整的结果。金融产品供给结构不适应经济发展的需要，这是金融业当前的主要矛盾。规范资产管理市场、加大改革力度、畅通融资渠道正是在为经济的稳健创新发展创造好的金融环境。金融机构要了解自己的产品和客户，要坚守方向、敢于担当，稳步推进各项改革，这样才有利于中国经济的平稳发展，也有利于金融机构自身的健康发展。在改革发展中尽一份力量不是口号，是一点一滴的行动。

监管理念的转变、新老资产管理产品和监管职能的平稳过渡，是资产管理市场规范发展的保障，也是金融业有效防范金融风险、稳健发展的保障。在信息化时代，监管信息共享不是技术难题，障碍来自对金融产品性质和法律关系的认知。抛开资产管理产品信托与委托的法律关系争议，所有的资金受托管理产品是直接融资，由委托人享受收益、承担风险，受托人履行诚实信用、勤勉尽责的义务（信义义务）是没有争议的。这次新修订的《证券法》将资产管理产品列入证券范围，授权国务院按《证券法》的原则制定规则，其金融产品的属性已有法律的依据。

直接融资的监管以信息披露、防欺诈为核心。银行是间接融资的机构，存款人不承担银行贷款的风险，只承担银行倒闭的风险。间接融资的监管以资本充足率和流动性管理为核心。两类融资模式有不同的监管原则，因而由不同的监管部门监管是国际通行做法，即使综合性的监管机构也会由不同的部门执行不同的监管规则。在依法治国、建立现代化治理机制的今天，我们不宜再混淆直接融资与间接融资，也不能混淆直接融资与间接融资监管的原则。对直接融资的金融活动实行独立统一的监管，是理顺监管体系、维护市场秩序的基础，也是向投资人昭示风险、打破刚兑的重要举措。

三、资产管理市场统一监管可以分两步走

第一步，统一产品规则和监管规则。

最近公布的银行现金管理类理财产品的监管规则与货币基金规则基本相同，这是一个好的取向。在规则统一的时候也不必完全拘泥于现有的公募基金规则，对银行设计的公募理财产品，如能管理好流动性风险，我们就可以在了解客户风险偏好和风险承受能力的基础上加

以借鉴。公募基金应该针对不同客户群体设计不同的投资组合产品，形成投资门槛和资产风险呈连续函数分布的产品供给体系。另外，银行理财子公司的业务范围只规定了是接受客户委托、代客投资管理，并未限定公募产品还是私募产品。而证监会对基金管理人做公募基金还是私募基金有严格的区分。特别是外资控股的银行理财公司成立后，这种制度优势对证监会发牌照的管理人非常不利。《证券投资基金法》第九十六条给私募基金管理人开展公募基金管理留下了法律空间，国际上一些大的资产管理机构往往也同时做公募与私募。证监会或许可以借鉴银保监会的做法，减少资产管理人的制度差别。同时，两会都应对管理人的利益输送行为制定规则，加以防范和严格监管。

第二步，将开展资产管理业务的独立法人机构交由证监会监管，银行、保险、信托兼营资产管理配套业务的可委托银保监会代为监管。

银行理财子公司和保险资产管理公司这两类机构，是开展资产管理业务的独立法人机构，与基金管理公司的本质相同，特殊之处是分别由银行和保险公司发起或控股，今后均应由证监会发放机构市场准入牌照。

资管新规过渡期内，各资产管理机构要开展存量产品化解和向净值化产品转型的相关工作，如何保证老产品平稳过渡、保证银行理财子公司清洁起步是一个复杂的过程。目前理财子公司由银保监会发放牌照及监管是市场平稳发展的需要，但时间不能太长。

资产管理牌照的主营业务是投资管理，投资咨询、产品销售、账户托管等业务是资产管理的配套业务，可实行单项牌照管理制度。资产管理公司牌照，可以开展部分或全部配套业务；银行、保险、信托等金融机构兼营配套业务的，也应当由证监会发放牌照，但可以委托银保监会代为监管其配套业务，证监会有随机检查的权利，发现问题时银保监会可在委托范围内告知证监会并处理，范围之外的应由证监会处理；其他机构开展资产管理配套业务的，统一由证监会发放牌照和管理。

在监管机构统一、监管规则统一后，各金融机构介入资产管理市场的方式，是独资经营还是合资经营，是在基金管理人层面合资还是在银行理财子公司层面合资，是否申请部分业务牌照兼营，都可由机构自主选择，这样将有效解除金融压抑，激发市场活力。

总之，按直接融资、间接融资分别监管，本质相同的产品实行统一的监管规则，是资产管理市场发展的必然趋势，也是金融业发展的必然规律。我们应该遵循规律，坚守底线，做勇于担当的金融人！

附录二

落实新修《证券法》 完善财富管理法律框架[①]

2019年12月28日，第十三届全国人大常委会第十五次会议通过了《证券法》的修订。新修《证券法》扩展了证券的范围，明确了证券公开发行注册制的方向，在规范证券公开发行与交易、加大证券违法活动打击力度、保护投资者利益和完善监管手段等方面做出了重要修改。新修《证券法》对资本市场的健康发展将起到积极的推动作用。体现《证券法》适用范围的第二条规定表明，“资产支持证券和资产管理产品发行、交易的管理办法，由国务院依照本法的原则规定”。这个授权肯定了资产支持证券和资产管理产品的证券性质。我们应在《证券法》的授权下尽快完善财富管理市场法律框架，促进金融市场的发展，提高金融服务社会经济发展的效率。

改革开放以来，国民财富的积累催生了财富管理的需求，让人民获得更多的财富增值和提高资金的使用效率是金融行业的重要职责。财富管理包括对客户物质财富（实物资产、货币资产、金融资产）与非实物财富（知识产权、商誉）配置的规划和运作。财富配置的规划

① 吴晓灵，2019年12月28日。本文已在《清华金融评论》发表。

即投资顾问、投资咨询、财务顾问，财富规划的实施是资产管理。对实物资产的受托管理是经典的信托公司业务，对货币资产和金融资产的受托管理是资金信托业务。目前我国金融机构的资产管理业务通常是指资金管理业务。《关于规范金融机构资产管理业务的指导意见》中对资产管理业务的定义是，“银行、信托、证券、基金、期货、保险资产管理机构、金融资产投资公司等金融机构接受投资者委托，对受托的投资者资产进行投资和管理的金融服务”。这个定义不排除实物委托，但资管新规规定，“资产管理产品按照募集方式的不同，分为公募产品和私募产品”，因而这里主要规范的是资金管理业务。

目前我国规范财富管理的法律有三类：一是新修的《证券法》，它将资产管理产品归入了证券，对资产管理产品发行、交易的规则授权国务院制定；二是《证券投资基金法》，它规范了“公开或者非公开募集资金设立证券投资基金”的行为；三是《信托法》，它规范了信托关系，“受托人采取信托机构形式从事信托活动，其组织和管理由国务院制定具体办法”。我们应该在三部法律的框架下完善金融业财富管理的法律法规，规范财富管理行为和监管。

一、制定《信托公司条例》，明确信托财产的独立性

中国信托业受日本的影响很大。日本 20 世纪中期在存款利率管制和长期建设资金缺乏的历史条件下发展了贷款信托业务。1952 年 6 月公布实施的《贷款信托法》规定贷款信托为：“根据一个信托条款，把受托人与多数委托人签署的信托合同为依据受托的资金，主要运用于贷款或者期票的综合金钱信托。信托相关受益权利，需要在受益证券券面上明示。”日本贷款信托，在鼎盛时期（1993 年末），余额高达约 50.7 万亿日元。此后，随着日本高速增长时期的结束、资金需求的下

降以及利率的市场化，信托贷款逐渐减少，2009 年以后停止新办业务。

我国 20 世纪 80 年代引进信托业务时，也面临金融业高度管制、银行信贷实行严格计划管理、社会计划外经济活动无法融资和长期资金短缺的问题。于是信托公司成为突破管制、为计划外投资活动融资的重要渠道，并因此而遭遇五次全行业整顿。直到 2001 年全国人大制定《信托法》和 2002 年中国人民银行公布《信托投资公司管理办法》《信托投资公司资金信托管理暂行办法》后，中国信托业才回归“受人之托、代客理财”的信托本业。但由于《信托法》对财产登记规定的缺失，信托公司难以开展实物财产信托，基本只做私募资金信托。在路径依赖的惯性推动和社会融资需求的诱导下，当前信托公司做了许多融资业务和通道业务。在全民财富积累和财富传承需求增长的背景下，在资产管理市场逐渐统一规范的形势中，信托公司必须回归事务信托（公益信托、家族信托）和实物信托（财产权信托）的传统业务，才能扬长避短发挥自己的竞争力。因而修改《信托法》明确信托财产登记的法律效力是非常重要的。鉴于《信托法》涉及面较大，修改时间长，可先制定《信托公司条例》（已有立法计划），在条例中明确信托财产登记的效力，对抗善意第三方，为信托财产的独立性提供法律依据，为开展传统信托业务创造制度环境。

二、在资产管理产品是证券的基础上完善资管新规

自资管新规 2017 年征求意见和 2018 年实施以来，资产管理市场的秩序逐步好转，金融界对资产管理产品的认识也逐渐趋于一致，即资产管理产品必须回归代客理财的本源，做到卖者尽责、买者自负。尽管老产品存量的整改和消化还有一些操作中的问题，一些产品的底层资产还有对过渡期限延长的需求，但统一规范资产管理市场的方向

得到越来越多的认可。在资产管理产品被纳入《证券法》后，我们有条件进一步完善资管新规，明确一些未明确的问题。

一是明确募集资金时，投资人在两人以上的资产管理产品是基金，并按《证券法》标准分为公募基金和私募基金。二是明确资产管理产品的管理人，无论其投资人是哪类金融机构，均不改变其资产管理机构的本质，都应执行统一的管理人的规定。发行公募基金产品按公募基金管理办法获得牌照，发行私募基金产品按《证券投资基金法》进行管理人登记、产品备案。三是在修改《证券投资基金法》第九十四条后明确资管新规适用于各类公募、私募基金。四是促进目前银行、证券、保险、信托、基金分别建立的私募资产管理产品登记，备案系统互联互通，逐步实现统一登记、备案，破除私募产品市场的分割，促进私募资产管理产品的交易和流通。五是明确资管新规出台后，银行、保险、证券、基金、期货等机构的配套规定是过渡规定，在公募、私募产品均能纳入《证券投资基金法》调整后，监管机构可在吸取不同管理规则优点的基础上出台统一的实施细则。六是明确金融机构在从事财富规划和资产管理时的公司治理、风险管理与人员素质的要求。七是按收费方式规范财富规划和产品销售的行为及法律义务，收入来自买方的行为是财富规划，收入来自卖方的行为是销售行为、经纪行为。另外，还可根据资管新规执行两年来的情况对一些规定加以完善。

三、修改《证券投资基金法》第九十四条，允许非公开募集基金投资未上市的公司股权，规范私募股权基金的运行和管理

2013 年《证券投资基金法》重要的修订是增加了“非公开募集

基金”这一章，给予了私募基金（非公开募集基金）以法律地位。私募基金管理人是金融中介机构，只是豁免核准，实行登记制度（第八十九条），并规定符合条件的私募基金管理人经核准可以从事公开募集基金管理业务（第九十六条）。

当时规范非公开募集基金时，本想将主要投资于已上市证券的私募证券基金与主要投资于未上市公司股权的私募股权基金一并包括，但当时对股权投资基金的认识未达成共识，主要是对公司股权是不是证券有争议，因而未实现。未上市的股份公司的股票是证券似无异议，而股权基金，特别是创投基金经常投资的是有限责任公司的股权，有限责任公司的股权是不是证券，认识不同。我们认为证券从中文解析是一种证明，是财产权益的证明，如果财产能分割、能无因转让就具备了证券的性质，那么应该纳入《证券法》和《证券投资基金法》的调整范围。有限责任公司的份额经持有人同意是可转让的，具备了证券的性质，但当时未达成共识。因而在第九十四条规定，“非公开募集基金财产的证券投资，包括买卖公开发行的股份有限公司股票、债券、基金份额，以及国务院证券监督管理机构规定的其他证券及其衍生品种”。条款中限定为公开发行的股份有限公司股票，于是将私募股权投资基金排除在《证券投资基金法》以外。为保证基金市场的统一管理，2013 年通过中央编办批准部委三定方案的形式，将私募股权基金的监管职能从国家发展改革委划归证监会，国家发展改革委保留了对创业投资企业扶植政策的制定职能。

《证券投资基金法》2013 年生效和私募证券基金获得法律地位后，迎来了基金业的大发展和“大资管”市场的形成。私募股权基金也得到了发展，其对经济创新和企业资本募集发挥了重要的作用，从法律上给予其应有的地位迫在眉睫。自 2014 年以来，国务院也在制定《私募基金的管理条例》，但至今未能出台。在稳定宏观经济杠杆和发挥市场在配置资源中的决定性作用的背景下，发展和完善股权融资具有重大意义。当前社会对私募股权基金的作用高度认可，明确公司股权的证券性质，给股权投资基金以法律地位已有了较好的社会基础。美国资本市场的高度发展得益于其1933年的《证券法》和1934年的《证券交易法》的法制基础。美国《证券法》在列举了几十种证券类型后，又在司法判例中对列举的投资合同采用了是不是证券的四要素检验：一是利用钱财进行投资，二是投资于一个共同企业，三是仅仅由于发起人或第三方的努力，四是期望使自己获得利润。有限责任公司的章程就是符合证券特征的投资合同，我们应该在《证券投资基金法》中予以承认。修改《证券投资基金法》第九十四条对非公开募集基金投资仅限于公开发行的股份有限公司股票的限制，将公司股权投资纳入其中，使《证券投资基金法》适用于私募股权基金，能以最小立法成本打开股权融资的渠道。

像2015年用修法特别程序修改《商业银行法》中的一个条款一样，只修改《证券投资基金法》第九十四条第二款的一个条款，就能以最小的立法成本解决市场的痛点问题。

一是修改后“非公开募集基金财产的证券投资，包括买卖公司股权、债券、基金份额……”，这样私募股权基金也顺理成章地包含在《证券投资基金法》的调整范围中。二是可以解决不同组织形式基金的规范问题。《证券投资基金法》第一百五十三条规定：“公开或非公开募集资金，以进行证券投资活动为目的设立的公司或者合伙企业，资产由基金管理人或者普通合伙人管理的，其证券投资活动适用本法。”根据此条，尽管契约型、公司型和合伙型基金的内部治理机制不同，但其投资行为均适用本法。基金是投资管道，因而基金不是纳税主体，其税收由投资人承担，由管理人代扣代缴。这样私募股权投资基金无论其组织形式是公司还是合伙企业，它们的税收问题都可根据《证券投资基金法》第八条一并解决，即基金层面不是纳税主体，基金收益分配后由基金管理人代扣代缴应纳税。

建设法治国家，离不开法律法规的完善。金融业应完善法律法规，尽快补上制度短板，以提高金融业防范和化解风险的能力，提高金融业的国际竞争力。在金融科技迅速发展和国际金融竞争日益激烈的大背景下，理顺法律关系、完善法制环境更为紧迫！

附录三

壮大长期投资者队伍

一、中国长期投资者短缺

资金是资产管理业发展的“源头活水”。长期持续稳定的资金来源能够帮助资产管理机构做出长期安排，也有利于资本市场的稳定。而短期资金主导的资产管理市场不仅会导致助涨助跌的顺周期行为，加大资本市场的波动性，也会迫使资产管理机构行为短期化。

发达资产管理市场中，长期投资者占据重要地位。国际上，典型的长期投资者主要有养老金、保险公司、主权财富基金和捐赠基金等机构，并且它们的规模逐个递减。美国资产管理市场的资金来源中，机构和个人养老金与保险资金合计占比约为53%；2017年末，欧洲资产管理业的客户中，机构客户占比高达70%，其中养老金和保险公司分别占28%和25%，欧洲各国长期投资者的资金占比如附表1所示。

附表1　2017年末资产管理规模的国别客户类型（资产管理规模百分比）

	机构投资者					零售客户
国家	养老金	保险	银行	其他	机构	零售
奥地利	16%	12%	9%	21%	58%	42%
比利时	5%	7%	6%	18%	36%	64%

续表

	机构投资者					零售客户
国家	养老金	保险	银行	其他	机构	零售
保加利亚	25%	2%	5%	9%	40%	60%
克罗地亚	3%	25%	9%	7%	44%	56%
捷克	27%	30%	2%	1%	61%	39%
丹麦	29%	12%	3%	20%	64%	36%
法国	9%	51%	4%	9%	73%	27%
德国	12%	21%	7%	12%	53%	47%
希腊	29%	16%	1%	7%	53%	47%
匈牙利	17%	11%	2%	4%	35%	65%
意大利	4%	45%	0%	13%	62%	38%
葡萄牙	15%	47%	4%	10%	76%	24%
罗马尼亚	2%	1%	11%	17%	30%	70%
斯洛文尼亚	—	—	—	—	50%	50%
西班牙	4%	5%	1%	6%	16%	84%
土耳其	50%	2%	8%	5%	66%	34%
英国	44%	15%	0%	20%	79%	21%
欧洲	28%	25%	2%	16%	70%	30%

国内长期投资者规模较低，并且投资行为并未充分市场化，难以发挥长期投资者的优势。已经开始市场化投资运作的企业年金、职业年金和基本养老基金的规模不超过3万亿元，并且投资考核周期较短，并不利于开展长期投资。个人商业养老保险目前仅处于税优险试点状态，并且规模很小。境内最大的主权财富基金中投公司主要对国有重点金融企业开展股权投资和境外投资，并未在境内市场开展其他项目投资。我国捐赠基金规模较小，只有极少一部分高校捐赠基金具有一

定规模，并市场化的投资管理刚起步运作。相比之下，保险公司的资金运用规模已超 18 万亿元，无论是资金规模还是市场化投资运作程度都明显更胜一筹，是国内最重要的长期投资者，但其投资中仍有一些因素制约其成为长期投资者。

保险公司和各类养老金作为长期投资者，既具有共性，也存在区别。它们均是集合了资金，通过投资组合来投资于各类金融产品的，扮演了资产拥有者的角色。保险公司作为资产负债型机构，承担了主要的投资风险，投保人则承担了部分投资风险。在养老金的不同层次中，委托人实质上都是计划的参加者，受托人由不同的机构扮演，其中的委托代理链条相对较长，导致投资的效率相对较低。

二、推动保险业发展，鼓励投资行为长期化

国内保险资金在支持实体经济、开展权益投资方面的比例均显著高于国际同业，但监管机构和社会对保险资金作为长期资金的感受度较低，主要与保险业的资产规模较小有关，推动保险业发展，鼓励长期资金形成势在必行。保险公司尤其是寿险公司投资行为的长期化，也面临着一些体制机制障碍需要破除。

（一）影响保险资金作为长期投资者地位的因素

1. 保险机构资产规模较小

雄厚的资产规模是开展大规模长期投资的基础，但国内保险业的相对规模较小，绝对规模有限。从国际比较看，2016 年末，保险机构金融资产占全球金融资产的 9%，相当于全球 GDP 的 46%；[①] 美国、

① 金融稳定委员会，2018 年。

日本、法国、德国、韩国保险机构的金融资产分别相当于GDP的46.6%、89.8%、120.8%、63.4%、67.9%，欧洲主要国家保险投资组合在GDP中的占比均超过50%；而2017年末中国国内保险业总资产、保险资金运用余额相当于GDP的20.24%、18.01%，2016年末保险业总资产相当于国内金融资产的4.5%。从国内比较看，保险业总资产不及银行业的1/15，也显著低于信托业，保险业总资产与四大商业银行中最小的一家相比也有明显差距。这是因为保险业，尤其是寿险的繁荣，需要一定的经济基础做支撑。从海外历史经验来看，美国、日本等国家寿险行业的第一轮繁荣均是由经济增长驱动的，启动时点的人均GDP水平位于1万～1.5万美元，繁荣时期保险深度通常会翻倍，持续时间在5~10年。过去10年中，我国人均GDP和人均保费均实现了翻番，但保险深度并未显著提升。我国经济发展不均的问题仍较为突出，大部分地区人均GDP尚处于1万美元以下，居民储蓄率仍维持在较高水平，而保险意识普遍不强，保险业尚未经历真正意义上的繁荣。在人均GDP从1万美元向2万美元跨越的过程当中，中国保险业或许会在某个时点进入快车道，从而使保险深度和密度得到显著改善，使保险资产规模与经济实力相匹配。

2. 保险公司的投资行为异化

拥有长期稳定的资金来源，保险公司理论上可以开展长期投资，但是保险资金开展长期投资面临一些体制机制障碍。部分保险公司的股东觊觎保险资金运用，并未按照市场化原则开展投资管理，而是将保险资金作为提款机，通过关联交易等方式支持股东其他业务，这在民营、区域性保险公司中尤为明显。部分保险公司的投资管理体制不顺，侧重于短期考核，追求短期利润，并且依赖投资驱动模式，导致投资端承受过多压力，投资行为短期化，追求当期回报。同时，中国资本市场的周期性波动导致长期持有并非最佳策略，这为保险公司长钱短投提供了市场基础，并且监管机构也没有针对保险公司的长期投资行为提供偿付能力激励。

（二）推动保险业发展，鼓励投资行为长期化

1. 推动保险业发展

只有不断发展壮大保险业，做大保险业的资产规模，保险机构开展长期投资才能有源头活水。中国保险业的发展方兴未艾，经济社会快速发展，对保险的需求尚未得到有效满足，加快保险业的发展壮大是当务之急。目前我国老龄化速度显著快于发达国家的可比阶段，现有养老保障制度面临非常严峻的挑战，这为商业养老保险的发展提供了契机，可以考虑通过健全养老保险个税优惠来推动商业养老保险发展。另外，投资连结保险一直是欧美的重要险种，甚至一度在欧洲寿险业毛保费中占据40%的份额，在积累储蓄、服务养老等方面发挥了重要作用，可以鼓励国内保险公司发展投资连结保险，为国内投资者提供更多投资选择，拓展保险业的资金来源。

2. 多措并举推动保险公司开展长期投资

监管机构可以通过强化资产负债管理、优化偿付能力管理规定，鼓励保险公司开展长期投资。同时，要加大对保险公司资金运用行为的监管，约束保险公司的股东行为，推动保险资金运用行为市场化、专业化、长期化。鼓励各类资产管理机构开发适合保险公司投资的资产管理产品，吸引保险公司开展长期投资。

三、将养老金打造为长期投资者主体

养老金是重要的长期投资者，国内养老金的发展较为缓慢，导致养老金资产规模有限，并且由于管理分散，除全国社保基金理事会

外，并未出现重要的长期投资者。这与养老金体系的建设刚刚起步有关，也与养老金的受托人能力建设有关。

（一）制约养老金成为长期投资者主体的因素

1. 中国养老金的规模较小

从“三支柱”养老金来看，截至2019年底，第一支柱基本养老保险市场化委托投资规模10 930亿元，只占到累计结余规模的20%；第二支柱企业年金的规模在2019年第三季度末仅达到1.7万亿元，实行企业年金的企业数量占全国企业数量的0.44%，参加职工只有基本养老保险覆盖人数的3%左右，职业年金市场化运作规模为3 000亿元，总规模只有8 000亿元，雇主缴纳部分尚在空转中；第三支柱的定义较为模糊，目前可列入第三支柱的各种养老金总规模在1.7万亿元左右，其中个人税优养老金规模更是只有数亿元。另外，全国社保基金资产总额2.6万亿元，是养老储备基金。即使按照广义口径，中国现在的各类养老金合计约为10.1万亿元，占GDP的比例仅为11.4%，与OECD国家50.7%的平均水平相比，差距较大。

2. 养老金的投资行为短期化

除社保基金管理的养老储备基金和基本养老外，多数的养老金投资行为短期化，缺少明确的投资管理目标，未能发挥其作为长期资金的优势。目前，80%的基本养老保险基金结余仍由省级甚至县市一级管理，为确保资金安全，只允许结存资金存放在银行或用于购买国债，收益较低，缺少长期规划。企业年金和职业年金由于受托人或代理人的专业程度不够，过于重视短期业绩和相对排名，牺牲长期收益，导致投资行为高度短期化。

（二）推动养老金成为长期投资者主体的建议

养老金作为资产拥有者，实际上是汇集了参加养老金计划的社会成员的资金，要推动养老金成为长期投资者主体，既要鼓励养老金计划参与者踊跃参加并多多缴费，也要做好养老金资产的专业化管理，追求长期回报。由于“合成谬误”的存在，在养老金受托人能力不足之时，要赋予养老金的真正拥有者——参与人更多的选择权。

1. 扩大养老金体系覆盖面，壮大资金基础

当前，我国第一支柱的基本养老保险覆盖面仍有扩张的基础，要积极推动应保尽保，同时要科学评估养老金的可持续性，控制养老金支出过快增长。第二支柱中的企业年金覆盖面较低，要尝试降低企业年金设立的条件，鼓励更多的企业建立年金计划；引入自动加入机制，让企业员工入职后就自动加入企业所设立的企业年金；职业年金的覆盖面虽然较广，但是职业年金参与者缴费时，多数雇主的缴费并未实际到账，导致空账运行，既不利于职业年金规模的增加，又不方便职业年金参与者流动时的记账，更增加了财政风险，要尽快施行全部实时缴纳。第三支柱中的个人养老保险税收优惠力度较小，建议扩大税收优惠幅度，提升个人缴纳积极性。

2. 完善养老金投资管理机制，提升管理的专业性

养老金管理事关重大，一定要让专业的人做专业的事，不能放任养老金管理长期在低水平层次上恶性循环。基本养老金管理要注重投资管理效率，追求长期投资收益：（1）提升统筹水平，加快结余金额的统筹管理；（2）提升管理人选聘的市场化和竞争程度，提升投资收益，除委托全国社保进行专业化管理以外，应允许有管理能力的地方社保机构进行投资管理，形成有限竞争的市场，吸引更多的优秀投资管理人参与到基本养老的管理中去，提升投资管理效率。对于企业年金和职业年金，既要在现有的受托模式中提高受托人和代理人的投资知识水平，改变资产配置缺位的问题，将短期化的考核方式变为长期化，也要赋予个人选择权，让年金的缴纳人自主决定资产配置。对于各种形式的第三支柱资金，要鼓励各类机构发挥主动性，提升长期投资收益，通过优异的投资回报实现投资管理中的优胜劣汰。

3. 结合资产管理市场基础建设，推动个人养老金账户的建立

由于并未完全建立积累制的个人养老金账户体系，所以参与养老金体系的个人始终对“多缴多得”持怀疑态度，参与各层次养老金的积极性不高。要结合资产管理市场基础设施建设，加快建立个人养老金账户体系，让个人对缴纳养老金的结果有稳定的预期，同时也便利各层次养老金的划转、流通和投资。

附录四

关于规范金融机构资产管理业务的指导意见

中国人民银行　中国银行保险监督管理委员会
中国证券监督管理委员会　国家外汇管理局
联合发布《关于规范金融机构资产管理业务的指导意见》

2018年4月27日

为规范金融机构资产管理业务，统一同类资产管理产品监管标准，有效防控金融风险，更好地服务实体经济，经国务院同意，中国人民银行、中国银行保险监督管理委员会、中国证券监督管理委员会、国家外汇管理局日前联合印发了《关于规范金融机构资产管理业务的指导意见》（银发〔2018〕106号，以下简称《意见》）。

《意见》根据党中央、国务院“服务实体经济、防控金融风险、深化金融改革”的总体要求，按照“坚决打好防范化解重大风险攻坚战”的决策部署，坚持严控风险的底线思维，坚持服务实体经济的根本目标，坚持宏观审慎管理与微观审慎监管相结合的监管理念，坚持有的放矢的问题导向，坚持积极稳妥审慎推进的基本思路，全面覆盖、统一规制各类金融机构的资产管理业务，实行公平的市场准入和监管，最大程度地消除监管套利空间，切实保护金融消费者合法权益。

《意见》按照产品类型统一监管标准，从募集方式和投资性质两个维度对资产管理产品进行分类，分别统一投资范围、杠杆约束、信息披露等要求。坚持产品和投资者匹配原则，加强投资者适当性管理，强化金融机构的勤勉尽责和信息披露义务。明确资产管理业务不得承诺保本保收益，打破刚性兑付。严格非标准化债权类资产投资要求，禁止资金池，防范影子银行风险和流动性风险。分类统一负债和分级杠杆要求，消除多层嵌套，抑制通道业务。加强监管协调，强化宏观审慎管理和功能监管。

《意见》坚持防范风险与有序规范相结合，合理设置过渡期，给予金融机构资产管理业务有序整改和转型时间，确保金融市场稳定运行。

下一步，各相关部门将按照职责分工，认真贯彻落实《意见》的各项要求。金融机构应按照《意见》的相关规定，依法合规开展资产管理业务。（完）

中国人民银行　中国银行保险监督管理委员会
中国证券监督管理委员会　国家外汇管理局
关于规范金融机构资产管理业务的指导意见

近年来，我国资产管理业务快速发展，在满足居民和企业投融资需求、改善社会融资结构等方面发挥了积极作用，但也存在部分业务发展不规范、多层嵌套、刚性兑付、规避金融监管和宏观调控等问题。按照党中央、国务院决策部署，为规范金融机构资产管理业务，统一同类资产管理产品监管标准，有效防控金融风险，引导社会资金流向实体经济，更好地支持经济结构调整和转型升级，经国务院同意，现提出以下意见：

一、规范金融机构资产管理业务主要遵循以下原则：

（一）坚持严控风险的底线思维。把防范和化解资产管理业务风险放到更加重要的位置，减少存量风险，严防增量风险。

（二）坚持服务实体经济的根本目标。既充分发挥资产管理业务功能，切实服务实体经济投融资需求，又严格规范引导，避免资金脱实向虚在金融体系内部自我循环，防止产品过于复杂，加剧风险跨行业、跨市场、跨区域传递。

（三）坚持宏观审慎管理与微观审慎监管相结合、机构监管与功能监管相结合的监管理念。实现对各类机构开展资产管理业务的全面、统一覆盖，采取有效监管措施，加强金融消费者权益保护。

（四）坚持有的放矢的问题导向。重点针对资产管理业务的多层嵌套、杠杆不清、套利严重、投机频繁等问题，设定统一的标准规制，同时对金融创新坚持趋利避害、一分为二，留出发展空间。

（五）坚持积极稳妥审慎推进。正确处理改革、发展、稳定关系，坚持防范风险与有序规范相结合，在下决心处置风险的同时，充分考虑市场承受能力，合理设置过渡期，把握好工作的次序、节奏、力度，加强市场沟通，有效引导市场预期。

二、资产管理业务是指银行、信托、证券、基金、期货、保险资产管理机构、金融资产投资公司等金融机构接受投资者委托，对受托的投资者财产进行投资和管理的金融服务。金融机构为委托人利益履行诚实信用、勤勉尽责义务并收取相应的管理费用，委托人自担投资风险并获得收益。金融机构可以与委托人在合同中事先约定收取合理的业绩报酬，业绩报酬计入管理费，须与产品一一对应并逐个结算，不同产品之间不得相互串用。

资产管理业务是金融机构的表外业务，金融机构开展资产管理业务时不得承诺保本保收益。出现兑付困难时，金融机构不得以任何形式垫资兑付。金融机构不得在表内开展资产管理业务。

私募投资基金适用私募投资基金专门法律、行政法规，私募投资基金专门法律、行政法规中没有明确规定的适用本意见，创业投资基金、政府出资产业投资基金的相关规定另行制定。

三、资产管理产品包括但不限于人民币或外币形式的银行非保本理财产品，资金信托，证券公司、证券公司子公司、基金管理公司、基金管理子公司、期货公司、期货公司子公司、保险资产管理机构、金融资产投资公司发行的资产管理产品等。依据金融管理部门颁布规则开展的资产证券化业务，依据人力资源社会保障部门颁布规则发行的养老金产品，不适用本意见。

四、资产管理产品按照募集方式的不同，分为公募产品和私募产品。公募产品面向不特定社会公众公开发行。公开发行的认定标准依照《中华人民共和国证券法》执行。私募产品面向合格投资者通过非公开方式发行。

资产管理产品按照投资性质的不同，分为固定收益类产品、权益类产品、商品及金融衍生品类产品和混合类产品。固定收益类产品投资于存款、债券等债权类资产的比例不低于80%，权益类产品投资于股票、未上市企业股权等权益类资产的比例不低于80%，商品及金融衍生品类产品投资于商品及金融衍生品的比例不低于80%，混合类产品投资于债权类资产、权益类资产、商品及金融衍生品类资产且任一资产的投资比例未达到前三类产品标准。非因金融机构主观因素导致突破前述比例限制的，金融机构应当在流动性受限资产可出售、可转让或者恢复交易的15个交易日内调整至符合要求。

金融机构在发行资产管理产品时，应当按照上述分类标准向投资者明示资产管理产品的类型，并按照确定的产品性质进行投资。在产品成立后至到期日前，不得擅自改变产品类型。混合类产品投资债权类资产、权益类资产和商品及金融衍生品类资产的比例范围应当在发行产品时予以确定并向投资者明示，在产品成立后至到期日前不得擅自改变。产品的实际投向不得违反合同约定，如有改变，除高风险类型的产品超出比例范围投资较低风险资产外，应当先行取得投资者书面同意，并履行登记备案等法律法规以及金融监督管理部门规定的程序。

五、资产管理产品的投资者分为不特定社会公众和合格投资者两大类。合格投资者是指具备相应风险识别能力和风险承担能力，投资于单只资产管理产品不低于一定金额且符合下列条件的自然人和法人或者其他组织。

（一）具有 2 年以上投资经历，且满足以下条件之一：家庭金融净资产不低于 300 万元，家庭金融资产不低于 500 万元，或者近 3 年本人年均收入不低于 40 万元。

（二）最近 1 年末净资产不低于 1 000 万元的法人单位。

（三）金融管理部门视为合格投资者的其他情形。

合格投资者投资于单只固定收益类产品的金额不低于 30 万元，投资于单只混合类产品的金额不低于 40 万元，投资于单只权益类产品、单只商品及金融衍生品类产品的金额不低于 100 万元。

投资者不得使用贷款、发行债券等筹集的非自有资金投资资产管理产品。

六、金融机构发行和销售资产管理产品，应当坚持“了解产品”和“了解客户”的经营理念，加强投资者适当性管理，向投资者销售与其风险识别能力和风险承担能力相适应的资产管理产品。禁止欺诈或者误导投资者购买与其风险承担能力不匹配的资产管理产品。金融机构不得通过拆分资产管理产品的方式，向风险识别能力和风险承担能力低于产品风险等级的投资者销售资产管理产品。

金融机构应当加强投资者教育，不断提高投资者的金融知识水平和风险意识，向投资者传递“卖者尽责、买者自负”的理念，打破刚性兑付。

七、金融机构开展资产管理业务，应当具备与资产管理业务发展相适应的管理体系和管理制度，公司治理良好，风险管理、内部控制和问责机制健全。

金融机构应当建立健全资产管理业务人员的资格认定、培训、考核评价和问责制度，确保从事资产管理业务的人员具备必要的专业知识、行业经验和管理能力，充分了解相关法律法规、监管规定以及资产管理产品的法律关系、交易结构、主要风险和风险管控方式，遵守行为准则和职业道德标准。

对于违反相关法律法规以及本意见规定的金融机构资产管理业务从业人员，依法采取处罚措施直至取消从业资格，禁止其在其他类型金融机构从事资产管理业务。

八、金融机构运用受托资金进行投资，应当遵守审慎经营规则，制定科学合理的投资策略和风险管理制度，有效防范和控制风险。

金融机构应当履行以下管理人职责：

（一）依法募集资金，办理产品份额的发售和登记事宜。

（二）办理产品登记备案或者注册手续。

（三）对所管理的不同产品受托财产分别管理、分别记账，进行投资。

（四）按照产品合同的约定确定收益分配方案，及时向投资者分配收益。

（五）进行产品会计核算并编制产品财务会计报告。

（六）依法计算并披露产品净值或者投资收益情况，确定申购、赎回价格。

（七）办理与受托财产管理业务活动有关的信息披露事项。

（八）保存受托财产管理业务活动的记录、账册、报表和其他相关资料。

（九）以管理人名义，代表投资者利益行使诉讼权利或者实施其他法律行为。

（十）在兑付受托资金及收益时，金融机构应当保证受托资金及收益返回委托人的原账户、同名账户或者合同约定的受益人账户。

（十一）金融监督管理部门规定的其他职责。

金融机构未按照诚实信用、勤勉尽责原则切实履行受托管理职责，造成投资者损失的，应当依法向投资者承担赔偿责任。

九、金融机构代理销售其他金融机构发行的资产管理产品，应当符合金融监督管理部门规定的资质条件。未经金融监督管理部门许可，任何非金融机构和个人不得代理销售资产管理产品。

金融机构应当建立资产管理产品的销售授权管理体系，明确代理销售机构的准入标准和程序，明确界定双方的权利与义务，明确相关风险的承担责任和转移方式。

金融机构代理销售资产管理产品，应当建立相应的内部审批和风险控制程序，对发行或者管理机构的信用状况、经营管理能力、市场投资能力、风险处置能力等开展尽职调查，要求发行或者管理机构提供详细的产品介绍、相关市场分析和风险收益测算报告，进行充分的信息验证和风险审查，确保代理销售的产品符合本意见规定并承担相应责任。

十、公募产品主要投资标准化债权类资产以及上市交易的股票，除法律法规和金融管理部门另有规定外，不得投资未上市企业股权。

公募产品可以投资商品及金融衍生品，但应当符合法律法规以及金融管理部门的相关规定。

私募产品的投资范围由合同约定，可以投资债权类资产、上市或挂牌交易的股票、未上市企业股权（含债转股）和受（收）益权以及符合法律法规规定的其他资产，并严格遵守投资者适当性管理要求。鼓励充分运用私募产品支持市场化、法治化债转股。

十一、资产管理产品进行投资应当符合以下规定：

（一）标准化债权类资产应当同时符合以下条件：

1. 等分化，可交易。

2. 信息披露充分。

3. 集中登记，独立托管。

4. 公允定价，流动性机制完善。

5. 在银行间市场、证券交易所市场等经国务院同意设立的交易市场交易。

标准化债权类资产的具体认定规则由中国人民银行会同金融监督管理部门另行制定。

标准化债权类资产之外的债权类资产均为非标准化债权类资产。金融机构发行资产管理产品投资于非标准化债权类资产的，应当遵守金融监督管理部门制定的有关限额管理、流动性管理等监管标准。金融监督管理部门未制定相关监管标准的，由中国人民银行督促根据本意见要求制定监管标准并予以执行。

金融机构不得将资产管理产品资金直接投资于商业银行信贷资产。商业银行信贷资产受（收）益权的投资限制由金融管理部门另行制定。

（二）资产管理产品不得直接或者间接投资法律法规和国家政策禁止进行债权或股权投资的行业和领域。

（三）鼓励金融机构在依法合规、商业可持续的前提下，通过发行资产管理产品募集资金投向符合国家战略和产业政策要求、符合国家供给侧结构性改革政策要求的领域。鼓励金融机构通过发行资产管理产品募集资金支持经济结构转型，支持市场化、法治化债转股，降低企业杠杆率。

（四）跨境资产管理产品及业务参照本意见执行，并应当符合跨境人民币和外汇管理有关规定。

十二、金融机构应当向投资者主动、真实、准确、完整、及时披露资产管理产品募集信息、资金投向、杠杆水平、收益分配、托管安排、投资账户信息和主要投资风险等内容。国家法律法规另有规定的，从其规定。

对于公募产品，金融机构应当建立严格的信息披露管理制度，明确定期报告、临时报告、重大事项公告、投资风险披露要求以及具体内容、格式。在本机构官方网站或者通过投资者便于获取的方式披露产品净值或者投资收益情况，并定期披露其他重要信息：开放式产品按照开放频率披露，封闭式产品至少每周披露一次。

对于私募产品，其信息披露方式、内容、频率由产品合同约定，但金融机构应当至少每季度向投资者披露产品净值和其他重要信息。

对于固定收益类产品，金融机构应当通过醒目方式向投资者充分披露和提示产品的投资风险，包括但不限于产品投资债券面临的利率、汇率变化等市场风险以及债券价格波动情况，产品投资每笔非标准化债权类资产的融资客户、项目名称、剩余融资期限、到期收益分配、交易结构、风险状况等。

对于权益类产品，金融机构应当通过醒目方式向投资者充分披露和提示产品的投资风险，包括产品投资股票面临的风险以及股票价格波动情况等。

对于商品及金融衍生品类产品，金融机构应当通过醒目方式向投资者充分披露产品的挂钩资产、持仓风险、控制措施以及衍生品公允价值变化等。

对于混合类产品，金融机构应当通过醒目方式向投资者清晰披露产品的投资资产组合情况，并根据固定收益类、权益类、商品及金融衍生品类资产投资比例充分披露和提示相应的投资风险。

十三、主营业务不包括资产管理业务的金融机构应当设立具有独立法人地位的资产管理子公司开展资产管理业务，强化法人风险隔离，暂不具备条件的可以设立专门的资产管理业务经营部门开展业务。

金融机构不得为资产管理产品投资的非标准化债权类资产或者股权类资产提供任何直接或间接、显性或隐性的担保、回购等代为承担风险的承诺。

金融机构开展资产管理业务，应当确保资产管理业务与其他业务相分离，资产管理产品与其代销的金融产品相分离，资产管理产品之间相分离，资产管理业务操作与其他业务操作相分离。

十四、本意见发布后，金融机构发行的资产管理产品资产应当由具有托管资质的第三方机构独立托管，法律、行政法规另有规定的除外。

过渡期内，具有证券投资基金托管业务资质的商业银行可以托管本行理财产品，但应当为每只产品单独开立托管账户，确保资产隔离。过渡期后，具有证券投资基金托管业务资质的商业银行应当设立具有独立法人地位的子公司开展资产管理业务，该商业银行可以托管子公司发行的资产管理产品，但应当实现实质性的独立托管。独立托管有名无实的，由金融监督管理部门进行纠正和处罚。

十五、金融机构应当做到每只资产管理产品的资金单独管理、单独建账、单独核算，不得开展或者参与具有滚动发行、集合运作、分离定价特征的资金池业务。

金融机构应当合理确定资产管理产品所投资资产的期限，加强对期限错配的流动性风险管理，金融监督管理部门应当制定流动性风险管理规定。

为降低期限错配风险，金融机构应当强化资产管理产品久期管理，封闭式资产管理产品期限不得低于 90 天。资产管理产品直接或者间接投资于非标准化债权类资产的，非标准化债权类资产的终止日不得晚于封闭式资产管理产品的到期日或者开放式资产管理产品的最近一次开放日。

资产管理产品直接或者间接投资于未上市企业股权及其受（收）益权的，应当为封闭式资产管理产品，并明确股权及其受（收）益权的退出安排。未上市企业股权及其受（收）益权的退出日不得晚于封闭式资产管理产品的到期日。

金融机构不得违反金融监督管理部门的规定，通过为单一融资项目设立多只资产管理产品的方式，变相突破投资人数限制或者其他监管要求。同一金融机构发行多只资产管理产品投资同一资产的，为防止同一资产发生风险波及多只资产管理产品，多只资产管理产品投资该资产的资金总规模合计不得超过 300 亿元。如果超出该限额，需经相关金融监督管理部门批准。

十六、金融机构应当做到每只资产管理产品所投资资产的风险等级与投资者的风险承担能力相匹配，做到每只产品所投资资产构成清晰，风险可识别。

金融机构应当控制资产管理产品所投资资产的集中度：

（一）单只公募资产管理产品投资单只证券或者单只证券投资基金的市值不得超过该资产管理产品净资产的 10%。

（二）同一金融机构发行的全部公募资产管理产品投资单只证券或者单只证券投资基金的市值不得超过该证券市值或者证券投资基金市值的30%。其中，同一金融机构全部开放式公募资产管理产品投资单一上市公司发行的股票不得超过该上市公司可流通股票的15%。

（三）同一金融机构全部资产管理产品投资单一上市公司发行的股票不得超过该上市公司可流通股票的30%。

金融监督管理部门另有规定的除外。

非因金融机构主观因素导致突破前述比例限制的，金融机构应当在流动性受限资产可出售、可转让或者恢复交易的10个交易日内调整至符合相关要求。

十七、金融机构应当按照资产管理产品管理费收入的10%计提风险准备金，或者按照规定计量操作风险资本或相应风险资本准备。风险准备金余额达到产品余额的1%时可以不再提取。风险准备金主要用于弥补因金融机构违法违规、违反资产管理产品协议、操作错误或者技术故障等给资产管理产品财产或者投资者造成的损失。金融机构应当定期将风险准备金的使用情况报告金融管理部门。

十八、金融机构对资产管理产品应当实行净值化管理，净值生成应当符合企业会计准则规定，及时反映基础金融资产的收益和风险，由托管机构进行核算并定期提供报告，由外部审计机构进行审计确认，被审计金融机构应当披露审计结果并同时报送金融管理部门。

金融资产坚持公允价值计量原则，鼓励使用市值计量。符合以下条件之一的，可按照企业会计准则以摊余成本进行计量：

（一）资产管理产品为封闭式产品，且所投金融资产以收取合同现金流量为目的并持有到期。

（二）资产管理产品为封闭式产品，且所投金融资产暂不具备活跃交易市场，或者在活跃市场中没有报价、也不能采用估值技术可靠计量公允价值。

金融机构以摊余成本计量金融资产净值，应当采用适当的风险控制手段，对金融资产净值的公允性进行评估。当以摊余成本计量已不能真实公允反映金融资产净值时，托管机构应当督促金融机构调整会计核算和估值方法。金融机构前期以摊余成本计量的金融资产的加权平均价格与资产管理产品实际兑付时金融资产的价值的偏离度不得达到 5% 或以上，如果偏离 5% 或以上的产品数超过所发行产品总数的 5%，金融机构不得再发行以摊余成本计量金融资产的资产管理产品。

十九、经金融管理部门认定，存在以下行为的视为刚性兑付：

（一）资产管理产品的发行人或者管理人违反真实公允确定净值原则，对产品进行保本保收益。

（二）采取滚动发行等方式，使得资产管理产品的本金、收益、风险在不同投资者之间发生转移，实现产品保本保收益。

（三）资产管理产品不能如期兑付或者兑付困难时，发行或者管理该产品的金融机构自行筹集资金偿付或者委托其他机构代为偿付。

（四）金融管理部门认定的其他情形。

经认定存在刚性兑付行为的，区分以下两类机构进行惩处：

（一）存款类金融机构发生刚性兑付的，认定为利用具有存款本质特征的资产管理产品进行监管套利，由国务院银行保险监督管理机构和中国人民银行按照存款业务予以规范，足额补缴存款准备金和存款保险保费，并予以行政处罚。

（二）非存款类持牌金融机构发生刚性兑付的，认定为违规经营，由金融监督管理部门和中国人民银行依法纠正并予以处罚。

任何单位和个人发现金融机构存在刚性兑付行为的，可以向金融管理部门举报，查证属实且举报内容未被相关部门掌握的，给予适当奖励。

外部审计机构在对金融机构进行审计时，如果发现金融机构存在刚性兑付行为的，应当及时报告金融管理部门。外部审计机构在审计过程中未能勤勉尽责，依法追究相应责任或依法依规给予行政处罚，并将相关信息纳入全国信用信息共享平台，建立联合惩戒机制。

二十、资产管理产品应当设定负债比例（总资产 / 净资产）上限，同类产品适用统一的负债比例上限。每只开放式公募产品的总资产不得超过该产品净资产的 140%，每只封闭式公募产品、每只私募产品的总资产不得超过该产品净资产的 200%。计算单只产品的总资产时应当按照穿透原则合并计算所投资资产管理产品的总资产。

金融机构不得以受托管理的资产管理产品份额进行质押融资，放大杠杆。

二十一、公募产品和开放式私募产品不得进行份额分级。

分级私募产品的总资产不得超过该产品净资产的 140%。分级私募产品应当根据所投资资产的风险程度设定分级比例（优先级份额 / 劣后级份额，中间级份额计入优先级份额）。固定收益类产品的分级比例不得超过 3 ：1，权益类产品的分级比例不得超过 1 ：1，商品及金融衍生品类产品、混合类产品的分级比例不得超过 2 ：1。发行分级资产管理产品的金融机构应当对该资产管理产品进行自主管理，不得转委托给劣后级投资者。

分级资产管理产品不得直接或者间接对优先级份额认购者提供保本保收益安排。

本条所称分级资产管理产品是指存在一级份额以上的份额为其他级份额提供一定的风险补偿，收益分配不按份额比例计算，由资产管理合同另行约定的产品。

二十二、金融机构不得为其他金融机构的资产管理产品提供规避投资范围、杠杆约束等监管要求的通道服务。

资产管理产品可以再投资一层资产管理产品，但所投资的资产管理产品不得再投资公募证券投资基金以外的资产管理产品。

金融机构将资产管理产品投资于其他机构发行的资产管理产品，从而将本机构的资产管理产品资金委托给其他机构进行投资的，该受托机构应当为具有专业投资能力和资质的受金融监督管理部门监管的机构。公募资产管理产品的受托机构应当为金融机构，私募资产管理产品的受托机构可以为私募基金管理人。受托机构应当切实履行主动管理职责，不得进行转委托，不得再投资公募证券投资基金以外的资产管理产品。委托机构应当对受托机构开展尽职调查，实行名单制管理，明确规定受托机构的准入标准和程序、责任和义务、存续期管理、利益冲突防范机制、信息披露义务以及退出机制。委托机构不得因委托其他机构投资而免除自身应当承担的责任。

金融机构可以聘请具有专业资质的受金融监督管理部门监管的机构作为投资顾问。投资顾问提供投资建议指导委托机构操作。

金融监督管理部门和国家有关部门应当对各类金融机构开展资产管理业务实行平等准入、给予公平待遇。资产管理产品应当在账户开立、产权登记、法律诉讼等方面享有平等的地位。金融监督管理部门基于风险防控考虑，确实需要对其他行业金融机构发行的资产管理产品采取限制措施的，应当充分征求相关部门意见并达成一致。

二十三、运用人工智能技术开展投资顾问业务应当取得投资顾问资质，非金融机构不得借助智能投资顾问超范围经营或者变相开展资产管理业务。

金融机构运用人工智能技术开展资产管理业务应当严格遵守本意见有关投资者适当性、投资范围、信息披露、风险隔离等一般性规定，不得借助人工智能业务夸大宣传资产管理产品或者误导投资者。金融机构应当向金融监督管理部门报备人工智能模型的主要参数以及资产配置的主要逻辑，为投资者单独设立智能管理账户，充分提示人工智能算法的固有缺陷和使用风险，明晰交易流程，强化留痕管理，严格监控智能管理账户的交易头寸、风险限额、交易种类、价格权限等。金融机构因违法违规或者管理不当造成投资者损失的，应当依法承担损害赔偿责任。

金融机构应当根据不同产品投资策略研发对应的人工智能算法或者程序化交易，避免算法同质化加剧投资行为的顺周期性，并针对由此可能引发的市场波动风险制定应对预案。因算法同质化、编程设计错误、对数据利用深度不够等人工智能算法模型缺陷或者系统异常，导致羊群效应、影响金融市场稳定运行的，金融机构应当及时采取人工干预措施，强制调整或者终止人工智能业务。

二十四、金融机构不得以资产管理产品的资金与关联方进行不正当交易、利益输送、内幕交易和操纵市场，包括但不限于投资于关联方虚假项目、与关联方共同收购上市公司、向本机构注资等。

金融机构的资产管理产品投资本机构、托管机构及其控股股东、实际控制人或者与其有其他重大利害关系的公司发行或者承销的证券，或者从事其他重大关联交易的，应当建立健全内部审批机制和评估机制，并向投资者充分披露信息。

二十五、建立资产管理产品统一报告制度。中国人民银行负责统筹资产管理产品的数据编码和综合统计工作，会同金融监督管理部门拟定资产管理产品统计制度，建立资产管理产品信息系统，规范和统一产品标准、信息分类、代码、数据格式，逐只产品统计基本信息、募集信息、资产负债信息和终止信息。中国人民银行和金融监督管理部门加强资产管理产品的统计信息共享。金融机构应当将含债权投资的资产管理产品信息报送至金融信用信息基础数据库。

金融机构于每只资产管理产品成立后 5 个工作日内，向中国人民银行和金融监督管理部门同时报送产品基本信息和起始募集信息；于每月 10 日前报送存续期募集信息、资产负债信息，于产品终止后 5 个工作日内报送终止信息。

中央国债登记结算有限责任公司、中国证券登记结算有限公司、银行间市场清算所股份有限公司、上海票据交易所股份有限公司、上海黄金交易所、上海保险交易所股份有限公司、中保保险资产登记交易系统有限公司于每月 10 日前向中国人民银行和金融监督管理部门同时报送资产管理产品持有其登记托管的金融工具的信息。

在资产管理产品信息系统正式运行前，中国人民银行会同金融监督管理部门依据统计制度拟定统一的过渡期数据报送模板；各金融监督管理部门对本行业金融机构发行的资产管理产品，于每月 10 日前按照数据报送模板向中国人民银行提供数据，及时沟通跨行业、跨市场的重大风险信息和事项。

中国人民银行对金融机构资产管理产品统计工作进行监督检查。资产管理产品统计的具体制度由中国人民银行会同相关部门另行制定。

二十六、中国人民银行负责对资产管理业务实施宏观审慎管理，会同金融监督管理部门制定资产管理业务的标准规制。金融监督管理部门实施资产管理业务的市场准入和日常监管，加强投资者保护，依照本意见会同中国人民银行制定出台各自监管领域的实施细则。

本意见正式实施后，中国人民银行会同金融监督管理部门建立工作机制，持续监测资产管理业务的发展和风险状况，定期评估标准规制的有效性和市场影响，及时修订完善，推动资产管理行业持续健康发展。

二十七、对资产管理业务实施监管遵循以下原则：

（一）机构监管与功能监管相结合，按照产品类型而不是机构类型实施功能监管，同一类型的资产管理产品适用同一监管标准，减少监管真空和套利。

（二）实行穿透式监管，对于多层嵌套资产管理产品，向上识别产品的最终投资者，向下识别产品的底层资产（公募证券投资基金除外）。

（三）强化宏观审慎管理，建立资产管理业务的宏观审慎政策框架，完善政策工具，从宏观、逆周期、跨市场的角度加强监测、评估和调节。

（四）实现实时监管，对资产管理产品的发行销售、投资、兑付等各环节进行全面动态监管，建立综合统计制度。

二十八、金融监督管理部门应当根据本意见规定，对违规行为制定和完善处罚规则，依法实施处罚，并确保处罚标准一致。资产管理业务违反宏观审慎管理要求的，由中国人民银行按照法律法规实施处罚。

二十九、本意见实施后，金融监督管理部门在本意见框架内研究制定配套细则，配套细则之间应当相互衔接，避免产生新的监管套利和不公平竞争。按照“新老划断”原则设置过渡期，确保平稳过渡。过渡期为本意见发布之日起至2020年底，对提前完成整改的机构，给予适当监管激励。过渡期内，金融机构发行新产品应当符合本意见的规定；为接续存量产品所投资的未到期资产，维持必要的流动性和市场稳定，金融机构可以发行老产品对接，但应当严格控制在存量产品整体规模内，并有序压缩递减，防止过渡期结束时出现断崖效应。金融机构应当制定过渡期内的资产管理业务整改计划，明确时间进度安排，并报送相关金融监督管理部门，由其认可并监督实施，同时报备中国人民银行。过渡期结束后，金融机构的资产管理产品按照本意见进行全面规范（因子公司尚未成立而达不到第三方独立托管要求的情形除外），金融机构不得再发行或存续违反本意见规定的资产管理产品。

三十、资产管理业务作为金融业务，属于特许经营行业，必须纳入金融监管。非金融机构不得发行、销售资产管理产品，国家另有规定的除外。

非金融机构违反上述规定，为扩大投资者范围、降低投资门槛，利用互联网平台等公开宣传、分拆销售具有投资门槛的投资标的、过度强调增信措施掩盖产品风险、设立产品二级交易市场等行为，按照国家规定进行规范清理，构成非法集资、非法吸收公众存款、非法发行证券的，依法追究法律责任。非金融机构违法违规开展资产管理业务的，依法予以处罚；同时承诺或进行刚性兑付的，依法从重处罚。

三十一、本意见自发布之日起施行。

本意见所称“金融管理部门”是指中国人民银行、国务院银行保险监督管理机构、国务院证券监督管理机构和国家外汇管理局。“发行”是指通过公开或者非公开方式向资产管理产品的投资者发出认购邀约，进行资金募集的活动。“销售”是指向投资者宣传推介资产管理产品，办理产品申购、赎回的活动。“代理销售”是指接受合作机构的委托，在本机构渠道向投资者宣传推介、销售合作机构依法发行的资产管理产品的活动。

后 记

近期，中信出版社告诉我，《资管大时代》一书即将付梓，至此，《中国资产管理业务监管研究》课题全部工作均已完成，我也可以暂时休憩一下了。下一步的工作期待金融业界和监管当局能在更多共识的基础上推进资产管理业务法律框架和生态环境的完善。

金融是国家基础性的经济制度之一。在世界面临百年未有之大变局和中国面临日益复杂多变的国际环境之际，在中国畅通国内大循环和积极参与国际大循环的形势下，金融应更好地服务实体经济，发挥提高社会资源配置效率的作用。

中国自 1978 年改革开放以来，虽历 40 余载，但仍处于向市场经济转轨的过渡时期。与市场经济配套的金融业也仍处于探索与成长的阶段。由于中国经济实践不足，也囿于从计划经济向市场经济转轨中思想认识的局限，金融业在发展中许多概念内涵不清，有时是为了规避争论，有意以旧瓶装新酒，导致一些业务规则不当，一些金融机构所经营的业务名不副实，甚至有不法分子钻规则不清的空子“挂羊头卖狗肉”，扰乱了金融秩序。整顿金融秩序应正本清源，从厘清概念、统一规则入手。

资产管理产品是连接众多投资人与融资者的工具，在社会财富急剧增长、众多融资需求难以顺利满足的背景下，以财富管理、理财或资产管理名义开展的影子银行业务得到了迅猛发展。在概念不清、监管规则不一的情况下，市场秩序难免混乱，风险逐渐积聚。2018 年

4 月，中国人民银行、银保监会、证监会、国家外汇管理局联合发布《关于规范金融机构资产管理业务的指导意见》，资产管理业务开始向统一的方向规范。但有些问题业界和社会并未完全达成共识。

在此背景下，我牵头开展了《中国资产管理业务监管研究》课题，主要目的是以资产管理业务为案例，厘清一些金融概念，研究我国资产管理市场的风险，分析风险背后的成因并进行溯源，在合理借鉴美国等成熟市场发展轨迹和先进经验的基础上，厘清资产管理业务的本质，并基于这些认识对监管理念、法律制度、发展方向等方面提出改进措施和优化建议。

课题于 2019 年 8 月启动，中国财富管理 50 人论坛和清华五道口金融学院组建了课题组，并在美丽的北海公园召开了启动会。会后不久就共同确定了“规范我国资产管理市场监管体系”这个课题主目标。随后各位课题组专家按计划开展资料收集、现状梳理、研究讨论、建议分析等工作，并于 2020 年 3 月形成初稿。4 月初召开评审会，广泛邀请监管部门和市场机构代表，以及行业专家学者等，就课题中提出的问题和建议进行讨论。我们认真学习了各位专家的意见，并根据情况反馈到报告中来，最终形成了报告的终版，并于 2020 年 7 月对外公开发布。

在资料收集和现状梳理过程中，我们走访了中国证券投资基金业协会、中国东方资产管理股份有限公司、瑞银证券有限责任公司、金杜律师事务所等单位，掌握了很多一手资料。在研究讨论和分析建议过程中，张灼华女士、刘燕教授、汪其昌教授等专家帮我们拓展了视野，薛竞女士、蒋健蓉女士、纪敏先生、田轩教授、陈卓教授、张旭阳先生以及一位大行资产管理部门负责人给予了非常专业的支持。课题评审会上，陶玲女士、廖媛媛女士、沙雁女士、罗艳君女士、唐炜女士、李文红女士、王颖女士，孙天琦先生、刘健钧先生、洪磊先生、安青松先生、霍学文先生、钱于军先生、张嘉宾先生等多位行业专家，以及杨凯生先生、周延礼先生、王忠民先生、蔡锷生先生等多位行业资深专家为课题提供了非常宝贵的建议。有了这些机构和专家的支持，我们报告的代表性和专业性才能进一步提高，在此对他们表示衷心的感谢！

在课题报告编写的过程中，邓寰乐、魏星、段胜辉、辛伟、吕红、汪澍等专家体现了非常高的责任心和专业性。各位专家不辞劳苦，经常半夜奋笔疾书，探索和思考我国资产管理行业的规范之道。尤其是邓寰乐先生，他同时具有监管和机构的经验，并且非常热爱资产管理行业，在课题的研究和报告的成稿过程中发挥了非常重要的作用，在此对邓寰乐先生和各位课题组专家表示特别感谢！

在中信出版社的支持下，《资管大时代》即将与各位读者见面，书中呼吁的许多建议已经落地或将要落地，《中国资产管理业务监管研究》课题似乎也应当拉上帷幕了。但我认为后续还有很多工作要做，随着新问题的产生，研究还需不断进行。

我在金融系统工作数十年，我非常热爱金融工作。我在人民银行和全国人大工作时期，是我国从计划经济向市场经济转型的重要时期，也是我国金融从财政分离，为国民经济高速发展提供配套和畅通资金融通保障的重要时期。周小川行长、楼继伟部长、尚福林主席等都亲自见证并深度参与了这个历史过程，本书也非常有幸能邀请到这几位专家做导读和序言，在此尤其感谢！

我们熟悉的工业化时代在逐渐远去，数字化、智能化的浪潮正在席卷包括金融在内的全球各个行业；我国在战胜新冠病毒上取得了阶段性成功，但疫情仍在全球肆虐；经济全球化遭遇挫折、贸易争端愈演愈烈，地缘政治更加复杂。这是我们面临的新问题，也形成了新的挑战。新的时代需要有新的理念、新的血液、新的担当，希望本书能为读者提供新的视野和新的理念，希望各位从业人员能遵循规律、坚守底线，做新时代勇于担当的金融人！

由于时间和专业限制，书中难免存在一些谬误，敬请读者海涵和指正！

吴晓灵

2020 年 10 月 31 于北京

中国财富管理50人论坛简介

中国财富管理 50 人论坛（CWM50）于 2012 年 9 月在北京成立，是一个旨在为市场机构与金融监管部门之间搭建沟通对话平台，推动中国经济与金融行业健康发展的非营利性学术智库组织。论坛自成立以来，积极发挥学术智库向有关部门建言献策的作用，推动相关政策的制订与完善，每年都会有多份政策建议报告获得国务院与金融管理部门的重视与采纳，为助力金融行业的健康发展做出积极贡献。

课题组名单

课题负责人

吴晓灵　　中国财富管理 50 人论坛（CWM50）学术总顾问
清华大学五道口金融学院理事长
全国人大第十一、十二届财经委副主任委员
中国人民银行原副行长

课题执笔专家

邓寰乐　魏　星　段胜辉　辛　伟　吕　红　汪　澍

课题咨询专家

张灼华　　美国投资公司协会（ICI）亚太区总裁、香港证监会前行政副总裁

纪　敏　　中国人民银行参事室主任、CWM50 学术成员

刘　燕　　北京大学法学院教授、CWM50 学术成员

田　轩	清华大学五道口金融学院副院长、CWM50 理事
陈　卓	清华大学五道口金融学院助理教授
汪其昌	上海对外经贸大学金融管理学院副教授
德地立人	原中信证券股份有限公司董事总经理
张旭阳	光大理财有限责任公司董事长、CWM50 专业成员
蒋健蓉	申万宏源证券研究所副所长
薛　竞	普华永道中天会计师事务所合伙人

课题调研单位

中国证券投资基金业协会
中国东方资产管理股份有限公司
瑞银证券有限责任公司
金杜律师事务所

课题组秘书处

负责人	刘喜元	CWM50 秘书长
执行负责人	单　福	CWM50 高级研究总监
学术秘书	贾　辉	CWM50 副秘书长
	宋　爽	CWM50 研究员
综合秘书	尹绮琳	通力律所律师
	李佳澎	中国邮储银行总行分析师
	邹星光	北京大学法学院研究生